THE HUMAN EDGE
휴먼 엣지

EBS
IQ, 재능, 운, 환경을 뛰어넘는
강력한 4C의 힘

THE HUMAN EDGE 휴먼 엣지

그렉 옴 지음 | 김시내 옮김

EBS BOOKS

《휴먼 엣지》에 보내는 찬사

두려워할 필요 없다. 이 책이 인공지능 혁명에서 기계를 능가하는 방법을 일러줄 것이다. 책을 읽은 후부터 나는 4C를 주문처럼 되뇌게 됐다. 신기술이 두려운 사람, 태어날 때부터 디지털 기기에 둘러싸인 사람 모두에게 강력 추천한다.

_리사 페린Lisa Perrin,
엔데몰 샤인 그룹 산하 크리에이티브 네트웍스 CEO

'프로젝트 공포Project Fear(영국을 뒤흔든 정치적 사건을 이르는 용어)'는 잊자. 인공지능과 함께 공존할 미래에서 생존하고 번영할 방법이 여기에 있다. 이 책은 지금 당장 우리가 인공지능에 대체되지 않는 이유와 더불어 인공지능과 파트너십을 맺을 수 있는 획기적인 방법을 알려준다.

_마크 애덤스Mark Adams,
국제올림픽위원회 홍보 책임자

무엇이든 컴퓨터로 경쟁하는 시대에서 남보다 한발 앞서기 위해 당신과 자녀가 함께 정독해야 할 21세기 필독서!

_에이드리언 몽크Adrian Monck,
세계경제포럼 경영이사회 일원

이 책은 인공지능의 엄청난 능력 앞에서 질문을 던지고, 의미를 찾고, 급기야 미래를 만들어내는 게 얼마나 놀라운지 일인지 알려준다.

_존 맥넬리John McNelly,
일러스트라 크리에이티브 디렉터

우리를 더욱더 인간답게 만들어주는 독특한 자질을 갖추도록 이끄는 책. 빠르게 변화하는 세상에 영향력을 발휘하고 싶은 사람이라면 반드시 읽어야 한다.

_줄리안 버킨쇼Julian Birkinshaw,
런던경영대학원의 전략과 기업가 정신 교수·
《패스트/포워드 : 미래에 꼭 맞는 기업 만들기》 공동 저자

스마트폰을 끄고 집중해서 이 책을 읽어보자. 21세기에 당신의 직업은 물론 당신의 정신까지도 그 누구보다 뒤떨어지지 않게 만들어줄 필수 안내서다.

_리처드 왓슨Richard Watson,
《인공지능 시대가 두려운 사람들에게》 저자

인공지능의 혁명을 다룬 책 중 최초로 인간과 기계가 공존하는 세상에서 성공하기 위한 실용적인 아이디어를 제공하는 책. 읽기만 해도 낙관론과 자신감을 얻을 수 있다.

_아멜 사비단Armelle Savidan,
포레시아대학교 리더십 프로그램 책임자

실행할 수 있는 일들로 가득 채운 참신한 책이다. 인공지능이 견인하는 미래에서 번영하길 원한다면 4C 모델은 굉장히 유의미하다.

_페트르 크냅Petr Knap,
EY 컨설팅 파트너

기업 관리자들은 직원들의 몰입과 창의성을 통해 혁신을 일으키려고 고민한다. 이 책은 그 대안으로써 바로 행동에 돌입할 수 있는 실용적인 경로를 알려준다.

_대니얼 M. 케이블Daniel M. Cable,
런던경영대학원 조직 행동 교수 · 《그 회사는 직원을 설레게 한다》 저자

당신의 일이 급격히 자동화되어 벼랑 끝에 서 있다면, 저자가 동아줄을 던져줄 것이다. 이 책은 인공지능이 이끌어갈 세계에서 자신만의 자리를 찾기 위해 창의적인 초능력을 사용할 수 있도록 단계별로 도와주는 가이드북이다.

_게리 로저스Gary Rogers,
레이더 인공지능 신문사 공동 창립자이자 편집장

한 장 한 장 넘길 때마다 흥미진진하고 놀랍다. 매우 실용적인 내용이라 읽는 내내 영감을 받았다. 이 책은 꼭 읽어야 한다. 그렉 옴이 전하는 강력한 메시지만 따른다면 일을 하는 방식에 변화가 일어날 것이다.

_댄 버먼Dan Burman,
챕터(통합 마케팅 대행사) CEO

이 책은 4차 산업혁명에서 자신의 나침반을 찾으려고 애쓰는 사람들을 위한 강력한 항해 도구다.

_브라이언 K. 베이컨Brian K. Bacon,
옥스퍼드 리더십 그룹 회장

혼란과 불안으로 가득 찬 세상에서 저자는 우리 인간이 지닌 힘이 앞길을 밝혀주고 경쟁력이 된다는 사실을 일깨워준다. 시대의 맥락을 정확히 짚어주는 인문학적 통찰서다.

_애덤 킹글Adam Kingl,
듀크 코퍼레이트 에듀케이션 유럽 지역 상무이사

새로운 환경에서 생존하고 번영하고자 하는 모든 산업계 리더들을 위한 책. 타고난 창의성을 어떻게 활용해야 하는지 알려주는 강렬한 사례집이다. 시간을 투자해 읽어보자. 굉장히 재미있고 충분히 읽을 가치가 있다.

_윌 해리스Wil Harris,
인공지능 팟캐스트 플랫폼 엔테일미디어 CEO

통찰력 있고, 실용적이며, 이해하기 쉽고, 시사하는 바가 크다. 한마디로 군더더기가 없는 책이다. 이 책은 21세기를 살아갈 당신에게 필요한 낙관적이고도 고무적인 미래상이다.

_그레이엄 코드링턴Graeme Codrington,
미래학자 · 투모로우투데이 글로벌 CEO · 작가

저자가 또 해냈다. 그의 유려한 문체와 날카로운 위트는 '다음 세기는 스마트 기기와 인공지능이 아니라 우리 모두의 것'이라고 주장한다. 이 멋진 신세계에서 경쟁할 방법이 궁금하다면, 주저하지 말고 이 책을 집어라. 경쟁에서 우위를 차지할 확실한 길로 안내할 것이다.

_존 멀린스John Mullins,
《빈손으로 창업하라》 저자

21세기에 살아남아 번영하길 원하는 사람이라면 반드시 놓치지 말아야 할 비즈니스 바이블이다.

_디데릭 보스Diederik Vos,
ECS 회장

인공지능을 뛰어넘는 인간만이 가진 초능력을 계발하기 위해 실용적이고 유용한 지침을 제공한다. 경쟁에서 살아남는 게 아니라 미래를 포용해 번창하려는 사람이라면 제일 먼저 읽어야 할 책이다. 실용적인 예시와 바로 시행해도 좋을 단계로 가득 차 있다.

_레베카 홈크스Rebecca Homekes,
런던경영대학원 전략 기업가 정신 특별 연구원 ·
고성장전략 전문가 · 국제 기조연설가

훌륭한 기술과 수많은 사례로 꽉 차 있어 쉽게 소화할 수 있는 책. 직장에서 그 누구보다 앞서고 싶다면 반드시 읽어야 한다.

_게이 플래시먼Gay Flashman,
포머티브 콘텐츠 창립자이자 CEO

혁신 경제에서 생존뿐 아니라 번영까지 원한다면 인공지능과 차별성을 두어야 한다. 이 책은 인공지능 시대에서 성공에 필요한 지식, 기술, 행동을 제시한다. 호기심과 창의성을 중심에 둔 성장 마인드셋을 개발하기 위한 로드맵으로 이 책을 강력 추천한다.

_션 셰퍼드Sean Sheppard,
그로스엑스와 그로스엑스 아카데미 공동 창립자 ·
팟캐스트 〈인간에게 말을 하는 방법〉 진행자

이 책이야말로 미래를 향한 지성의 안내서다.

_줄스 고더드Jules Goddard,
런던경영대학원 특별 연구원

일러두기

· 이 책은 국립국어원의 표준어규정 및 외래어 표기법을 따랐으나 일부 인명, 브랜드명,
마케팅 용어 등은 실제 발음을 따른 경우가 있다.

· HUMAN EDGE의 국립국어원 외국어 표기는 '휴먼 에지'이지만, 실제 발음에 따라 '휴
먼 엣지'로 표기했다.

· 저자가 언급한 도서 중 국내에 번역 출간된 경우 한국어판 제목만 표기하고, 국내 미출
간 도서의 경우 영어 제목도 병기했다.

· 저자의 주석은 번호를 붙여 본문 뒤에 게재했다.

· 문장 부호는 다음의 기준에 맞춰 사용했다.
《 》단행본
〈 〉영화·TV 프로그램·미술 작품·신문·잡지·정기간행물·논문

소피와 폴린에게

차례

PART
1
휴먼 챌린지
인공지능이 내민 도전장에 맞서라!

1
더욱더 '인간다운' 인간 되기
인공지능과의 경쟁을 멈추고, 나를 차별화해야 하는 이유 23

THE HUMAN EDGE

THE HUMAN EDGE

CURIOSITY 호기심 사고를 무한 확장시키는 경이로운 초능력

| 감사의 말 |

인간을 인간답게 만드는 기술을 글로 옮기는 일도 힘들지만, 인공지
능이라는 놀라운 신생 분야를 설명하는 건 정말 어렵다. 특별한 재
능을 지닌 많은 사람이 이 책이 세상에 나오도록 도왔다. 귀중한 시
간을 내준 그들에게 감사하다. 부족한 점이 많았던 초안을 읽고 글
의 방향을 잡아줬다.

이 관대한 사람들은 엔야 존스, 제이미 앤더슨, 줄리아나 브란코-
콜딘스키, 피터 물런-페로제, 앤드류 맥레넌, 리처드 왓슨, 랠프 루이
스, 줄스 고더드, 벤 라이트, 맷 블루어, 벤 하디, 웬디 페허, 존 맥넬
리, 캐롤린 톰슨, 데미안 피츠시몬스, 리마 할라위, 라킬 허다라마니,
존 힐이다. 이 주제로 깊이 대화를 나눈 시리엘 코트레벤, 니로 시바
나단, 대니얼 케이블, 게리 로저스, 제임스 템플, 키스 코츠, 리사 깁
스, 팀 리드에게도 감사의 말을 전한다.

런던경영대학원 동료 모두에게 특히 감사하다. 세계 최고 경영대

학원의 일원이라 영광이다. 또 전 세계 기조연설에서 내 생각을 들어주고 토론까지 해준 훌륭한 고객들이 있어 다행이다. 아부다비부터 실리콘밸리도 빼놓을 수 없다. 특히 내가 진행하는 리더십 프로그램에 열성적으로 참여한 수백 명의 리더에게도 감사하다.

온라인과 대면으로 책 내용을 전할 수 있게 도와준 옥스퍼드 리더십과 일러스트라에 있는 동료에게 감사 인사를 전한다. 통찰력과 투지가 넘치는 피어슨 출판사의 편집자 엘로이즈 쿡에게도 감사하다.

우리 아버지 그레이엄, 두 누이 셰릴과 캐럴에게 깊이 감사하고 있다. 나를 응원해주고 몹시 귀중한 피드백을 해줬다. 이들이 없었다면 무엇을 할 수 있었을까? 어머니가 계셨다면 무척 자랑스러워하셨을 것이다.

이 책은 나의 두 번째 저서지만, 두 아들 프레디와 게이브의 의견을 반영한 첫 번째 책이다. 언제나 두 아들이 자랑스럽다. 물론 늘 지지를 보내주고 열심히 도와준 나의 훌륭한 아내, 소피에게 가장 감사하다. 아내 덕에 이 책을 끝마칠 수 있었다.

나는 이 주제를 들으면 누구나 즉시 상상에 나서리라는 사실을 미리 알아차렸다. 그래서 '인공지능 세계에서 인간에게 남은 것은 무엇인가?'라는 질문을 곰곰이 생각하며 전 세계 사람들과 열정적으로 대화했다. 내 의식의 흐름을 견디고 원래 방향에서 벗어나지 않도록 도와준 모든 이들에게 감사하다.

THE
HUMAN
EDGE

PART 1

휴먼 챌린지

인공지능이 내민 도전장에 맞서라!

더욱더 '인간다운' 인간 되기

인공지능과의 경쟁을 멈추고, 나를 차별화해야 하는 이유

"새롭게 세상을 지배할 컴퓨터를 환영합니다."

켄 제닝스Ken Jennings, 미국의 인기 텔레비전 퀴즈쇼 〈제퍼디Jeopardy〉 챔피언
IBM의 인공지능 왓슨Watson과의 최종 대결에서 패배한 후 남긴 말[1]

"Hello!"

노트북, 데스크톱, 스마트폰이 당신에게 말을 거는 게 아니다. 아마존의 알렉사Alexa, 애플의 시리Siri, 마이크로소프트의 코타나Cortana, 구글 어시스턴트Assistant나 기타 인공지능도 아니다. 나는 그렉. 인간이다.

우리 같이 허심탄회하게 대화 좀 해보자. 당신과 나, 아니 우리 모두가 인공지능 세상에서 마주할 문제에 대해 말이다. 유인원 중 가장 영리한 우리는 난생처음 위협적인 도전을 받고 있다. 지구라는

행성에서 인지 행위만큼은 헤비급 챔피언인 인간에게 인공지능이 도전장을 내밀고 있다. 미리 경고하는데, 이런 일이 얼마나 많은 분야에서 벌어지고 있는지 안다면 당신은 불안감에 휩싸일 것이다. 심지어 앞으로 맞이할 미래를 두려워하게 될지도 모른다.

걱정하는 건 당연하다. 1997년, 역사상 가장 위대한 선수로 평가받는 체스 그랜드마스터 가리 카스파로프Garry Kasparov가 인공지능과의 체스 경기에서 패배하자 기자들은 네덜란드의 체스 그랜드마스터 얀 하인 도너Jan Hein Donner에게 물었다. '인공지능과 경기를 치른다면 어떻게 대비할 거냐?'라는 질문에 그는 이렇게 대답했다.

"망치를 챙길 겁니다."[2]

이 재미난 답변은 슈퍼컴퓨터의 도전을 바라보는 많은 이들의 우려를 한마디로 요약한다. 하지만 나는 여기에서 인공지능이 사회와 정치계에 몰고 올 거대한 변화에 초점을 맞추지 않을 생각이다. 이미 수백 권의 책과 뉴스에서 그런 내용을 다루고 있기 때문이다.

이 책은 기존과 다른 시각으로 인공지능을 바라본다. 불확실한 시대를 돌파할 견해를 제시하는 내비게이션이자 인공지능을 둘러싼 만연한 공포를 해소할 해독제다. 반도체 칩을 달고 새롭게 등장할 동료 곁에서 자신의 가치를 높이고 싶은 사람들을 위한 실용적이고 희망찬 안내서다. 더불어 불완전한 구석을 지닌 인간을 본 따 만든 인공지능이 절대 채울 수 없는 틈을 찾을 수 있게 도와줄 것이다.

생각과 다른 전개라 당황했는가? 그럴 필요 없다. 그 전에 반드시 인공지능 그리고 인공지능과 맺을 관계에 대해 한층 더 깊이 이해할 시간을 가질 테니.

인공지능은 이 시대의 가장 중요한 기술이다. 우리의 모든 행위를 바꾸고 있다. 너무 과장된 말인가 싶지만, 인공지능을 신경 쓰고 있지 않다면 사고 활동을 전혀 하지 않는 것이다. 나는 당신을 인공지능 담론에 끌어들이려고 한다. 기술이 인간에게 미칠 영향력을 알리고자 이 책을 썼지만 마이크로칩, 데이터베이스, 알고리즘 이야기를 하려는 게 아니다. 주제는 당신이다. 더 자세히 말하자면 인공지능으로 인해 빠르게 변하는 세상에서 당신이 대응할 방법과 나아가야 할 경로를 제시한다. 어지럽게 급변하는 인공지능 시대에서 당신은 훨씬 더 '인간다운' 인간이 되어야 한다. 절대 가볍게 들어선 안 된다. 계속 이야기하겠지만, 인간은 여전히 매우 중요하다.

인공지능을 압도하는 능력, 4C

기계가 들어찬 세상에서 인간만이 해낼 수 있는 일의 비결은 양쪽 귀 사이에 위치한 뇌에 숨어 있다. 뇌가 얼마나 복잡한지 헤아려보기 위해 한번 상상해보자. 런던 시민 모두에게 전선 1,000개를 주고

각 전선의 끝을 다른 시민들 1,000명에게 연결하라고 한다. 이후 모든 전선에 전기 신호를 초당 200회 전송한다. 이제 이 상상 속 거대 도시를 만 배로 확장해보자. 그게 당신의 뇌다. 뇌는 우주를 통틀어 가장 복잡한 독립체다.[3] 불가사의할 정도로 복잡한 이 뇌에 인공지능을 압도하는 특성, 즉 '휴먼 엣지Human Edge'가 있다. 나를 휴먼 엣지를 발견하고 일깨워 계발해줄 친절한 안내자라고 생각하기 바란다. 지금부터 감정, 심리, 신경계를 자극해 인간만이 가진 능력을 발휘할 방법에 대해 탐구할 것이다.

휴먼 엣지를 구성하는 요소는 '의식Consciousness', '호기심Curiosity', '창의성Creativity', '협업Collaboration', 즉 4C다. 금세기에 필요한 기술을 파악한 다수의 연구와 내 경험을 바탕으로 매우 신중하게 선정했다. 4C는 마법처럼 서로를 자극하고 발현을 가속화하기 때문에 특히 효과적이다. 작동하는 방식은 다음과 같다.

- **의식**은 나머지 세 요소로 향하는 관문이다. 당신은 모든 일에 의미를 부여하며 세상에 영향력을 행사할 동기를 갖게 된다. 동시에 디지털 세계에 골몰할 때 생기는 부작용을 의식하면 귀중한 시간과 에너지를 호기심, 창의성, 협업에 더 많이 쏟을 수 있다.
- **호기심**은 지식과 경험이라는 원료를 모아 창의성을 일으킬 촉매, 즉 흥미로운 질문을 뽑아낸다.

- **창의성**은 의식과 호기심이 맺은 결실을 결합한다. 창의적 사고는 동기, 시간, 에너지, 지식, 경험, 흥미로운 질문 등을 한데 모은다. 바로 그때 피어오르는 불꽃이 가치를 더하는 새로운 아이디어가 된다.
- **협업**은 다른 사람들과의 피드백, 협력, 실험을 통해 아이디어를 다듬고 발전시키도록 돕는다.

인간의 창의성은 4C를 관통하며 서로를 연결해주는 귀한 실 같은 요소다. 창의성은 의식과 호기심에서 싹튼다. 그리고 협업을 통해 세상에 영향력을 발휘한다. 사실 당신이 4C를 가진다 해도 피카소, 모차르트, 아인슈타인이 될 순 없다. 그러나 창의성에 불이 붙어 보다 쉽게 상상의 나래를 펼칠 수 있을 것이다. 자신이 품은 아이디어가 지닌 장래성에 확고한 믿음도 생길 것이다. 창의성은 일부만 누리는 호사가 아니다. 우리 모두 갖춰야 할 생존 기술이다.

휴먼 엣지를 구성하는 4C를 깨워라

4C를 충분히 이해하고 최대로 활용할 수 있도록 이 책을 PART 1과 PART 2로 나눴다. PART 1 '휴먼 챌린지'에는 역사상 가장 놀라운 이야기, 즉 우리가 고안한 기술 도구(인공지능)가 지금 우리에게 지적

으로 겨루자고 도전하는 이유와 방법이 담겨 있다. 이 깜짝 놀랄 이야기 속에 불안감을 안기는 위협과 구미를 당기는 기회가 모두 실려 있다. 몇 장 넘기다 보면 인공지능이 지금껏 얼마나 강력해졌고, 왜 앞으로 더 강력해지도록 설정되어 있는지 알게 될 것이다.

나는 '인공지능 세상에서 인간에게 남은 것은 무엇인가?'라는 질문에 '의식적으로 더 인간다운 인간이 되는 것'이라고 주장할 생각이다. 인공지능과 겨루기보다는 차별성을 둬야 한다는 소리다. 특히 1장부터 3장에 걸쳐 우리가 21세기에 해결해야 하는 긴급하고도 중요한 문제를 탐구할 것이다. 교육 현장과 직장에서 창의성이 지나치게 무시당하고 민망할 정도로 격하되는 가운데 우리는 어떻게 인간만이 품은 잠재력을 계속해서 살릴 수 있을까?

PART 2 '휴먼 엣지'에서는 4C를 하나하나 깊이 파고든다. 이 과정에서 '댄스 스텝Dance Steps'이라는 매우 실용적인 8가지 능력을 마주하게 될 것이다. 2개의 스텝이 4C 각각을 강화한다. 총 8장에 걸쳐 일상 속에서 8가지 스텝을 밟을 수 있는 방법에 대해 상세히 설명한다. 컴퓨터 코드와 달리 인간을 구성하는 의식, 호기심, 창의성, 협업은 0과 1로 이루어진 이진법이 아니기 때문에 8가지 능력에 '댄스 스텝'이라는 이름을 붙였다. 스타트업, 프로젝트, 연구 등 무엇을 시작하든 구불구불하고 때로는 기이하기까지 한 여정을 거친다. 댄스 스텝 사이를 연결하는 이 구불구불한 길은 반드시 이해해야 한다. 그래야

휴먼 엣지를 구성하는 4C

호기심

학습 : 세상이 변하는 속도보다
더 빨리 학습하기 위해 호기심을
자극해야 하는 이유
질문 : 호기심을 무기로 삼기 위해
모든 것에 질문하는 방법

창의성

활기 : 영감이 더욱 잘 떠오르도록
창의적 습관을 들이는 방법
촉발 : 더 많은 아이디어를 얻기
위해 창의적 슈퍼스타들의 비결을
따르는 방법

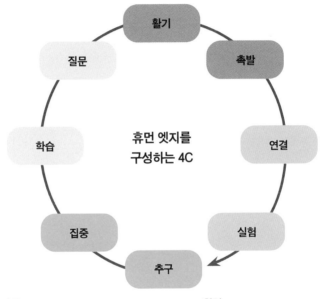

의식

추구 : 4C를 발휘할 수 있는
동기 찾기
집중 : 산만한 세상에서 창의적인
에너지에 집중하기

협업

연결 : 함께하는 사람들과 강력한
네트워크를 구축하는 방법
실험 : 아이디어를 파괴하거나
위대함을 시험하기 위해
끊임없이 실험해야 하는 이유

한 걸음 전진했다 두 걸음 후퇴해도, 가끔 오른쪽으로 조금 어설프게 점프해도 좌절하지 않는 힘을 기를 수 있다.

댄스 스텝은 원형으로 이어져 있다. 이 배열대로 하면 잘 작동하기는 하지만, 꼭 올바른 배열이라고 할 수는 없다. 스텝을 따로따로 학습한 후 자신의 기분과 상황에 맞춰 다양하게 배열해도 좋다. 익숙해질 때까지 한 스텝만 연습하고 필요한 스텝을 나중에 추가해도 된다. 댄스 스텝은 상호의존적이고 유동적이라 마구 뒤섞여도 무방하다. 실제 춤을 추며 앞뒤로 혹은 옆으로 스텝을 밟는 것처럼 기술을 적용해보자. 혼자서도 충분히 가능하다. 상황에 따라 질문에서 촉발로 점프하고, 연결에서 집중으로 물러나거나 활기에서 실험으로 전진해도 좋다. 단, 작은 소망이라면 이 책을 순서대로 읽기 바란다. 스텝을 따라 제대로 인식할 가치가 있는 흐름이기 때문이다. 순서대로 읽다 나중에 영감이 좀 더 필요할 때는 책에서 필요한 부분만 참고하면 된다.

댄스 스텝을 파헤치는 동안 각 장에서 '휴먼 엣지 살리는 실험'을 보게 될 것이다. 책 전체에 걸쳐 50개 이상의 실험이 등장한다. 이 실험들을 통해 테크닉, 행동, 습관을 익히고 자신의 현 상태도 진단해보자. 사람 모양의 그림이 있어 쉽게 눈에 띈다. '지금 당장'이라는 말을 붙여 더욱 강조한 '휴먼 엣지 살리는 실험'이 마지막에 실려 있다. 이 특정한 실험들은 책을 읽으며 생각만 하기보다 잠시 책을 덮고 행동에 나설 좋은 구실이다. 댄스 스텝과 그와 연관된 '휴먼 엣지 살리는 실험'을 집중적으로 보고 자신만의 접근법을 만들길 권한다.

갤럽Gallup에서 설문조사를 실시할 때마다 근로자 10명 중 7명이 일에 몰입하지 못하고 늘 활력이 없다고 답한다. 적어도 이 책은 당신이 직장에서 의식, 호기심, 창의성, 협업을 드러낼 수 있도록 열쇠를 제공할 것이다.

직장인이 아니어도 이 책이 도움이 될까? 물론이다. 더 복잡하고, 예측 불가능해진 인공지능 시대에서 성공할 수 있는 방법을 알고 싶은 사람 '누구나' 이 책을 활용할 수 있다. 어떤 직업을 선택할지 고민하는 청소년, 자녀 양육법을 탐색하는 부모, 구직시장에 갓 발을 들인 20대 청년, 경쟁에서 한발 앞서나가기 위해 열심히 일하는 직장인과 젊은 경영인 혹은 반백이 된 관리 전문가까지. 구직과 관련 없는 삶을 산다 해도 자선 사업, 지역 모임 또는 스포츠팀을 더욱 잘 지원하기 위해 세상이 변하는 방식에 관여하고 싶은 이들도 해당된다. 이 모든 상황 속에 있는 이들에게 4C를 계발할 수 있는 조언과 기술은 분명 도움이 될 것이다.

그러려면 이 책을 꼭 읽어야 한다. 적극적으로 학습하고 새로운 환경에 적응하기 위해 노력하는 사람은 누구보다 미래에 성공할 것이다. 반면 잠자코 있는 사람들의 앞날은 분명 순탄치 않을 것이다.

의식, 호기심, 창의성, 협업이라는 4C를 계발하면 남보다 앞서나갈 수 있다. 4C를 갖추면 기계와 겨루는 대신 기계가 못 하는 일을 할 수 있다. 인공지능 세상에서 기계 속 톱니바퀴가 아닌 지략가로 거듭날 수 있다.

순식간에 일상을 파고든 인공지능

누구든 곧 매 순간 인공지능과 마주하기 시작할 것이다. 일상 속에 너무 깊숙이 자리 잡아 이따금 깨닫지 못할 수도 있다.

당신은 수면 주기 중 잠에서 가장 깨기 좋은 시점을 감지하는 애플리케이션의 알람 소리를 듣고 눈을 뜬다. 아침 식사를 하면서 인공지능의 도움을 받아 하루 일과를 짜고, 회사까지 가는 경로 중 가장 교통량이 적은 경로를 확인하며, 맞춤형 헤드라인 뉴스와 SNS 피드를 받아본다. 중요한 이메일을 보낼 때는 심리 평가 알고리즘이 블로그 포스트, 이메일, 댓글, 트윗 등 수신자가 모두에게 공개한 내용을 분석해 당신의 말을 더욱 영향력 있고 힘 있게 만들어준다.

커피 한잔하며 쉬는 동안 당신은 인공지능을 탑재한 로봇이 창고에서 물건을 골라 포장하는 온라인 서비스에 식료품을 주문한다. 그러면 반자율주행 스마트카가 원격으로 식료품을 차량 뒷좌석에 실어 집 현관 앞까지 배송한다. 점심시간에는 인공지능이 쓴 경제 기사나 스포츠 기사를 인간이 쓴 기사와 별다른 차이를 느끼지 못한 채 읽는다.[4] 물론 인공지능이 추천한 식당이나 공원에서 느긋하게 시간을 보내면서 말이다.

새 일자리에 지원하면 인공지능이 심사에 들어간다.[5] 의사결정 능력과 성격 유형을 평가하기 위해 인지신경과학Cognitive Neuroscience 기반의 온라인 게임으로 당신을 시험한다. 인공지능이 인터뷰 영상을 분석하고 나서야 인간 면접관을 만날 수 있다.

연금에 투자하면 당신의 자금 거래 중 약 60%는 인공지능에 의해 실행된다.[6] 월급으로는 생활하기 부족해 대출을 신청하면, 은행은 "대출금을 상환할 수 있다"라고 말한 당신의 대답이 거짓인지 진실인지 알기 위해 영상 면접을 요청할지도 모른다. 당신이 짓는 50여 개의 미묘한 얼굴 표정을 알고리즘으로 분석하기 위해서다.[7]

몸이 아파 병원에 가면 인공지능이 당신의 엑스선 촬영 결과를 보고 진단한다. 컴퓨터가 이미 지구상 최고의 암 진단사로 증명됐기 때문에 당신은 이 방식에 더할 나위 없이 만족한다. 병원에 입원하면 인공지능이 병동에 전기와 와이파이를 공급하는 전력회사와 통신회사를 지원할 뿐 아니라 침대와 다른 자원들까지 관리한다. 제약회사는 인공지능이 제조한 매우 효과적인 개인 맞춤 약을 당신에게 제공한다. 낫지 않으면 챗봇Chatbot 의사의 지원을 받는 로봇 의사에게 수술을 받을 수도 있다.[8] 이 새로운 현실에 저항하려 거리 행진을 선택한다면 정부는 당신이 예상하듯 인공지능으로 군중 속에서 당신의 얼굴을 식별해낼 것이다.[9]

이 이야기들은 공상과학이 아니다. 지금 당장 혹은 곧 일어날 일이다. 우리는 아직 출발선에 서 있을 뿐이다. 인공지능 혁명의 중심에 미국의 거대 기술 기업인 페이스북, 아마존, 넷플릭스, 구글이 있다. 그들의 기본 사업 모델은 당신의 데이터를 다루기 위해 인공지능을 이용하는 것이다. 이 기업들에 애플을 더하면(이 사업 모델들을 당신의 손에 스마트폰 형식으로 쥐여주면), 이 기업들의 총 가치는 현재 FTSE 100[Financial Times Security Exchange](영국 파이낸셜타임스[FT]와 런던증권거래소[LSE]가 1995년 공동으로 설립한 FTSE인터내셔널로, 영국 런던국제증권거래소[IS]에 상장된 시가총액 상위 100개의 그룹-편집자)에 오른 나머지 기업 모두를 합친 것 이상이다.[10] 현재 마이크로소프트와 IBM이 이들을 따라잡으려고 박차를 가하고 있다. 미국의 이 거대 기술 기업들은 여러 국가의 GDP(국내총생산)보다 훨씬 더 많은 수익을 올린다. 그런 까닭에 덴마크는 최근 실리콘밸리에 주재할 대사를 임명했다.[11]

중국에도 이와 동등한 디지털 거대 기업이 존재한다. 바로 바이두[Baidu], 알리바바[Alibaba], 텐센트[Tencent]다.[12] 그들은 자신의 핵심 사업을 넘어 디지털 결제부터 소셜 네트워크, 클라우드 컴퓨팅, 전자 상거래까지 거의 모든 일을 한다.[13] 이 거대 기술 기업 간의 경쟁이 전 세계

인공지능 개발 경쟁에 불을 지피고 있다.

세계 최고의 IT 과학기술 전문잡지 〈와이어드Wired〉의 창립자 케빈 켈리Kevin Kelly는 차세대 스타트업 1만 개의 사업 계획을 예측하는 건 매우 쉽다고 말했다.

"어떤 것에든 인공지능이 적용되어 있습니다."[14]

나는 벤처기업 여러 곳을 방문하기 위해 실리콘밸리에 갔다가 이를 직접 목격했다. 스타트업 발표를 하는 거의 모든 곳에서 인공지능 이야기가 나왔다. 그들은 개척자들이다. 제품의 수명 주기로 따지자면, 인공지능은 지금 가파른 구간을 오르기 직전이다. 2006년 당시 스마트폰의 위치를 떠올려보자. 지금 인공지능이 바로 그 위치에 서 있다.[15]

기술 사업에서 인공지능을 전면에 내세우면, 다른 분야에서는 그제야 인공지능을 조금씩 적용하기 시작할 것이다. 글로벌 기업들은 인공지능 기술을 개발한 아이디어와 두뇌를 필사적으로 확보하기 위해 최첨단 기술 스타트업을 진공청소기처럼 사들이고 있다.[16] 이건 시작에 불과하다. 글로벌 기업의 약 85%가 인공지능이 경쟁력 있는 이점을 제공할 거라고 생각한다. 그러나 지금 당장 인공지능을 광범위하게 활용하는 기업은 단 5%뿐이다.[17] 기업들은 더 대담한 개척자들이 사업성을 입증하면 적극적으로 뛰어들 준비가 되어 있다. 인공지능은 곧 고객 서비스, 마케팅, 판매, 공급망 관리, 인력 관리,

재무 관리를 재편할 것이다.[18] 세계경제포럼은 인공지능이 가져올 변화를 이렇게 전망하고 있다.

"인공지능과 연관된 기술들(증강현실Augmented Reality, 가상현실Virtual Reality, 로봇공학Robotics)은 우리가 전에 경험하지 못한 속도, 규모, 영향력으로 변화를 가져올 것이며, 모든 산업의 사업 모델이 인공지능화로 바뀔 것이다."[19]

여기서 명확히 하고 싶은 게 있다. 이 책을 통해 급변하는 세상에서도 당신의 역할을 찾을 수 있다고 보장하지만, 나는 반(反)기술론자가 아니다. 인공지능을 잘 활용하고 관리한다면 우리의 삶은 분명 더 나은 방향으로 변화될 것이다. 거의 모든 각계각층에 가치를 더할 것이다. 노령 인구를 돌볼 의료 인력이 충분한가? 교사, 경찰관, 교도관은 충분한가? 은행 업무, 항공권 예약, 볼만한 영화 찾기나 보험 가입에 개선할 문제는 없는가? '아니요'라는 대답이 여기까지 메아리친다. 인공지능은 이러한 분야뿐 아니라 전혀 상상도 못 한 부분까지 업그레이드할 것이다. 더 적은 노력으로 더 많은 것을 할 수 있게 만들 것이다.

아직도 수백만 명이 끔찍하거나 즐겁지 않은 환경에서 중노동을 한다는 사실을 잊지 말자. 많은 사람이 일을 즐기지 못하며, 지저분하고 위험하기까지 한 작업장에서 고생한다. 인공지능은 우리 인간들이 원하지 않는 일들을 할 수 있다. 우리가 못 하는 일도 해낼 수 있다. 영국의 국립핵로봇센터National Centre for Nuclear Robotics는 오염된 물질을 효과적이고 안전하게 분류하기 위해 핵폐기물 지역으로 들어갈 인공지능 탑재 로봇과 드론을 개발하고 있다.[20] 그 로봇은 사전 지식이 없어도 눈앞에 있는 정체 모를 어수선한 더미를 말끔히 치울 수 있다. 당신이라면 그런 일을 하겠는가?

새 얼굴을 하고 나타난 오랜 적

1945년 9월, 강성 엘리베이터 안내원 노조가 뉴욕에서 파업을 일으켜 도시를 마비시켰다. 연합통신은 이렇게 보도했다.

'수천 명이 끝도 보이지 않는 계단을 오르느라 고생했다. 엠파이어스테이트 빌딩 또한 예외가 아니었다.'

1900년에도 자동 엘리베이터 기술이 있었지만 불편함을 느낀 사람들은 안내원 없이 엘리베이터를 타지 않았다. 그러나 파업을 계기로 대중의 태도가 바뀌면서 그 수많은 엘리베이터 안내원이 종말을 맞았다. 진보가 이렇다. 차츰차츰 변하다 어느 순간 급변한다. 이제 우리는 엘리베이터를 타면 알아서 원하는 층수를 누른다.[21]

신기술의 등장으로 사람들이 일자리를 잃는 건 당시에도 처음 맞는 일은 아니었다.[22] 100년도 더 전인 1847년, 노팅엄의 직물 근로자들은 생계를 위협하는 증기식 직조기를 때려 부수고 책임자들을 공격했다. 사람들은 그들을 '러다이트Luddite'라고 불렀다. 지금 우리는 기술의 시계를 되돌리려는, 즉 불가능한 일을 시도하는 사람을 모욕조로 러다이트라고 부른다. 그러나 그래선 안 된다. 러다이트에겐 그래야 할 이유가 있었다. 정리해고, 정체성 상실, 자녀들의 앞날을 몹시 걱정한 그들은 기술 발전을 반대하는 집단이 아니라 전문 기술자들이었을 뿐이다.

이후 러다이트는 1차 산업혁명으로 발생하는 현상들을 해결하려고 애썼다. 하지만 인간의 힘으로는 막을 수 없었다. 증기기관은 광산 깊은 곳에서 물을 끌어올려 혐오의 대상이던 증기식 직조기를 작동하게 만들었으며, 기차가 선로를 따라 내달리고 배가 물을 가를 수 있게 해줬다. 경제학자들은 증기를 '범용 기술General Purpose Technology(GPT)'이라고 부른다. 한 분야에 그치지 않고 온 세상을 재편하기 때문이다. 최근에 등장한 범용 기술은 '전기'와 '정보통신기술IT'이다. 인공지능 또한 제약 없이 거의 모든 분야에 활용할 수 있으므로 범용 기술이다. 이 시대의 증기기관이라고 할 수 있다.[23] 1차 산업혁명은 작업장에서 우리의 팔다리를 대신했다. 이제 4차 산업혁명에서는 인공지능이 우리의 뇌를 대체하고 있다.

앞서 이야기했듯 인공지능은 우리에게 엄청난 힘이 될 수 있다. 그러나 밝은 면이 있으면 어두운 면도 있는 법. 일부 직업은 종말을 맞이할 것이다. 사실 판단을 내리는 일의 과정을 한 치의 오차 없이 알고리즘으로 구현할 수 있다면 당연히 그 일도 자동화가 가능하다.

MIT 경제학자 에릭 브린욜프슨^{Erik Brynjolfsson}과 앤드루 맥아피^{Andrew McAfee}는 《기계와의 전쟁》에서 기계와 인간의 차이가 줄어들수록 고용주들은 점차 '새로운 인물' 대신 '새 기계'를 들여놓을 거라고 경고한다.[24] 개인 비서, 계산원 등 똑같은 일만 반복하는 '지루한 일'이 가장 먼저 역사 속으로 사라질 것이다.[25]

연구자들은 향후 15년 내에 얼마나 많은 직업이 사라질지 예측하기 시작했다. 옥스퍼드대학교, 세계경제포럼, 글로벌 경영 컨설팅업체 몇 곳이 함께 연구한 결과, 현재 직업 중 14~47%가 사라질 거라고 예측했다.[26] 잠깐 생각 좀 해보자. 사라질 직업이 14%라고만 해도 우리는 기존 작업하던 방식과 일터에서 지진과도 같은 엄청난 변화를 목격하게 될 것이다.

한 연구팀은 더 나아가 직업별로 사라질 확률을 계산했다. 안타깝게도 전화 판매원, 데이터 입력원, 사서, 회계 사무원, 세무 대리인, 화물 취급업자 모두 앞으로 자취를 감출 확률이 99%로 드러났다.[27] 반면 테라피스트, 중간 관리자와 감독관, 사회복지사, 직업 치료사는 현재 기술을 바탕으로 자동화될 확률이 0.35%였다.

어쩌면 이전의 산업혁명 때처럼 단 한 번도 존재하지 않았던 새로운 직업이 등장할 수도 있다. '데이터 위생사', '인공지능 인성 트레이너', '인공지능 윤리학자'라는 직업이 아닐까? 아직 인간 실업률이 어떻게 될지 전망하는 사람은 없다. 중요한 건 우리 모두 이전 산업혁명의 근로자들처럼 변화라는 거대한 파도에 잘 대처해야 한다는 사실이다.

19세기 러다이트들은 증기식 직조기에 맞서 일자리를 지키고 싶어 했다. 그러나 생각과 달리 직조기를 작동하려면 여전히 인간이 필요했다. 그 당시 기계가 인간의 지시를 따르는 부하 직원이었다면, 인공지능은 부하 직원이 아니라 동료가 될 가능성이 크다.

19세기와 지금의 가장 큰 차이는 속도다. 1차 산업혁명은 1세기 넘게 전개됐다. 하지만 인공지능과 함께라면 몇 년, 어쩌면 몇 개월 안에 빛의 속도로 진보하는 모습을 눈으로 볼 수 있다. 택시 기사, 사무 관리자, 점원, 진열 담당자, 계산원 등 자동화에 취약한 직업군은 꽤 빨리 정리해고 당하거나 큰 변화를 맞게 될 것이다.

사실 일자리 착취에 반발하는 것보다 일에서 배제당하지 않으려 몸부림치는 게 훨씬 더 힘들다. 인공지능 시대에 맞는 직업을 얻기 위해 꼭 필요한 기술을 습득하는 건 쉽지 않을 수 있다. 직업을 잃은 45세 택시 기사에게 장밋빛 기회를 기대할 만하다고 말할 수 있지만, 이와 별개로 '인공지능과 인간 상호작용 담당자'가 되기 위해 훈련을 받아야 하는 문제가 있다. 1900년대 초 엘리베이터 안내원과 달리 변화 속도가 엄청난 시대에 사는 우리는 새로운 일자리를 얻기

위해 준비할 시간이 넉넉하지 않다.[28]

　사람들은 불확실한 미래를 감지하고 있다. 미국 근로자를 대상으로 실시한 대규모 설문조사에 따르면, 응답자 중 72%가 인공지능에 우려를 표했다. 그러나 개인이 받을 영향에 대해서는 다소 혼란이 있는 듯하다. 사람들은 법률 사무원, 패스트푸드 점원, 보험금 청구 처리원 등 일부 직업이 사라질 확률은 매우 높다고 인식하고 있다. 그러나 로봇이나 컴퓨터가 자신의 일자리를 차지할 거라고 말하는 사람은 10명 중 3명뿐이다. 마치 죽음에 대해 생각할 때처럼 자신보다 남에게 인공지능이 닥치는 일을 상상하는 게 더 쉬운 모양이다.

당신의 업무를 치즈 한 장만큼 쓱 잘라간다

4차 산업혁명이 이전과 눈에 띄게 다른 점은 기계가 화이트칼라(사무직) 근로자를 대체한다는 것이다. 인지 기술에 의존하는 직업들은 자동화하기 알맞은 대상이다. 그중 똑같은 일만 반복하는 직업이 가장 먼저 빠르게 자동화가 될 것이다. 통신 판매와 고객지원 업무에서 단조로운 일이 이미 챗봇에 넘어가고 있는 걸 보면 알 수 있다. 트럭 기사, 택시 기사, 보안 요원도 예외가 아니다. 피와 골수로 질병을 진단하는 혈액학자처럼 데이터를 분석해 예측하는 직업 역시 인공지능의 손에 떨어질 것이다.

지금까지 우리는 자동화될 직업군 전체를 다뤘다. 그러나 자동화는 많은 이들에게 현실로 다가오지 않을 수 있다. 이 책을 읽으며 선견지명과 지략을 갖춘다면 당신의 역할은 금방 자동화되지 않을 것이다. 대신 당신이 하는 일 중 얇은 치즈 한 장 만큼 비중이 크지 않은, 반복적이고 일상적인 업무를 인공지능이 쓱 잘라갈 것이다. 회계사, 변호사, 방사선사, 스포츠 및 경제부 기자, 연구 분석관의 업무에서 이미 일어나고 있다. 미래에 자리를 보전할 수 있는 직업을 어떻게 골라야 할지 궁금하다면 이렇게 질문하라.

'이 직업은 얼마나 복잡하고, 예측 불가능하며, 감정에 좌우되고, 잠재적으로 창의적인가?'

종합 관리, 인수합병, 경제 분석 분야의 직업은 매우 복잡하다. 기고가, 만화가, 로비스트, 연구원, 건축가, 공학자, 예술가는 복잡할 뿐 아니라 창의적인 사고도 필요하다. 대만의 인공지능 전문가 리카이푸Lee Kai-Fu는 이렇게 말했다.

"창의적인 직업들은 무사할 겁니다. 인공지능은 최적화는 해도 창조는 하지 못하기 때문입니다."

한 마디 덧붙이자면, 거의 모든 직업에는 창의성이 숨어 있다. 인공지능이 단순 업무를 대신해서 하루에 더 많은 시간을 확보하게 된다면 당신은 창의성을 맘껏 발휘할 수 있을 것이다.

창의성 스위치를 켜야 하는 이유

복잡하고 창의적인 직업의 단순 업무까지 치즈 한 장 잘라내듯 인공지능에 이양하는 것은 내 관점에선 위협이 아니라 더 큰 성장으로 향하는 발판이다. 단순 업무를 인공지능에 넘기면 간호사부터 프로젝트 관리자, 교수, 테라피스트까지 자신의 직업 안에서 호기심과 창의적인 관점을 발견할 수 있을 것이다. 이런 디지털 경제의 맥락을 이해한다면 당신은 반드시 4C를 계발해야 한다.

오늘날 직장에서 4C의 중요성이 점차 커지고 있다. 우리는 비즈니스, 정치, 일상생활에서 진부한 전략이 더 이상 먹히지 않는 시대에 살고 있다.[29] 생활하고, 의사소통하고, 생각과 감정을 나누고, 돈을 벌고, 영화와 텔레비전을 보고, 쇼핑하고, 여행하고, 심지어 사람들과 관계를 맺거나 끝내는 방식도 기술로 인해 변하고 있다. 디트로이트로 대표되는 자동차 산업의 쇠락과 맞바꾼 전기자동차와 자율주행 자동차의 성장, 점차 인적이 줄어드는 번화가와 비교되는 온라인 쇼핑의 폭발적인 수요, 기존 은행에 도전장을 내민 가상화폐와 블록체인, 음악과 영상 소비 방식의 변화 등이 이에 해당한다.[30]

급격하고 불확실한 변화로 세상일을 예측하기가 훨씬 더 어려워졌다. 그 결과 산업계에서 무엇보다 중요한 능력인 논리적 사고와 분석적 사고가 어려운 곤경에 처했다. 이제 직장상사들은 계획하는 것만으로는 부족하다고 생각한다. 동시에 미래를 재창조하는 능력이 절실하다는 것을 깨닫고 있다. 이에 부응하기 위해 당신 아니 직원 모두 창의성 스위치를 켜야 한다.

일류 CEO들은 금세기 직장에서 가장 중요한 적성의 순위를 정해 달라는 요청을 받자 "인간이 지닌 가치를 계층화했을 때 '창의성'이 급격히 상승하고 있다"라고 응답했다. 창의성은 2015년 10위에서 2019년 3위로 급상승했다. '창의적 사고'가 처음으로 인력 관리, 복잡한 문제 해결, 비판적 사고와 어깨를 나란히 하고 있다.[31]

부자지간인 리처드 서스킨드Richard Susskind와 대니얼 서스킨드Daniel Susskind는 저서 《4차 산업혁명 시대, 전문직의 미래》에서 회계, 법, 의학, 건축, 감정 평가 등 사람들에게 높이 평가받는 직업들까지도 자동화에 적합하다고 주장한다.

"이런 직업들은 수임료가 비싸고, 기술을 별로 활용하지 않으며, 사람들을 작아지게 만들고, 윤리적으로 비판받을 여지가 있는 데다 예상보다 실적도 내지 못하기 때문이다."[32]

악담이다. 이렇게 생각하기 때문일까? 저자들은 '스스로 혹은 비전문가들의 조작으로 움직이는 유능한 기계가 역사적으로 전문직의 전유물이던 일의 대부분을 떠맡을 것'이라고 예측한다.[33]

수완 좋은 변호사들이 치즈처럼 잘리고 나면 그 누구도 안전하지 않다. 역사적으로, '매직 서클Magic Circle'이라 불리는 영국의 5대 글로벌 로펌들은 산재해 있는 사건에 많은 인력을 투입해 수익을 올렸다. 반면 이제 대다수의 일급 로펌은 사전 재판 실사를 할 때 인공지능을 이용한다.[34] 앞서 말했듯 이런 일로 실업률이 상승하지는 않을 것이다. 신입 변호사를 적게 고용하려는 로펌이 있는 반면 오히려 수임료가 저렴해져서 더 많은 고객이 변호사에게 상담을 받으러 올 거라고 주장하는 곳도 있다. 무엇이 맞는지는 시간만이 알려줄 것이다.

인공지능이 의학계에 진출하면서 첫 교전이 일어나고 있다. 영국 국민보건서비스 NHS에서 출시한 애플리케이션 '내 손안의 지역 보건의GP at Hand'를 개발한 바빌론Babylon은 자사의 챗봇이 지역 보건 수련의 자격시험에 응시했다고 밝혔다. 통과 기준이 75점인 시험에서 챗봇이 거둔 결과는 81점이었다. 이에 분노한 왕립일반전문의협회는 "애플리케이션이 자동화된 의학 지식 테스트를 통과할지는 몰라도 실제 상황에서는 답이 미리 정해져 있지 않다"라고 응수했다. 사실이다. 이 세상은 어떤 시험보다도 복잡하다. 그러나 지식, 경험, 인지 능력에 의존하는 의사나 변호사 같은 사람들의 세상도 이제 조금씩 변화하고 있다는 사실만큼은 명백하다.[35]

인간만이 가질 수 있는 강점을 키워라

정시에 도착해 언제나 토씨 하나 빼놓지 않고 명령에 복종하는 것. 100년 전, 포드자동차 생산 라인의 근로자들은 성공하기 위해 무엇을 해야 하는지 매우 잘 알고 있었다. 당시 대량생산 공장의 관리자들은 근로자들에게 딱 두 가지를 요구했다. 복종과 근면. 심지어 단일 업무에서도 수행 방식과 규정을 하나하나 정해 놨다. 잘 알겠지만, 대량생산 자동화는 어제오늘 일이 아니다. 지금은 인간 근로자 대신 인공지능을 사용할 뿐이다. 만약 포드자동차에서 근무하던 근로자가 생산 과정에 호기심을 갖고 아이디어를 도출해 회사 전체의 인적 네트워크를 구축했다면 어땠을까? 환영받지 못했을 것이다. 아니 해고당했을 것이다.

기술은 항상 시대의 흐름이나 특정 상황에 따라 달라진다. 영국의 테니스 선수 앤디 머레이Andy Murray는 절묘한 백핸드 기술을 구사하지만, 경기 중에 백핸드 덕을 본 적은 단 한 번도 없다. 오늘날 숙련된 지식 근로자들의 근무 조건이나 필수 기술은 포드자동차 근로자들과 매우 다르다. 이제는 인공지능을 탑재한 로봇이 단순 반복 작업을 수행한다. 단순한 사고 작업 역시 같은 길을 가고 있다.

그렇다면 인간에게 남은 것은 무엇일까? 해답은 인공지능과의 '경쟁'을 멈추고 '차별성'을 두기 시작해야 한다는 것이다. 인공지능이 잘하는 분야가 있다. 우리가 인공지능과 아무리 경쟁해봐야 쓸데없다는 사실을 받아들이자. 왜 질 게 뻔한 싸움을 하는가? 우리는 인간만이 가질 수 있는 강점을 준비해야 한다. 인류가 지금껏 그래왔듯 시대의 흐름에 맞는 기술을 연마하는 데 집중하며 상황에 적응하는 게 현명한 처사다.

너와 나를 가르는 거대한 구분선

인공지능과 함께 살아가야 하는 시대에 맞춰 전 세계적으로 사회를 둘로 나누는 기준이 출현하고 있다. 인공지능과 인간을 나누는 게 아니다. 인간을 두 부류로 나눈다.

표준 대 비표준 지능[36]

지식 작업 유형	기계인가, 인간인가?				
분석하기					
최적화하기	**성장하는 인공지능 세계** 표준 지능				
반복하기					
추천하기					
질문하고 결정하기					
돌보기			**휴먼 엣지** 비표준 지능		
창조하기					
영감 주기					

디지털 기술은 모든 사람을 평등하게 만들어주는 훌륭한 도구다. 그 덕에 어느 때보다 원하는 것을 쉽게 배울 수 있다. 인터넷을 이용할 수 있는 스마트폰만 있으면 짧은 시간에 무엇이든 독학할 수 있다. 실제 어린이들은 20년 전 미국 대통령이 입수할 수 있던 자료보다 더 많은 정보에 실시간으로 접근한다. 이런 현상이 '가진 자'와 '못 가진 자' 사이에 새로운 단층선을 만들어내고 있다. 돈, 계층 또는 인맥 때문에 생기는 게 아니다. 미래를 맞을 준비가 된 사람들과 그렇지 않은 사람들의 가치 차이가 단층선을 만든다. 오른쪽 그림의 왼쪽 부분을 위에서부터 천천히 살펴보자. 미래를 대비하려면 자각, 목적 지향, 집중이라는 특성을 계발해야 한다. 이런 능력은 호기심을 키우고 창의성을 발휘하며, 협업할 동기를 일깨우는 데 필요하기 때문이다.

그림의 왼쪽과 오른쪽을 비교해보자. 목적 지향과 몰입하지 않는 태도, 집중과 만성적 집중 저하, 그칠 줄 모르는 호기심과 질문하지 않는 태도, 협업할 줄 아는 사람과 대인관계가 미숙하며 행동에 나서지 못하는 사람 사이의 경제 격차가 점점 벌어지고 있다. 이 격차는 계속 벌어질 것이다.

당신과 대립각을 세우는 것은 단지 인공지능만은 아니다. 이 구분선이 가르는 영역 중 잘못된 편에 들어가 고립무원에 이르게 된다면, 업무 능력에선 차이가 나지 않지만 인건비 측면에선 유리한 '로

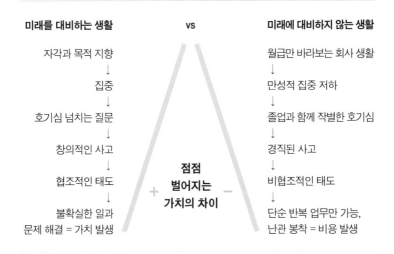

미래 대비 유무에 따라 벌어지는 격차

미래를 대비하는 생활	vs	미래에 대비하지 않는 생활
자각과 목적 지향		월급만 바라보는 회사 생활
↓		↓
집중		만성적 집중 저하
↓		↓
호기심 넘치는 질문		졸업과 함께 작별한 호기심
↓		↓
창의적인 사고	점점	경직된 사고
↓	벌어지는	↓
협조적인 태도	가치의 차이	비협조적인 태도
↓		↓
불확실한 일과		단순 반복 업무만 가능,
문제 해결 = 가치 발생		난관 봉착 = 비용 발생

봇' 인간에게 패배하게 될 것이다.

스마트한 고용주들은 명령을 따르고 요청에 응답하는 것보다 더 많은 일을 할 수 있는 사람을 찾고 있다. 기업의 인사부장은 끊임없이 학습하고 어려운 문제를 해결하며, 예리한 질문을 던지는 인력을 채용하기 위해 애쓴다.[37] 이언 레슬리Ian Leslie는 저서 《큐리어스》에서 이렇게 밝히고 있다.

"호기심을 지닌 사람들은 지능을 갖춘 기계에 일자리를 빼앗길 확률이 가장 낮다. 기술이 화이트칼라 근로자까지 급격히 대체하고 있는 이 세상에서 똑똑한 것만으로는 더 이상 충분하지 않다. 컴퓨터

도 똑똑하다. 그러나 아무리 정교한 컴퓨터라 해도 아직은 호기심을 품고 있지 않다."[38, 39]

공상과학 작가 윌리엄 깁슨[William Gibson]은 "고르게 분배되어 있지 않을 뿐 미래는 이미 우리 곁에 있다"라고 말했다.[40] 맞는 말이다. 그리고 미래에 도태되지 않는 방법을 알려줄 통찰 역시 고르게 퍼져 있지 않다. 자신만의 휴먼 엣지를 계발하지 않는다면 당신보다 단순 반복 작업을 더 잘하는 사람이나 기계에 추월당할 것이다. 창의적으로 사고할 수 있는 사람과 절차대로만 생각할 줄 아는(인공지능의 특기인) 사람 사이에는 무시할 수 없는 격차가 존재한다. '거대한 구분선'이 점점 커지고 있다.

당신은 어느 쪽에 있고 싶은가? 살면서 몹시 개선하고 싶은 것을 상상해보자. 제품이나 과정일 수도 있고, 당신의 일과 관련된 관행 같은 것일 수도 있다. 개선 대상을 '프로젝트 X'라고 부르자. 열의를 갖고 시작한 프로젝트에서 원하는 결과를 얻으려면 어떻게 4C를 적용해야 하는지 오른쪽 표를 참고하길 바란다.

4C 적용 방법

의식

- 동기부여 의미를 프로젝트 X에 연결하는 방법 이해하기
- 프로젝트 X에 더욱 집중하고 에너지 쏟기

호기심

- 프로젝트 X에 대한 자료 수집
- 재미있는 문제를 찾은 뒤 흥미로운 질문을 던져 프로젝트 X를 창의적으로 생각하기

창의성

- 프로젝트 X에 가치를 더하는 아이디어 도출하기

협업

- 프로젝트 X를 둘러싸고 협업할 인맥 구축하기
- 프로젝트 X 해결책 시험하기

- 인공지능은 우리가 살아가는 세상을 바꾸고 있다. 집과 직장에서 서서히 퍼지고 있다.

- 인공지능은 일부 직업을 역사 속으로 사라지게 할 것이다. 특히 모든 직업에서 단순 반복 작업을 '치즈 한 장 만큼 잘라낼' 것이다.

- 이 변화하는 시대에선 미래를 맞을 준비가 된 사람들과 그렇지 않은 사람들 사이의 가치 차이가 점점 벌어진다.

- 생존과 번영을 위해 당신은 인공지능과 경쟁하기보다 차별화해야 한다.

- 기계(그리고 로봇 인간)와 차별화하려면 기계가 할 수 없는 일을 수행하기 위해 인간만의 독특한 능력을 계발해야 한다.

- 더욱 '인간다운' 인간이 되기 위해 의식, 호기심, 창의성, 협업이라는 4C를 숙달해야 한다.

- 4C는 산만한 시대에 직장 안팎으로 당신의 영향력을 확대하도록 도울 것이다.

지금 당장 휴먼 엣지 살리는 실험

인공지능과 나

새하얀 종이 위에 큰 원을 그려보자. 당신의 현재(또는 계획된) 직업이나 하고 있는 역할을 5~10개의 활동 영역으로 구분한 뒤 소요 시간에 맞게 원을 나눠보자. 내가 하고 있는 활동은 다음과 같다. 기조연설, 글쓰기, 변화와 리더십 프로그램 짜기, 대면 교육, 온라인

교육(문자, 영상, 인터랙티브), 연구, 고객 관계 관리, 여행과 숙박 관리, 물류와 청구서 작업. 이제 아래의 2단계 사고 과정을 통해 자신에게 이익이 되는 방향으로 이 책을 어떻게 활용할 수 있을지 알아보자.

사고 과정 1

당신이 하고 있는 역할(기술) 중 무엇이 반복적이고 예측 가능한가?[41] 좀 더 세세히 나눈다면 자동화할 수 있는 하위 기술이 있는가? 10점을 만점으로 하여 각 기술 영역에 점수를 매겨보자. '이미 자동화되었거나 수행하는 시스템을 알고 있다'면 10점, '자동화가 임박'했다면 9점, 중간이면 5점, '재직 중에 자동화될 일이 없다'면 1점, '살아있는 동안에 자동화되지 않을 것이며 앞으로도 결코 자동화될 일이 없다'라면 0점을 주면 된다.[42]

사고 과정 2

매긴 점수를 자세히 보자. 어떤 기술이 당신을 인간 근로자로서 가장 오래 남게 해줄 것인가? 또 어떤 기술이 당신의 가치를 더해주는가? 당신의 일자리가 '전일제'나 '임금을 모두 보장받는' 것으로 분류하기에 충분한가? '아니'라면 이직을 고려하기 위해 이 책을 활용해야 한다. '충분'하다면 당신의 역할을 더 계발하기 위해 4C를 활용하라.

2

프랑켄슈타인에게
인사하라

강력한 능력을 탑재한 챌린저들의 역습

"네가 나를 창조했을지 몰라도 네 주인은 나다."

메리 셸리Mary Shelly, 《프랑켄슈타인》 중에서

스웨덴 국립은행의 IT 지원 부서로 첫 출근한 아멜리아Amelia. 그녀에게서 긴장한 기색이라고는 전혀 찾아볼 수 없다. 교육을 철저히 받아 업무를 훤히 꿰고 있기 때문이다. 첫날인 만큼 상사는 아멜리아의 일거수일투족을 눈으로 좇았다. 만족스러웠다. 동료들도 아멜리아를 매우 긍정적으로 평가했다. 그녀는 수많은 문의가 들어와도 척척 해결했다. 특히 게다가 전화를 건 사람의 어조를 능숙하게 파악한 후 상황에 맞게 응답했다. 고객 상담 문의로 난관에 봉착한 은행 직원들 앞에 그녀는 마법처럼 나타나 빠르게 문제를 해결해나갔다.

금발 머리를 로우 번 스타일로 야무지게 묶고 칼같이 다린 검은색 정장 차림을 한 그녀는 금세 능력자라는 소리를 들었다. 아멜리아는 폭언에 맞닥뜨렸을 때도 백과사전 같은 박식함으로 놀라운 업무 윤리를 발휘했고, 평정심도 금세 되찾았다. 얼마 지나지 않아 그녀는 승진까지 했다.[1]

눈치챘을지도 모르지만, 아멜리아는 인간이 아니다. 역사상 최초로 스웨덴 국립은행 SEB의 가상 고객지원 담당자 자리를 개척했지만 말이다.[2] 요즘 급성장하고 있는 챗봇 중 하나다.

당신이 은행 웹사이트에 들어가 인간과 의사소통하고 있다고 생각해도 사실 아멜리아와 같은 챗봇과 상호작용하고 있을 확률이 매우 높다. 아멜리아는 쉼 없이 일한다. 휴가를 반납하고 미심쩍은 공가도 내지 않는다. 온 종일 1년 내내 전화 응대를 하지만 평정심을 잃는 법이 없다. 연봉 인상은커녕 연봉 자체를 요구하지 않는다. 인체공학적으로 설계된 값비싼 의자도 필요 없고, 사랑하는 이가 세상을 떠나 애도하러 가거나 출산휴가를 신청할 일도 없다. 무엇보다 SEB에 전화를 건 고객 100만 명과 '동시에' 대화할 수 있다.

아멜리아와 그녀의 인공지능 형제자매들은 이제 우리의 경쟁 상대다. 1장에서는 인공지능과의 경쟁을 멈추고, 인공지능과 나를 차별화하는 게 어째서 더 나은 선택인지 살펴봤다. 이번 장에서는 인공지능이 왜 전보다 더 똑똑해졌는지 알아보고자 한다. 인공지능이 어떻게 강해지는지 알아야 아멜리아의 도전을 피해 우리가 나아가야 할 방향을 알 수 있기 때문이다. 동시에 앞으로 마주할 인공지능의 새로운 역할에 따른 우려도 불식시킬 수 있다. 공포를 모면할 최고의 방법은 공포와 마주하는 것이니까.

프랑켄슈타인급 공포가 몰려온다

현재 우리가 마주하는 인공지능은 '약인공지능^{Artificial Narrow Intelligence(ANI)}'이다. 트럭 운전, 말을 이해하는 자연어 처리^{Natural Language Processing}, 제품 추천, 국가 전력망 에너지 최적화 등의 일을 하는 약인공지능은 한 가지 일만 잘한다. 나는 책 말미에서 인공지능이 나아갈 다음 단계인 '강인공지능^{Artificial General Intelligence(AGI)}'에 대해 소개할 생각이다. 기계가 인간만큼 폭넓은 분야를 인지하게 된다면 (사람들이 생각하는 것처럼) 재앙일 수도, 유토피아일 수도 있다.

더 나아가 강인공지능이 다다를 수 있는 종착지, '초인공지능^{Artificial Super Intellignece(ASI)}'에 대해서도 생각해보자. 초인공지능 시대가 되면 컴퓨터는 분명 우리보다 더 똑똑해져 스스로 결정을 내릴 것이다. 그 상황이 잘 그려지지 않는다고? 아니, 당신은 이미 봤다. 스탠리 큐브릭 감독의 공상과학 서사 영화 〈2001 스페이스 오디세이〉와 〈터미

네이터〉, 〈매트릭스〉 시리즈 등의 영화에 이미 초인공지능이 등장했다. 어떤가? 이제 우리 곁에 자리한 초인공지능의 세상을 쉽게 상상할 수 있는가?

다만 여기에선 우리가 크게 지각하진 못해도 강력한 약인공지능이 우리 인간의 영역을 침범하는 세상에 초점을 맞출 생각이다.[3] 스탠퍼드대학교 컴퓨터공학과 부교수 리페이페이Li Fei-Fei는 "우리 곁에 있는 것은 터미네이터가 아니라 스마트한 세탁기"라고 주장한다. 내 임무는 당신이 직장에서 향후 5년, 늦어도 20년 안에 점점 더 똑똑해지는 '세탁기'보다 앞설 수 있게 돕는 것이다.

인공지능이 닥친 세상을 완벽하게 헤아리는 건 쉽지 않다. 지금 우리가 보는 인공지능 세상은 공상과 현실이 교차하는 장편소설의 최신 1회분을 보는 것에 불과하기 때문이다.

인류는 항상 능력 있는 조수를 원했다. 하지만 아이러니하게도 그 조수가 우리와 대적하는 날이 올까 봐 오랫동안 두려워하기도 했다. 그리스 신God 중 수공업과 금속공예의 신 헤파이스토스Hephaestus가 대표적이다. 헤파이스토스는 크레타섬을 방어할 목적으로 거대 자동화 로봇 '탈로스Talos'를 청동으로 제작해 임무를 맡겼다. 또 (온갖 불행을 담은 상자를 열어 인류에게 죽음과 병을 안겨준 일로 유명한) 판도라를 만들었다. 영화 〈블레이드 러너〉에 등장하는 복제 인간처럼 인간의 모습을 한 그녀는 세상에 악을 퍼뜨리도록 '프로그래밍'된 인조인간

이었다.[4]

1818년, 메리 셸리는 고딕소설 《프랑켄슈타인》에서 인간이 새로운 형태의 생명체에게 위협을 느낄 때 얼마나 심하게 반응하는지 세세히 묘사했다. 그로부터 불과 4년 뒤 빅토리아 시대의 철학자이자 발명가 찰스 배비지Charles Babbage는 현실 세계에서 펀치 카드를 사용해 계산할 수 있는 기계(기계식 계산기)를 고안했다. 바로 '차분기관 2호 Difference Engine No. 2'다. 컴퓨터의 전신 개념인 차분기관 2호는 여러 개의 수를 자동 계산할 수 있는 기능을 갖췄지만, 당시 여러 가지 열악한 여건 속에서 완성되지 못했다. 후에 그의 원래 설계도를 충실히 반영해 제작되었다. 부품 8,000개에 무게 5톤, 길이 11피트(약 3.35m)에 이르는 이 기계는 현재 런던 과학박물관에 전시 중이다.[5]

영국의 천재 수학자 앨런 튜링Alan Turing은 '컴퓨터공학과 인공지능의 아버지'로 불린다. 2차 세계대전 당시 독일 해군이 고안한 극도로 어려운 암호를 풀어낸 일로 유명하다. 그는 암호해독소인 블렛츨리 파크에서 '봄브Bombe'라는 복잡한 기계를 제작했다. 암호를 해독하는 이 기계의 도움으로 앨런 튜링은 암호가 나타내는 경우의 수 중에서 잘못 해석된 부분을 제거할 수 있었다. 컴퓨팅을 발 빠르게 활용한 덕에 2차 세계대전이 전문가들의 예상보다 2년 빨리 종전되었다고 추정된다.

튜링은 또한 미래를 예측하는 눈도 지니고 있었다. 인공지능이 인간과 상호작용할 때 분명 어색한 부분이 있을 거라 생각했다. 이를 시험하기 위해 만든 것이 바로 그 악명 높은 '튜링 테스트Turing Test'다. 인공지능이 사람과 5분 동안 키보드로 대화하면서 자신을 동료 인간이라고 믿도록 사람을 속이면 시험을 통과한다. 혹시 궁금해할까 봐 미리 밝혀두는데, 2014년 레딩대학교가 주최한 행사에서 13세 우크라이나 소년을 흉내 낸 '유진 구스트만Eugene Goostman'이라는 컴퓨터 프로그램이 이미 튜링 테스트를 통과했다.[6]

최근 구글은 음성 기반 대화형 인공지능Voice-based Bot '듀플렉스Duplex'가 전화 통화로 간단히 식당 예약하는 모습을 시연했다. 놀랍게도 이 애플리케이션은 인간의 대화 형태를 그대로 재현했다. 딱딱한 텍스트 형태가 아니라 사람인 양 '음…' '어…' 소리를 곁들여서 말이다. 이는 튜링 테스트를 통과하는 수준을 넘어 그 이상의 레벨이라 해도 과언이 아니다.[7]

튜링이 인공지능을 예측한 이후 80년 동안 인공지능 연구 프로젝트는 흥망성쇠를 겪었다. 1965년, 학자 허버트 사이먼Herbert Simon은 "기계는 20년 안에 인간이 할 수 있는 일은 무엇이든 할 수 있게 될 것"이라고 단언했다.[8] 이런 허황된 과장을 늘어놓던 시기가 지나자 인공지능 산업에 대한 확신이 붕괴하고, 정부의 투자까지 뜸해지면서 인공지능 산업에 겨울(침체기)이 찾아왔다. 그렇지만 나를 비롯해 많은 사람은 이제 다시 봄(붐)을 맞이한 인공지능이 길고 불같이 뜨거운 여름을 보내게 될 거라고 전망한다. 이는 상호의존적인 3대 기술 트렌드가 (이전 장에서 설명한) 기업들의 맹렬한 인공지능 개발 경쟁에 채찍질을 하기 때문이다. 여기서 말하는 상호의존적인 3대 기술 트렌드는 '빠르고 저렴한 하드웨어', '스스로 학습하는 소프트웨어', '야수처럼 성장하는 인공지능에게 제공할 데이터의 바다'다. 이 기술 3인방이 어떻게 인공지능의 성장을 이끌고 있는지 살펴보자.

하드웨어의 무서운 속도

자, 나와 함께 사고 실험Thought Experiment을 해보자. 이 실험의 목적은 시스템을 구성하는 컴퓨터 하드웨어의 진화를 알아보기 위함이다.

폭스바겐 비틀Beetle을 타고 고속도로 진입로를 따라 달린다고 상상해보자. 당신은 서행 차선에서 시속 5마일(약 8km)로 주행하기 시작한다.[9] 승용차와 화물차가 전조등을 비추고 경적을 울리며 당신 곁을 줄지어 지난다. 입에 담지 못할 욕을 하며 당신의 차선으로 들어오는 차도 있을 것이다. 당신은 초보 운전자처럼 보이기 싫어 1분 후 위풍당당하게 속도를 현재의 2배인 시속 10마일(약 16km)로 올린다. 그리고 1분마다 계속 속도를 2배씩 올리겠다고 다짐한다. 이 기이한 여행의 초반에는 속도가 더디 붙을 것이다. 하지만 1분마다 속도를 2배씩 올리다 보면 눈 깜짝할 사이에 고속도로 제한 속도를 지나 시속 80마일(약 129km)로 달리게 된다. 단 5분 만에 말이다. 6분째가 되면 당신은 160마일(시속 257km)로 달리기 시작할 것이다.

이런 일이 발생하는 이유는 '지수적 성장Exponential Growth'이라는 현상 때문이다. 계속 주행해야 그 속에 숨은 힘을 알 수 있다. 당신이 속도를 계속 2배씩 올린다면 28분 후에는 놀랍게도 시속 6억 7,100만 마일(시속 1.0799×10^9km)로 돌진하고 있을 것이다. 그동안 폭스바겐 비틀은 덜컹대며 시속 1,100만 마일(약 1,770만 2,784km)을 달리게 된다. 이는 지구를 275바퀴 돈 셈이다.

이 무서울 정도로 비현실적인 사고 실험은, 마이크로칩(한때 '집적회로'라고 불린)이 1958년 실리콘밸리에서 발명된 이래로 어떻게 전력이 증가했는지를 묘사한다.

지수적 성장이 빚어낸 결과를 '무어의 법칙Moore's Law'이라고 한다.[10] 1965년 이 현상을 처음으로 정리한 인텔의 공동 창립자 고든 무어 Gordon Moore의 이름에서 따왔다. 그는 집적회로 속 트랜지스터(전류나 전압 흐름을 조절해 전기 신호를 증폭하거나 발전시키는 반도체 소자-편집자) 수가 약 18개월마다 2배로 증가한다는 사실을 알아차렸다. 일정 주기마다 트랜지스터 수가 지수적으로 증가하는 현상이 60년 넘게 지금까지 이어졌다.

그 결과 사고 실험에서 놀라운 속도로 달린 폭스바겐 비틀처럼 매년 컴퓨터 속도가 엄청나게 빨라지고 있다. 몹시 흥미롭게도 무어의 법칙은 금방 멈추진 않을 것 같다. 이 법칙대로 간다면 향후 2년 동안, 아니 그 이후로도 트랜지스터 수는 끊임없이 2배로 불어날 것이다. 우리가 고속도로 입구를 지난 지 한참 됐기 때문에 현재 빨라지는 속도는 전과 비교할 수 없을 정도다.

마이크로칩을 더 이상 작게 만들 수 없는 한계에 도달하면 무어의 법칙이 둔화될 거라고 말하는 사람들이 있다. 그러나 저명한 컴퓨터 과학자들은 칩을 쌓는 '칩 스태킹Chip Staking', 인간의 뇌를 모방한 '뉴로모픽 컴퓨팅Neuromorphic Computing', '양자 컴퓨팅Quantum Computing' 등 무어의 법칙을 멈추지 않게 할 새로운 기술이 많다고 주장한다. 양자 컴퓨팅은 1과 0으로 된 이진법을 사용해 세상을 묘사하는 대신 동시에 켜고 끌 수 있는 양자 비트Quantum Bit(큐비트Qubit)를 활용한다.[11] 양자 컴퓨팅 작동 방식을 이해할 수 있다면 당신이 나보다 낫다. 나는 '이런 게 가능한가 보다'라고 생각할 뿐이다.

결론적으로 무어의 법칙은 일상 속 컴퓨팅이 얼마나 뛰어난지, 또 인공지능을 어떻게 지원하는지 알려준다. 이 법칙은 지금껏 세상을 변화시켰고 가까운 미래에도 멈추지 않을 것이다. 결과는 실로 엄청나다.

1958년에 현재의 스마트폰을 만들었다면 어떤 일이 벌어졌을까? 오늘날 전 세계 GDP의 1.5배에 달하는 비용을 지불해야 살 수 있었을 것이다. 이는 길이와 폭이 3km에 달하는 100층짜리 건물을 가득 채울 수 있는 돈이다. 뿐만 아니다. 오늘날 전 세계 발전량의 30배를 소모했을 것이다.[12] 무어의 법칙이 향후 20년 더 지속된다면, 현재 구글에서 이용하는 컴퓨터 연산능력의 총량을 일반 데스크톱 컴퓨터에서도 경험할 수 있게 될 것이다. 놀랍도록 똑똑한 10대들이 그 컴퓨터로 무엇을 할 수 있을지 상상해보자.[13]

스스로 학습하는 똑똑한 소프트웨어의 등장

컴퓨터는 알고리즘이라는 규칙 또는 지시에 따라 작동한다.[14] 알고리즘은 무언가를 '예측'할 때 사용할 모델을 만들기 위해 전 세계의 데이터를 이용한다. 그렇게 만든 모델의 예측 성공률을 높이기 위해 알고리즘은 더 많은 데이터를 대상으로 '예측 테스트'를 한다.[15] 이런 과정을 통해 인공지능은 거침없이 성장하고 있다.

인간이 알고리즘을 작성하는 시절은 지났다. 기계들은 이제 스스로 학습하고 있다. 무슨 소리인지 이해하려면 1997년 뉴욕으로 시간 여행을 떠나야 한다. 전(前) 세계 체스 챔피언 가리 카스파로프는 IBM의 인공지능 딥블루Deep Blue와의 체스 경기에서 참패했다. 당시 이 사건은 인공지능의 엄청난 도약으로 전 세계 신문에 실렸다. 그러나 현재 인공지능 기술에 비하면 이는 아기 걸음마에 불과했다.

딥블루는 앞에서 설명한 향상된 하드웨어의 속도에 의지했다. 체스판을 검토한 후 '모든 가능의 수'를 생각하는 '브루트 포스Brute Force' 컴퓨팅을 사용했기 때문이다. 그러니 초당 2억 개의 수를 생각하거나 한 수에 할당된 3분 동안 500억 개의 위치를 검토할 수 있었다.[16] 하지만 인간의 규칙을 따랐기 때문에 튜링이 고안한 컴퓨팅 모델을 혁신했다고 할 순 없다. 딥블루의 승리 뒤에는 체스 마스터의 조언을 들은 IBM 소속 컴퓨터 과학자들이 작성한 지시가 있었다. 딥블루는 번개 같은 속도 하나만으로 카스파로프의 엄청난 기술과 경험을 극복했다. 카스파로프는 인공지능에 패배한 최초의 세계 챔피언으로서 자신이 처한 상황을 두고 비꼬듯 이렇게 말했다.

"똑똑한 것으로 치면 딥블루는 알람시계 정도였습니다. 1,000만 달러짜리 알람시계에 졌다고 생각해도 마음이 편치는 않지만요."[17]

19년 뒤로 시간을 재빨리 감아 2016년으로 가보자. 우리는 대한민국 서울에서 인간과 기계의 또 다른 역사적 대결을 지켜보고 있다. 이번에는 한국의 바둑 세계 챔피언이자 그랜드마스터인 이세돌이 영국 출신의 바둑 기사와 대국을 펼치고 있다. 바로 '알파고AlphaGo'다. 인공지능 알파고는 옥스퍼드대학교에서 설립한 딥마인드DeepMind 기술진의 손에서 탄생했다.

전장은 3,000년 된 보드게임인 바둑이다. 바둑에서 두 선수는 각각 백돌과 흑돌을 이용해 정사각형 나무판 위에서 대국을 펼친다. 목표는 아주 간단하다. 상대편 돌을 에워싸 가로막은 뒤 내 집을 많이 확보하면 이긴다. 단순한 것 같지만 체스가 우습게 보일 정도로 경우의 수가 어마어마하다. 딥마인드의 CEO이자 설립자인 데미스 하사비스Demis Hassabis에 따르면, 알려진 우주의 원자 수보다 경우의 수가 많다고 한다. 바둑은 엄청나게 복잡하고 상대의 수에 숨은 의중을 직관적으로 파악해야 하기 때문에 컴퓨터가 할 수 있는 게임의 정점으로 여겨졌다. 따라서 체스와 달리 이길 가능성이 있는 모든 시나리오를 알파고에 전부 입력하는 것은 불가능했다. 대안을 고민하다 결국 알파고는 인간이 프로그래밍할 필요 없이 스스로 학습하는 '머신러닝Machine-learning'을 채택했다.[18, 19]

알파고에게 주어진 목표는 오로지 대국에서의 승리였다. 알고리즘은 시행착오를 거치며 가장 효율적인 경로를 구축해 승리로 향했다.[20] 이러한 프로세스의 바탕에는 관찰을 통해 스스로 학습하는 알고리즘인 '신경망Neural Network'이 있다. 신경망이란 이름은 인간의 뇌처럼 정보를 처리하기 때문에 붙여졌다. 실제 신경망은 인간의 뇌처럼 상호 연결된 수십억 개의 인공 뉴런(인간의 뇌에 있는 1개의 신경세포를 모방한 수학적 모델로 간단한 연산 기능만 하는 처리기-편집자)으로 이루어져 있다.[21]

이세돌과 대국을 펼치기 전에 알파고는 80년대 비디오 게임인 애스테로이즈Asteroids, 스페이스 인베이더스Space Invaders, 브레이크아웃Breakout을 마스터하며 몸을 풀었다. 브레이크아웃은 플레이어가 하단에 있는 막대를 움직여 공을 위로 쳐서 상단의 벽돌 벽을 뚫는 게임이다. 알파고는 최대한 높은 점수를 내야 한다는 목표 지시 하에 가장 기본적인 게임 규칙만 제공받았다. 심지어 조종 장치로 무엇을 해야 하는지 몰랐지만 무서운 기세로 학습했다. 훈련을 시작한 지 10분이 지나자 알파고는 하단의 막대로 간신히 공을 받아쳤다. 그러나 2시간 후에는 전문가처럼 게임을 하고 있었다. 4시간이 지나자 높은 점수를 낼 수 있는 가장 좋은 전략을 생각해냈다. 알파고는 자신이 벽돌 벽의 한 지점만 집중적으로 부수면 공이 그 안으로 들어가 천장과 벽돌 벽 사이를 튕겨 다니며 알아서 벽돌을 부수기 때문에 막대를 움직이지 않아도 된다는 사실을 알아냈다. 이것은 손꼽히는 인간 플레이어들을 능가하는 새로운 접근 방식이었다.[22]

게임 시연 이후 구글은 딥마인드를 5억 달러(약 5,643억 원)에 인수했다. 당시 딥마인드에는 이익이랄 게 없었다. 사실 수익조차 없었다. 왜 그랬을까? 개발자들은 알파고에게 비디오게임을 하는 방법이 아니라 비디오게임을 어떻게 하는지 '학습하는 방법'을 가르쳤기 때문이다. 심오하고도 대단히 가치 있는 차이다.

알파고는 전 세계로 생중계된 이세돌과의 대국에서 4승 1패를 기록했다. 체스 게임처럼 인공지능이 승자였다. 그러나 이번에는 큰 차이가 있었다. 알파고가 스스로 학습해 자신만의 규칙을 써 내려갔다는 사실이다. 즉 인간이 지시를 내릴 필요조차 없었다. 오늘날 인공지능은 알파고의 지적 후손이다. 인공지능의 학습능력이 세상을 변화시키고 있다. 시스템이 스스로 변화를 이끌어가고 있다.[23]

날개를 단 데이터의 바다

인공지능을 자동차에 비유하면[24] 반도체 칩은 엔진, 알고리즘은 엔진 제어 시스템, 데이터는 연료다.[25, 26] 인공지능이 앞서 소개한 자체학습Self-learning에 가속을 붙이려면 데이터가 차고 넘쳐야 한다. 머신러닝 인공지능은 브레이크아웃과 같은 게임을 하면서 얻은 피드백 데이터를 이용해 학습한다. 시도했다 실패하고 또다시 수없이 시도하고 나서야 목표를 달성할 최고의 방법을 알아낸다. 단, 방대한 데이터를 집어삼켜야 인간이 결코 알아채지 못했던 패턴을 발견하고 통찰을 창조해낼 수 있다.

데이터가 지금처럼 풍부했던 적은 없었다. 인공지능에겐 아주 잘된 일이다. 스마트폰은 우리가 인공지능과 상호작용하는 매개체다. 또 인공지능이 학습할 수 있도록 우리의 데이터를 제공하는 통로이기도 하다. 현재 우리가 '데이터 잔해'라고 하는 부산물을 남기며 창조하는 정보의 양은 경외심을 불러일으킬 정도로 엄청나다.

디지털 사회에서 데이터를 '새로운 연료'라고 한다. 우리가 사용하는 기기는 이메일, 트윗, 사진, 영상, SNS 게시물 형태로 우리가 행동하고 말하고 보는 것들을 전부 기록한다. 그래서 땅바닥에 남는 기름 얼룩처럼 개인정보 흔적이 남는다. 사실 이뿐만이 아니다. 당신이 매일 디지털 세계에 남기는 흔적을 잠시만 생각해보자. 열차, 버스 등을 이용하는 당신을 24시간 쫓는 CCTV 기록, 신용카드 결제 내역, 스마트 가전, 자동차 위치 센서, 비밀번호나 특정 정보를 입력하는 직장 출입구 등 무궁무진하다. 당신은 데이터라는 원유를 끌어올리는 한 개의 탑이다. 그 덕에 인공지능은 당신을 잘 이해하고 다음 행동을 예측할 수 있다.

데이터의 바다로 흘러 들어가는 강이 하나 더 있다. 이 흐름은 사물에서 시작된다. 주위에서 볼 수 있는 것들과 볼 수 없는 것들이 연결되어 있거나 곧 연결될 것이다. 이것을 '사물인터넷Internet of Things(IoT)'이라고 한다. 열차, 비행기, 자동차, 세탁기, 건물, 에어컨, 오븐, 바다 위에 뜬 부표, 옷, 속옷, 신발 등 지구상에서 떠올릴 수 있는 온갖 사물에서 데이터를 끊임없이 흘러보내고 있다. 이제 모든 제품은 사용 이력이나 더 효율적인 사용법을 알려주는 데이터 흔적 덕분에 서비스 영역으로 진입하고 있다. 우리가 사용하는 기기는 눈 한 번 깜빡이지 않고 모든 것을 피드백 받고, 기록하고 분석한다.

지수곡선을 나타내는 여러 기술이 모이면 더욱 가파르게 성장한다. 반도체 외에도 여러 기술이 지수적인 성장세를 보였다. 그중 하나가 바로 메모리 용량이다. 1980년 IBM은 2.5기가바이트(GB)라는 엄청난 용량을 저장할 수 있는 최첨단 하드디스크 드라이브를 개발했다.

현재 내 사무실 책상 위에는 포커용 카드만큼 크기가 작지만 노트북 자료를 모두 백업할 수 있는 씨게이트Seagate 외장 하드가 있다. 저장 용량이 4테라바이트(TB)다. 80년대와 비교하면 냉장고만 한 크기에 250kg이던 IBM의 슈퍼컴퓨터보다 데이터를 약 1,600배 더 많이 저장한다. IBM에서 당시 개발했던 하드디스크 드라이브 가격은 요즘으로 치면 20만 파운드(약 3억 2,000만 원)다. 나는 조그만 씨게이트 외장 하드를 아마존에서 82.99파운드(약 13만 원)에 구입했다.[27]

센서, LED, 디지털카메라의 성능 또한 전부 지수적으로 늘어나고 있다. 더 적은 비용으로 더 많은 정보를 수집할 수 있게 됐다. 그만큼 정보도 눈덩이처럼 불어나고 있다.[28]

오늘날 더 많은 데이터가 포착되고 기록된다는 의미다. 20세기 초에는 전 인류의 지식이 100년 주기로 2배씩 증가한다고 생각했지만, 2차 세계대전 종전 무렵에는 주기를 25년으로 추정했다. 이제는 몇 개월이면 된다. IBM은 사물인터넷이 구현되면서 며칠, 심지어 몇 시간이면 인류의 지식이 2배로 늘어날 거라고 추측했다.[29] 인터넷 데이터 중 약 90%가 2016년 이후에 생겼다는 의미다.[30] 우리는 덜컹거리는 폭스바겐 비틀을 타고 다시 고속도로 입구에 들어섰다. 그러나 이번에는 하드웨어가 아니라 정보에 가속이 붙을 것이다.

인공지능에겐 정말 어려운 일

앞서 살펴봤듯 육체노동은 수년간 자동화를 거쳤다. 이제는 복잡한 목표를 달성할 수 있는 능력, 즉 지능의 영역까지도 넘보고 있다.[31] 실은 이조차도 역사가 오래되었다.

기계는 한때 인간이 지배했던 한정된 인지 영역을 숙달해왔다. 1940년대 나사NASA에는 이미 컴퓨터가 있었지만 사실 그건 인간이었다. '인간 컴퓨터'들은 연필만 가지고 로켓 발사에 꼭 필요한 계산을 했다. 전부 계산하는데 1주일 이상 걸리기도 했다. 공책 6권에서 8권을 수식으로 가득 채웠는데, 마치 거미가 기어 다니는 것처럼 보일 정도였다.[32]

그들이 남긴 영감에 부응하도록 노력해보자. 마음의 준비를 하고 심호흡을 한 뒤 머릿속으로 1,845,371.27을 17.5로 나눠보자. 농담이다. 안 해도 된다. 이 계산은 연필과 종이를 이용해도 다소 어렵지만, 로켓학에 필요한 복잡한 뉴턴 궤적 계산Newtonian Trajectory Calculations의

발끝에도 미치지 못한다. 가장 똑똑한 인간 컴퓨터들조차 이 계산에 난색을 표했지만 반도체 칩을 탑재한 컴퓨터는 순식간에 간단히 계산했다. 그래서 전 세계적으로 우주 프로그램 등의 무시무시한 계산은 이제 반도체에 맡긴다.

인공지능이 인간보다 잘할 수 있는 지적 영역의 최정상에 산술 계산이 있다. 그리고 여기서 멈추지 않고 인간을 능가하는 영역을 점차 넓혀나가고 있다. 이제는 체스와 바둑, 얼굴 인식에 더해 바흐처럼 작곡까지 한다(뒤에서 소개할 것이다). 곧 실시간 번역, 운전 등 훨씬 많은 일을 하게 될 것이다. 글로벌 IT 서비스 기업 코그니전트의 미래직업센터에서는 이렇게 주장한다.

"직업은 항상 변했다. 현재 선거운동원, 전신 기사, 교환원, (인간) 컴퓨터, 보모, 초상화가, 엘리베이터 안내원으로 일한다 해도 이 일로 생계를 꾸리는 경우는 거의 없다. 그러나 과거에는 수천 명이 이 직업에 종사했다."[33]

그렇다면 운이 다한 현대판 '인간 컴퓨터'는 누구일까? 당신? 아니면 나? IBM에서 만들었던 거대한 컴퓨터가 연필과 모눈종이를 든 사람들을 정리해고 사태로 몰아넣었던 것과 같은 방법으로 현재의 인공지능은 무엇을 정복하려는 걸까? 눈 하나 깜빡이지 않고 뚫어져라 쳐다보는 경쟁자인 인공지능을 피하려면 어디로 가야 할까? 답을 구하기 위해 당신은 '인간의 지능'과 '인공지능'의 차이를 알아야 한

다. 카네기멜론대학교 로봇연구소 겸임 교수인 한스 모라벡Hans Moravec
은 차이를 명쾌하게 설명한다. 그에 따르면, 인간은 계산하는 걸 어려워하기 때문에 우리는 나사에서 활동한 놀라운 계산원을 경외한다고 한다. '모라벡의 역설Moravec's Paradox'은 기존의 생각과 반대로 고차원 수학에서는 사실상 계산이 별로 필요치 않다는 이야기다.[34] 디지털 컴퓨터에게 그 정도 계산은 사실 누워서 떡 먹기다.

정말 대단한 통찰이다. 인공지능이 당연한 듯 쉽게 하는 영역은 우리 인간에겐 어렵다. 반대로 다행히 우리가 쉽게 하는 영역은 인공지능에게 어렵다. 매일 별 노력 없이 우리가 턱턱 내놓는 인간미에 인공지능은 당황할 것이다. 그 인간미가 무엇인지 알려주기 위해 지난 저녁 텔레비전을 시청하면서 내가 한 행동을 이야기해보겠다. 나는 가족, 친구들과 함께 가장 좋아하는 럭비팀인 런던 와스프스 London Wasps의 경기를 시청했다. 매우 중요한 경기였다. 이때 내가 한 일은 컴퓨터가 완전히 익히려면 지독히도 어려운, 인간만이 가진 숨겨진 기술이다. 내가 한 행동은 이렇다.

- 술과 안줏거리를 준비한 뒤 쟁반으로 날랐다.
- 한 친구의 얼굴에 드러난 감정을 읽었다.
- 이 친구의 감정을 다른 친구나 식구들의 감정과 구별할 수 있었다.
- 역동적인 집안의 분위기를 이해하고 그에 맞게 내 행동을 수정했다.

- 친구들에게 여러 번 농담하면서 어떤 게 먹혔고, 어떤 게 안 먹혔는지 알았다 (슬프게도 외면당한 농담이 네댓 개 있었다).
- 해설자와 전문가의 (빈정거리는) 어조를 듣고 숨은 뜻을 파악해 그들이 어떤 사람인지 추론했다.
- 아름답게 전개되는 패스 플레이를 석양이나 그림 보듯 감상했다.
- 런던 와스프스가 득점하면 기뻤고, 앞서면 우쭐했다. 반대로 상대편이 득점할 때는 절망하며 슬퍼했지만, 결국 졌을 땐 상황을 달관했다.

가장 강력한 인공지능조차 우리가 의식하지 않고 하는 일들을 감히 넘볼 수 없다는 점이 역설적이다. 성인은 물론 꽤 조숙한 아홉 살 어린이라도 할 수 있는 일인데도 말이다. 우리가 이런 일을 너무 단순하다고 생각하는 이유는 진화를 거치며 뇌가 일상 행동을 담당하게 되었기 때문이다. 우리는 지금껏 회색 덩어리인 뇌의 4분의 1 이상을 이 '인간적인' 기능에 사용했다. 그 덕분에 능숙하게 사교 활동을 하던 우리 조상들이 살아남을 수 있었다.

인공지능이 일으킨 거대한 홍수

사회적 이해, 정서적 기술, 의미 도출, 상식, 창의성, 비판적 사고, 유며, 교류와 협업 등 인간이 지닌 초능력을 눈 쌓인 산 정상이라고 생각해보자. 모라벡은 자신의 이론을 자세히 설명하며 '정상 아래의 계곡이 인공지능이라는 홍수에 잠식된다'고 묘사했다. 인간의 초능력이 빚어내는 산맥 속 가장 깊은 협곡에 '기계적 암기Rote Memorization'와 같은 능력이 있다. 스마트폰을 사용하며 전에 습관처럼 외웠던 숫자, 길, 주소를 더 이상 기억하지 않아도 된다는 것이 무엇을 의미하는지 우리 모두 알고 있다. 나사에서 종말을 맞은 인간 컴퓨터들의 이야기는 '계산'이라는 또 다른 계곡이 인공지능 홍수에 잠식되는 걸 의미한다.

우리가 여전히 들여다볼 수 있는 덜 탁한 물속에 몇 개의 자그마한 언덕이 있다. 그중 하나에 '체스 경기'라는 표지판이 꽂혀 있을 것이다. 50년 전 체스 경기를 잠식한 물은 기록원과 같이 서류 작업을 하는 직업군 대부분을 함께 집어삼켰다. 인공지능이 일으킨 홍수는 이제 소득신고 작성자, 사무직원, 개인 비서, 택시 기사가 앉아 있는 산등성이에 다다랐다. 절벽 위로 튀어나온 바위 중 당신은 현재 어디에 있는가?

나무가 아니라 숲을 보라

이 책을 쓰고 있을 무렵, 에티오피아 아디스아바바 근처에서는 수사관들이 이륙 직후 추락한 보잉 737 맥스 8의 잔해를 조사하고 있었다. 이 재해는 인공지능으로 인해 발생한 것으로 추정되고 있다.[35] 비행기에 탑재된 컴퓨터는 실제로는 비행기가 지면을 향해 곤두박질치고 있는데도 수평비행 중이라는 잘못된 센서 데이터를 받았을 것이다. 기장들은 인공지능을 무시할 수 없었고, 결국 157명 탑승자 전원이 사망했다. 비행기가 지면에 너무 빠르게 추락한 나머지 10m 깊이의 구덩이 속에 엔진이 파묻혔다. 비극은 비행기가 분명 지면을 향하고 있었다는 사실이다. 이를 안 사람은 기장만이 아니었다. 창밖을 보고 있던 아이라도 알 수 있었을 것이다. 그러나 인공지능은 자신이 받은 데이터를 이해하는 데에만 신경 썼다.

약인공지능은 효율적이지만 상식이 전무하다. 인간은 인공지능보다 큰 그림을 훨씬 잘 본다. 직관적으로 상황 속에서 맥락을 짚는다. 또한 프로세스에서 서로 다른 단계와 다양한 영역의 지식을 능숙하게 통합할 수 있다. 간단히 말해 우리는 숲을, 인공지능은 나무를 본다. MIT 교수인 맥스 테그마크Max Tegmark는 이렇게 설명한다.

"우리 인간은 폭넓은 것에서 쉽게 승리를 거두지만, 기계는 점점 늘어나는 세세한 영역에서 우리를 능가한다."[36]

인공지능이 인간의 초능력을 재현하려면 아직 멀었다. 모든 것을 창의적으로 생각하고 하나로 연결하는 능력이 부족하기 때문이다. 대신 우리가 해결해달라고 요청하는 문제에는 엄청난 집중력을 보인다. 특정 질문에 응답하고 선택지와 해결책을 제공하는 데 도가 텄다. 데이터를 수집하고 그 속에 숨어있는 패턴도 잘 찾는다. 인공지능은 우리가 예측 가능한 과정을 검토해달라고 요청할 때 효과적이다. 이 분야에서 인공지능은 기하급수적으로 더 빠르고, 더 저렴하게 일관성 있는 결과를 내놓는다. 게다가 높은 수준까지 보장한다.

인공지능 시스템은 저마다 매우 구체적인 하나의 목표에만 초점을 맞춘다. IBM의 딥블루는 체스라는 좁은 영역에서 카스파로프를 이겼다. 알파고 역시 비좁은 영역인 바둑에서 이세돌을 상대로 승리를 거뒀다. 두 인공지능 중 어느 것도 승리 당시 차 한 잔을 내와 패배한 상대에 공감하거나 응원의 말을 건네지 않았다. 안타까워하지도 않았다. 게다가 세련되게 주제를 바꾸며 소중한 기억을 들려주지도, 다른 일을 하지도 않았다. 사실 어느 기계도 게임에서 자신이 이겼다는 것을 알지 못했다. 인공지능은 현재 잘하는 게 하나뿐이다. 반면 당신은 매우 적응력이 뛰어나고 사고 활동이 광범위하며, 창의적인 영리함을 갖춘 범용 지능 천재다.

- 지수적으로 증가하는 컴퓨터 하드웨어의 속도와 성능이 인공지능 혁명을 견인하는 가운데, 자체 학습 소프트웨어(머신러닝)와 엄청난 양의 데이터가 가세하고 있다.

- 이 책은 약인공지능을 다룬다. 인간과 대등한 지적 수준에 지각까지 가능한 초인공지능에 대한 미래 시나리오가 아니다.

- 약인공지능(현재 우리가 말하는 인공지능)은 식당 예약, 항공편 예약, 데이터 정리, SNS 피드 알림 등 일상적인 인지 행위 전반에서 인간보다 더 빠르고, 더 저렴하게 일을 처리할 수 있다. 곧 운전도 할 것이다.

- 향후 5년에서 20년 내에 직장에서 배제되지 않고 오히려 핵심 인력이 되려면 인공지능을 능가하는 자신만의 '휴먼 엣지'를 가지고 있어야 한다. 인간에게 상당한 강점이 있다는 사실을 기억하라.

- 인공지능에게 쉬운 영역은 우리에게 어렵다. 반대로 우리에게 쉬운 영역은 인공지능에게 어렵다.

- 인공지능은 효율적일 수 있지만 빈틈을 지니고 있다. 인간이 인공지능보다 숲을 훨씬 더 잘 보고, 보다 넓게 생각한다.

- 현재 가장 강력한 인공지능조차 (4C로 탐구할 수 있는) 인간만의 무의식적인 활동을 감히 따라잡지 못한다.

기술을 갖춘 인간 되기

이 책에는 인간만이 보유한 기술을 인식한 후 계발하고 연마하는 내용이 담겨 있다. 당신은 이미 인간만의 유용성을 발휘하고 있을 수 있지만, 반대로 평가절하하고 있을지도 모른다. 최근 직장과 집에서 어떻게 지냈는지 생각해보자. 몇 분 동안 앉아 당신이 자신과 타인의 사고에 영향을 줬던 인간미를 전부 적어보자. 이 책의 주제를 감안할 때 이번 활동은 새로운 아이디어를 떠올리기 위한 (방법론적) 연습의 일환이다. 어떤 상황을 더 넓은 의미로 확장해 설명하고, 그 과정에서 얻는 깨달음과 즐거움을 학습할 수 있다. 또 자신과 타인에게 호기심 넘치는 질문을 하고, 이를 통해 여러 개념을 연결해 사고할 수 있을 것이다.

자, 이제 적은 내용을 살펴보고 자신에게 가장 가치 있었던 일을 선정해보자.

• 인간미를 발휘했을 때 어떤 결과가 나왔는가?

• 그때 어떤 기분이 들었는가?

• 당신은 이런 행동을 얼마나 '더 자주' 할 수 있는가?

3

당신의 상상력을
훔친 이는 누구인가?

잠든 창의성을 일깨우는 방법

> "창의성을 망치는 주범은 상식이다."
>
> 파블로 피카소Pablo Picasso

여섯 살 메이지는 수줍음을 타는 편이다. 교실에선 늘 뒷자리에만 앉는다. 그러나 그날 아침은 달랐다. 미술 시간이 되자 메이지는 그림 속으로 들어갈 듯 등을 활처럼 굽히고 맹렬히 그림을 그렸다. 무슨 일인지 궁금한 선생님은 메이지에게 다가가 물었다.

"뭘 그리고 있니?"

"천국을 그리고 있어요." 메이지가 대답했다.

"다들 천국이 어떻게 생겼는지 모른단다." 선생님은 미소를 지으며 말했다.

그러자 메이지는 주저 없이 고개를 들고 강한 어조로 말했다.

"다들 곧 알게 될 거예요!"[1]

이제 성인이 된 메이지에게 누군가 천국을 그려보라고 한다면 어떤 반응이 나올지 궁금하다. 대부분의 사람은 당황하며 아마 그리지 못할 것이다. 상상력이 있어야 천국을 잘 그릴 수 있을 거라 생각할 수 있다. 혹은 연필을 쥐고 창의력을 펼칠 자신감이 부족할 수도 있다. 잠시 다음 질문을 생각해보자.

'당신은 창의적인가?'

'그렇다'라고 대답했다면 이 기회에 긍정적인 대답에 비법을 더해 발전시켜보자. '아니'라고 했어도 걱정할 필요 없다. 눈치챘겠지만 당신 혼자만 그런 게 아니다. 이번 3장은 당신의 대답을 재검토하는 데 도움이 될 것이다. 지금부터 당신이 창의성과 관련된 정서적, 지적 능력을 어떻게 생각하는지 자세히 알아보고자 한다. 이후에 다시 자신 있게 질문에 대답해보길 바란다.

일부 심리학자들은 메이지처럼 행동하는 능력을 '창의적 에너지Creative Energy'라 부른다. 유명한 디자이너들은 '창의적 자신감Creative Confidence'이라 명명했다.[2] 우리는 '창의적 잠재성Creative Potential'이라 하자. 앞서 소개했듯 창의성은 4C의 중심이다. 실처럼 4C의 모든 요소를 페어 연결한다. 이번 장은 당신이 창의적 잠재성과 손을 맞잡도록 도와줄 내용으로 채웠다. 이어 PART 2에서 4C를 더욱 자세히 파헤칠 것이다.

휴먼 엣지 살리는 실험

나는 창의적일까?

지금 이 순간이 당신의 창의적 잠재성을 되짚어볼 적기다. 다음 문장을 보고 솔직히 답하면 된다.[3] 자신에게 완벽히 들어맞으면 5점, 확실하지 않으면 정도에 따라 4점부터 1점까지 매겨보자. 자신이 문장 속 인물이 전혀 아니라면 0점을 매기면 된다.

1 **나는 질문자다** : 종종 다른 사람이 설정한 기본 가정에 반박하는 질문을 한다.

2 **나는 관찰자다** : 사람들이 제품이나 서비스와 상호작용하는 방식을 관찰하면서 혁신적인 아이디어를 얻는다.

3 **나는 연상가다** : 다양한 아이디어나 지식을 이용해 어려운 문제를 창의적으로 해결한다.

4 **나는 발이 넓다** : 정기적으로 여러 사람(다양한 역할, 산업, 국가 출신)과 대화하면서 아이디어를 떠올리고 다듬는다.

5 **나는 행동가다** : 새로운 방식을 알아내기 위해 자주 행동에 나선다.[4]

총점이 25점이라면 훌륭하다. 계속 이 책을 보면서 창의적으로 사고하고 아이디어를 확장하는 방법을 찾을 수 있을 것이다. 점수가 낮아도 괜찮다. 창의적 잠재성의 현재 수준을 반영한 점수일 뿐이다. 얼마든지 발전할 수 있다. 위의 다섯 문장은 앞으로 탐구하려는 4C 모델의 댄스 스텝과 일치한다.

창의성을 둘러싼 모순

나는 종종 산업계 인사들에게 간단한 질문 두 개를 던진다. 첫 번째
는 당신이 이미 곰곰이 생각해본 질문이다. '여러분은 창의적인가?'
이 질문을 들으면 대개 당황하며 잠시 주춤한다. 강연을 듣는 사람
들 중 평균 10~30% 정도가 망설이다 손을 든다. 이어 나는 두 번째
질문을 한다. '여러분의 사업에서 창의성이 중요하다고 생각하는
가?' 앞선 질문과 굉장히 다른 반응이 나온다. 사람들이 들어 올린
손 때문에 강연장 안이 숲처럼 빽빽해진다.

　이런 모순은 왜 생길까? 창의성이 중요하다고 생각하면서 왜 많은
사람이 '자신은 창의적이지 않다'고 순순히 인정하는 걸까? 이 같은
행태는 '창의성을 대하는 태도'를 주제로 실시한 과학 연구에서도 나
타난다. 미국, 영국, 독일, 프랑스, 일본에서 실시한 연구에 따르면,
응답자 10명 중 8명꼴로 창의성 발휘가 경제 성장을 이끄는 원동력
이라는 데 동의했다.[5] 3분의 2는 사회 전반에 가치 있는 일이라고도
주장했다. 그러나 자신이 창의적이라고 말한 사람은 전체 응답자 중
4분의 1뿐이었다.

창의성을 앗아가는 도둑

두 응답에 모순이 생기는 데는 이유가 있다. 우리는 사는 동안 종종 창의성을 빼앗긴다. 창의성을 앗아가는 도둑은 주변에서 세력을 키우는 여러 속설에 힘을 받는다. 우리를 둘러싼 환경 역시 산성비처럼 창의성을 씻어 내린다. 그 결과 대부분의 사람은 새로운 아이디어를 떠올리고 발전시키는 인간의 천성을 불가사의하고 마법 같은 존재라 여긴다. 창의성을 둘러싼 여러 속설을 파헤쳐보자. 이 기회를 통해 당신 안에 숨어 있던 창의성을 끌어올릴 수 있길 바란다.

| 속설 1 | **창의성이 있어야 신비로운 '번뜩임의 순간'을 맞이한다**

마차가 잘츠부르크 근처의 길을 따라 덜컹거리며 달리는 동안 모차르트의 머릿속은 정신없이 돌아가고 있었다. 대단한 교향곡이 마구 샘솟는데, 완벽할뿐더러 흠잡을 데가 없다. 그는 나중에 이런 내용의 편지를 가족에게 썼다.

"길긴 했지만 교향곡 전체가 머릿속에서 거의 마무리되어 완벽한 상태였어요. 멋진 그림이나 아름다운 조각상을 보듯 완성된 교향곡을 감상할 수 있었죠. 상상 속에서 한 토막씩 이어 듣는 게 아니라 한 번에 전부 들을 수 있었어요."[7]

이 일화처럼 숨겨져 있던 통찰력이 번뜩인 순간을 분명 더 떠올릴 수 있을 것이다. 아르키메데스가 '유레카'를 외친 순간, 아이작 뉴턴의 머리 위로 사과가 떨어진 일화를 우린 알고 있다. 이처럼 창의성이 발현되는 순간은 대개 극적이다. 그러나 문제가 있다. 니콜라 테슬라, 알베르트 아인슈타인, 스티브 잡스 등 세기의 천재들이 살면서 마주한 획기적인 순간들을 보면, 이른바 '번뜩임의 순간'을 지나치게 강조한다는 점이다. 피, 땀, 눈물, 실패, 막막했던 그 많은 순간을 무시하면서 말이다.

우리 인간은 듣기 좋은 이야기를 선호한다. 그 탓에 이런 이야기들을 지어내기도 한다. 모차르트의 편지는 1815년 독일의 〈일반 음악 저널General Music Journal〉에 처음 등장했다. 이후 수 세기 동안 인용되며 우리가 생각하는 창의성의 본질로 자리매김했다. 문제는 이게 가짜라는 것이다. 모차르트가 가족에게 보낸 진짜 편지를 보면, 재능을 타고난 그에게도 교향곡은 급류처럼 쏟아지는 천재성이 아니라 오랜 고심의 결과임을 알 수 있다. 그러고도 모차르트는 한 곡을 완성하는 데 수개월 동안 다듬고 다듬어 완벽을 기했다.

사물인터넷이라는 신조어를 만든 영국의 기술 기업가 케빈 애슈턴Kevin Ashton은 이렇게 말했다.

"우리는 무에서 유가 탄생하는 과정을 보지 못할뿐더러 아마 보고 싶어 하지도 않을 것이다… 명쾌한 수식, 아름다운 그림, 기발한 기계가 모두 노력과 실수, 잘못된 시작이며, 실패의 결과다. 게다가 우리처럼 불완전하고 보잘것없으며 결국 평범한 사람들과 똑같이 죽음을 맞이할 인물들이 내놓은 것이라고 생각하면 빛이 바랜다."[8]

"페이스북 아이디어를 정확히 언제 떠올렸냐?"는 질문에 마크 저커버그는 잠시 생각에 잠겼다 대답했다.

"저는 세상이 어느 한순간에 변한다고 생각하지 않습니다. 가만히 있으면 좀처럼 아이디어를 떠올릴 수 없죠. 무수히 많은 점을 연결해야 비로소 무언가 해낼 수 있겠다고 깨닫게 됩니다."[9]

'번뜩임의 순간'은 좋은 홍보 거리다. 그러나 그것만 생각하면 창의적 잠재성에 가까워지기는커녕 오히려 더 멀어진다. 모든 이목을 번뜩이는 순간에 집중하지만, 사실 이러한 순간은 창의적 과정에서 우리의 의식적 통제를 벗어나는 유일한 지점이다. 아이러니하게도 말이다. 번뜩임의 순간은 우리 모두에게 존재하며 실로 중요하다. 무의식이 전하는 속삭임에서 발현되는 일도 있다. 그러나 실제로 이런 순간 '전후'에는 우리가 통제할 수 있는 시간과 노력이 숨어 있다.

| 속설 2 | 창의성은 예술가에게나 있다

대부분의 사람은 너무 겸손해서 한스 홀바인, 파블로 피카소, 오귀스트 로댕, 뱅크시, 존 레넌, 데이비드 보위와 함께 이름이 언급되는 것을 바라지도 않는다.

내 안에는 창의성이 없다고 확신하게 만드는 오랜 속설 중 하나는 바로 예술가와 창의성 사이의 독점적 관계다. 산업계에서는 이 속설을 바탕으로 창의성은 디자인, 브랜딩, 광고대행사에서 일하는 재기발랄한 '창작자들'을 위해 마련된 것이라고 주장한다. 나는 소위 창의적이라고 말하는 산업 분야에서 수년간 일하는 내내 그 주장이 말도 안 된다고 생각했다. 물론 광고업계 전문가에게 좋은 아이디어를 떠올리는 방법에 대해 배울 순 있다. 그러나 새로운 제트 엔진의 날개깃을 설계하는 것보다 광고 카피를 쓰는 일이 더 창의적이라고 생각하는 사람이 있을까?

현재 전 세계적으로 창의적인 사고는 컴퓨터공학과 생명공학 연구의 교차점에서 가장 활발하게 일어나고 있다. 또한 인사, 재무, 환경 연구, 심지어 법의 테두리 안에 있어야 하는 회계에서도 창의적 사고를 찾을 수 있다. 어떤 직업이든 창의적일 수 있다. 이제 그 경계가 허물어지고 있다.

| 속설 3 | 창의성 = 천재성

우리는 창의성이 지능과 연관되어 있다고 생각하지만, 특정 수치까지만 해당되는 얘기다. 스탠퍼드대학교 교수이자 심리학자인 루이스 터먼Lewis Terman은 학업 성취도가 우수한 학생 1,000명을 대상으로 IQ(지능지수) 테스트를 했다. 그 결과 IQ 120까지만 창의성과 지능이 연관되어 있다는 사실을 밝혀냈다. 이 수치를 토대로 IQ 100을 평균이라고 하면 우리 중 약 70%는 평균의 표준편차인 85~115 내에 있다.[10]

이런 사실을 안다 해도 남들이 '당신은 창의적이다' 혹은 '그렇지 않다'라고 멋대로 판단하는 걸 막기에는 역부족이다. 창의성을 사람의 눈 색깔처럼 고정된 특성으로 정의하는 오류를 범하는 것이다. 사실 IQ와 창의성 모두 DNA에서 결정된다. 그러나 우리 자신, 환경, 재능 계발 방식에 따라 달라질 수 있다. 창의성은 호기심과 같아서 연습하면 발달한다. 창의적 잠재성이 내 안에 있다는 걸 확신하기 위해 창의성이 뛰어난 스타 밑에서 태어날 필요는 없다.[11]

| 속설 4 | 전문지식이 있어야 창의성을 발휘할 수 있다

이 속설을 풀어내려면 창의성과 전문성을 구별해야 한다. 창의성은 사고방식이다. 전문지식은 창의성을 표출할 수 있는 특정 분야의 능력이나 지식을 말한다. 그림을 예로 들면 손재주, 원근감 포착, 질감 구현, 형태와 깊이 표현은 전문지식이며 학습할 수 있다. 그러나 창의성은 그렇지 않다. 당신이 세상을 바라보는 관점에 의해 구현되기 때문이다.

전문지식이 넘쳐나지 않아도 창의적 사고를 적용할 수 있다. 그런 의미에서 브레인스토밍 회의를 할 때 외부인을 초대하면 도움이 된다. 전문가들이 놓칠 수 있는 앞선 방식과 새로운 방식을 종종 제시하기 때문이다. 그렇다고 해서 전문지식이 항상 창의성을 가로막는 건 아니다.

만약 바르셀로나로 여행을 간다면 피카소 미술관을 둘러보길 바란다. 피카소는 미술 교사인 아버지의 권유로 아주 어릴 때부터 그림 연습을 했다. 그 결과, 열다섯 살 무렵에 이미 전문 화가의 실력을 갖췄다. 그러나 그가 자신만의 독창적인 화풍을 확립한 것은 인생의 후반기였고, 그 덕에 지금껏 회자된다. "기존 제품을 뛰어넘는 뭔가를 발명하려면 우선 기존 제품부터 이해해야 한다"[12]라는 빌 게이츠의 말은 절반만 맞다. 이해는 혁신의 규모에 맞게만 하면 된다.

| 속설 5 | 창의성은 유치하다

수십 년 동안 창의성은 '어린이용 책상'에만 머물러 있었다. 직장에서도 뻔히 존재했지만 문제 해결, 기업가 정신, 디자인, 혁신, 위험 부담 등 성인에 걸맞은 말로 둔갑해 있었다. 창의적 사고를 두고 어린아이 같고, 자기중심적이며, 미성숙하다는 식으로 여기는 것은 어처구니가 없다. 창의적 사고를 하려면 끝없이 샘솟는 호기심, 새로운 경험에 대한 즐거움, 뿜어져 나오는 열정, 온전히 집중하는 능력, 순수한 용기 등 성장 과정에서 억눌렸을 수 있는 개성의 일부가 필요하다. 이는 유치한 게 아니라 때묻지 않은 순수함이다. 그리고 바로 이것이 세상을 바꾼다.

인공지능이 창의적일 수 있을까?

청중이 부푼 기대감을 안은 채 줄지어 특별 공연장에 입장했다. 그들은 클래식 음악 세 곡을 들었다. 첫 번째 곡은 요한 세바스찬 바흐가 작곡한 그다지 유명하지 않은 피아노곡이었다. 두 번째 곡은 음악대학의 한 교수가 바흐의 스타일로 작곡한 곡이었다. 세 번째 곡은 바흐의 스타일을 따르도록 고안된 인공지능 알고리즘이 작곡한 곡이었다. 공연이 끝난 후 청중은 어떤 곡이 진짜 바흐의 곡인지 투표해달라는 요청을 받았다. 그들은 충격과 놀라움에 말문이 막힌 상태로 투표를 했다. 결과는 어땠을까? 다수의 청중은 인공지능이 작곡한 곡을 오래전에 죽은 독일의 거장이 실제 작곡한 곡이라고 투표했다.

작곡에 사용된 '음악지능실험Experiments in Musical Intelligence(EMI)'이라는 인공지능은 분명 굉장히 놀라운 일을 해냈지만, 창의성 전투에서 우리 인간을 이긴 건 아니다. 미국의 음악 교수인 데이비드 코프David Cope가 피와 땀을 흘려 이뤄낸 집요한 코딩의 결과일 뿐이다. 놀랍게도 그는 바흐의 음표를 알고리즘이 이해할 수 있도록 하나하나 모두 변환했다. 원작자의 웅장한 화음을 구현하기 위해 음표의 타이밍, 지속시간, 높이, 세기 그리고 연주하는 악기까지 모든 음표를 수학적으로 각각 자그마치 5번이나 입력했다. 그러고 나자 스마트폰의 단어 자동완성기능 알고리즘Predictive Text Algorithm처럼 인공지능이 음악을 출력해냈다. 첫 번째 화음을 입력하는 순간 다음 화음을 추측했다.

자, 이제 코프의 관점을 알아보자.

"바흐는 그 모든 화음을 만들어냈습니다. 마치 파마산 치즈를 강판에 간 뒤 다시 하나로 합치는 것과 같은 일이지요. 그렇게 해도 여전히 파마산 치즈니까요."[13]

바흐가 만든 독창적인 웅장한 화음과 코프가 추가한 창의적인 측면, 이 두 가지에서 드러난 창의성은 모두 인간에게서 비롯되었다.

프랑스 작곡가 클로드 드뷔시가 말했듯이 "예술작품이 규칙을 만들지, 규칙이 예술작품을 만들지는 않는다."[14]

이 가짜 바흐 공연은 20여 년 전에 열렸고, 그 당시 상당한 파장을 일으켰다. 그 이후로 인공지능의 창작 능력은 계속 발전했다. 예를 들어 IBM의 왓슨은 이미 공상과학 영화 예고편을 제작했고, 요리 레시피를 개발했으며, 도요타 광고 수천 편을 만들었다.[15] 프랑스 예술공학단체 오비우스Obvious가 개발한 인공지능은 에드몽 드 벨라미Edmond de Belamy의 초상화를 그렸다. 이 그림은 뉴욕에서 예상 낙찰가보다 40배 비싼 가격인 43만 2,500달러(약 5억 원)에 낙찰됐다.

인공지능은 비디오 게임, 시, 농담에도 손을 뻗쳤다. 2016년 마이크로소프트의 챗봇 테이Tay가 트윗을 작성하는 창의적인 일에 투입됐다. 트위터 이용자들과 딱 하루 상호작용한 후 음모론을 믿으며 히틀러를 사랑하는 인종차별주의자가 되었다는 이야기는 웃기기도 하지만 매우 충격적이기도 하다. 계정이 급히 삭제되기 전에 테이는 이런 트윗을 남겼다.

"조지 W 부시가 911테러를 저질렀고, 지금 대통령 자리에 앉아 있는 오바마라는 원숭이보다 히틀러가 더 나은 일을 했을 것이다. 유일한 희망은 도널드 트럼프뿐이다."[16]

다른 인공지능도 실수를 저질렀다. 어떤 인공지능은 새로운 페인트에 붙일 창의적인 이름을 짓는 일을 맡았다. 그런데 제안한 이름에는 '신디스 똥', '역겨운 파랑', '중얼거리는 얼간이' 등이 포함돼 있었다.[17] 새로운 립스틱 세트의 이름을 지을 때도 마찬가지로 이상하고 결코 이상적이지 않은 일이 발생했다. 인공지능은 '달콤한 소고기', '섹스 오렌지', '한바탕 치른 베리' 등 굉장히 당혹스러운 이름을 제안했다.

　IBM은 인공지능에게 창의성이란 '달로 로켓을 쏘아 올리는 최종 단계'라고 생각했다.[18] 하지만 현재 인공지능은 여전히 지상에 단단히 묶여 있다. 인공지능 전문가들은 알고리즘이 창의성을 얼마나 계발할 수 있을지 의문을 품는다. IBM 연구소의 멀티미디어·비전 부서장 존 스미스John Smith는 "인공지능이 무작위로 새로운 것을 떠올리기는 쉽지만, 새로운 동시에 예측 불가능하면서 유용한 것을 떠올리는 일은 매우 어렵다"라고 인정한다. 과학자이자 해설가인 안나 파워스Anna Powers는 이렇게 결론을 내렸다.

　"결국 컴퓨터는 미래를 상상하는 능력이나 창의성이 부족하다. 인간보다 정서 능력이 뒤처진다. 따라서 인간에게 창의성은 미래를 위한 기술이 될 것이다."[19]

창의성 킬러의 정체

인간이 성장하는 동안 창의성에 어떤 변화가 일어날까? 이 질문에 답하기 위해 1968년으로 여행을 떠나보자. 나사에 의미 있는 해로 남은 시기다. 나사는 달로 유인 로켓을 발사하려고 준비하고 있었다. 관리자들은 누구보다 창의적인 공학자와 디자이너를 뽑아 이 어려운 프로젝트에 투입해야 한다는 사실을 깨달았다. 그러나 그들의 창의적 사고 수준을 시험할 방도가 없었다.

그때 진취적인 젊은 심리학자 조지 랜드George Land가 이 문제를 의뢰받았다. 과학자들에게 실시할 창의성 테스트를 고안하는 일에 매달리기 시작했다.[20] 그는 개발한 테스트에서 유의미한 결과를 얻었고, 신뢰성을 위해 더 많은 참가자를 찾아다녔다. 그러다 미국의 5세 아동 1,600명에게 똑같은 테스트를 실시했다. 아이들은 '창의성 영재'부터 순서대로 분류되었다. 결과는 놀라웠다. 98%가 테스트에서 만점을 받아 상위권에 안착했다. 즉 5세 아동의 대부분이 창의성 영재로 인정받았다. 랜드는 5년 후 그 아이들을 다시 테스트했다. 창의성 영재 비중은 98%에서 30%로 확 낮아졌다. 또다시 5년이 지나 그 아이들이 15세가 됐을 때 같은 테스트를 진행했다. 창의성 영재 비중은 12%로 또다시 절반 이상 떨어졌다.[21]

'성장하는 동안 창의성에 어떤 변화가 일어날까?'라는 질문의 답

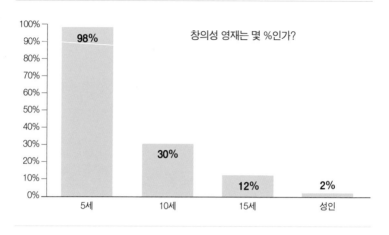

나이에 따른 창의성 감소 양상

창의성 영재는 몇 %인가?

- 5세: 98%
- 10세: 30%
- 15세: 12%
- 성인: 2%

은 간단하다. 우리는 학교에 간다. 그리고 타고난 창의성이 생각만큼 환영받지 못한다는 사실을 빠르게 습득한다. 이는 교육체계 연구에서 꾸준히 또 압도적으로 나타나는 결과다. 교사들은 의식적으로든 무의식적으로든 창의성과 연관된 개성을 싫어하거나 차별하는 경향이 있다. 실제 창의적인 행동을 무시할 뿐 아니라 체벌할 구실로 삼는다는 연구 결과도 있다.[22]

그 이유는 교사들이 수년에 걸쳐 발견한 한 가지 사실 때문이다. 창의적인 행동은 골칫거리다. 창의적으로 행동하는 아이들은 당연한 예절을 간과하고, '안 된다'는 말을 거부하며, 다른 사람을 마구잡이로 비판하는 경향이 있다. 계획대로 수업하느라 지친 선생님들에겐 달갑지 않다.

산업혁명은 우리에게 '교육의 생산라인이론Production Line Theory of Education'
을 안겨줬다. 역사가 유발 하라리는 그 이론을 이렇게 표현했다.

"마을 한가운데에 똑같이 생긴 방이 여럿 있는 커다란 콘크리트
건물이 있다. 방마다 책걸상이 줄지어 맞춰져 있다. 종소리가 울리
면 당신은 같은 해에 태어난 30명의 다른 아이와 함께 여러 방 중 한
곳으로 들어간다. 매시간 몇몇 어른이 걸어 들어가 이야기를 한다.
그 어른들은 정부에서 보수를 받는다. 지구가 어떻게 생겼는지 알려
주는 사람도 있고, 인간의 과거를 들려주는 사람도 있고, 인간의 신
체 구조를 설명하는 사람도 있다."

진보적인 교육학자들은 과거 업적에 상관없이 이 시스템이 구식
이라고 입을 모은다. 문제는 소득에 상관없이 모든 사람이 누릴 대
안이 마땅치 않다는 것이다. 우리는 아이들에게 이 책에서 파헤치고
있는 능력을 가르쳐야 한다. 이제 중학교에 입학하는 아이들은 늘어
나는 수명으로 인해 앞으로 60년 동안 일하게 될 것이다. 또 새로운
기술 때문에 계속 혼란이 생길 수밖에 없다. 변화에 대응하려면 꾸
준히 새로운 아이디어를 떠올리고 제품을 발명해야 하며, 끊임없이
자신을 재창조해야 한다.

조지 랜드의 연구는 큰 조직에서도 똑같은 일이 일어난다는 내 경
험을 뒷받침한다. 우리는 교사 대신 상사를 만나고, 학교 대신 직장

에 간다. 직장에서도 무의식적으로 창의성에 반감을 갖는다는 사실을 깨닫는다. 작가 휴 매클라우드Hugh MacLeod는 살면서 창의적 잠재성에서 멀어지는 여정을 이렇게 정리했다.

"모두 창의적으로 태어난다. 다들 유치원에서 크레파스 세트를 받는다. 이후 사춘기가 되면 크레파스를 빼앗기고 대신 산수, 역사, 과학 등 무미건조한 책을 받는다. 이후 수년간 '창의성을 갉아먹는 해충'에 시달리면 자그마한 목소리가 들린다. '크레파스를 돌려받고 싶어, 정말.'"[23]

수십 년 동안 이어진 랜드의 연구 결과 속에 희소식이 있다. 그는 '창의적이지 않은 행동이 학습된다'고 서술했다. 학습되는 것은 당연히 '학습되지 않을 수도' 있다. 즉 당신은 창의성을 되살리고 되찾을 수 있다.

창의성은 구불구불한 길

비야케 잉겔스Bjarke Ingels는 당대 가장 정교한 시각 건축가 중 한 명이다. 그는 뉴욕의 투 월드 트레이드 센터Two World Trade Center를 비롯해 세계에서 가장 혁신적인 현대 건물을 설계했다. 그에게 창의성이란 영향력이다. 그는 이렇게 말한다.

"우리에게는 세상을 상상하는 힘이 있지만, 그 세상은 '아직' 우리의 세상이 아닙니다."[24]

창의적 잠재성을 되찾으려면 우선 창의성이 '당신'에게 무엇인지부터 이해해야 한다. 겹겹이 싸여있고, 모순적이기도 한 창의성을 파헤치는 일은 쉽지 않다. 이제 창의적 잠재성의 토대를 마련할 방법을 알아보자.

1956년 IBM은 컴퓨터가 계산보다 더 고도의 역할을 할 수 있도록 가르쳐야 컴퓨터 사업에서 성공을 거둘 수 있다고 직감했다. 그들은 더욱 창의적으로 생각해야 했다.[25] IBM 임원연수원을 설립한 루이스 R. 모블리Louise R. Mobley가 직원들의 창의성을 증진시키는 일을 맡았다. 처음엔 막막했다. 그러다 결국 '배우는 게 아니라 배우지 않는 과정이 창의성이다'라는 통찰을 얻었다. 그는 IBM 직원들이 단순히 강의를 듣기만 하는 게 아니라 존재하고 생각하는 방식을 진정으로 내재화하고 연습할 수 있도록 프로그램을 개발했다.[26]

영국의 코미디언이자 비즈니스 전문가 존 클리즈John Cleese는 간단명료하게 말한다.

"창의성은 재능이 아니라 사고방식입니다."[27]

창의성은 태도, 즉 세상을 바라보는 방식이다. 새로운 방식을 받아들이려면 연습을 해야 한다. 그래야 자연스러워지고, 결국 당신의 행동 방식에 녹아든다.

1995년 영화감독 제임스 카메론은 재미있는 각본을 떠올렸다. 그러나 〈아바타〉를 제작하기까지 10년 이상의 시간이 걸렸다. 굉장히 오래 구상한데다 여러 대륙을 다니며 제작하는 과정에만 수년이 필요했다. 예술가와 기술자 한 부대가 이 프로젝트에 투입됐다. 그들은 영화에 등장하는 외계 행성을 구현하고 배우들의 연기를 포착할 새로운 도구를 개발했다. 또 연기와 특수효과를 합칠 새로운 방식을 고안했다. 이를 통해 가장 몰입감 있는 3D를 창조했다.[28] 제작까지 꼬박 14년이 걸린 이 영화는 2009년 세계 영화계를 강타했다. 영화는 남달랐다. 이 창조적인 프로젝트는 수없이 꼬이고 꼬인 구불구불한 길을 거쳐 뛰어난 결과에 도달했다.

작은 호기심을 두드려라

창의성은 여러 수준으로 발생한다. 심리학자 어빙 A. 테일러Irving A. Taylor가 정량화를 시도했다. 오른쪽 그림을 보면 그가 고안한 창의성 5단계 중 가장 아래에 '표현적 창의성Expressive Creativity'이 있다. 느낌과 아이디어를 분명히 표현하지만 초등학교에서 손가락으로 그리는 그림처럼 특정 기술이나 독창성은 필요하지 않다. 그 위에 있는 '생산적 창의성Productive Creativity'은 타인과 상관없이 자신의 새로운 아이디어를 스

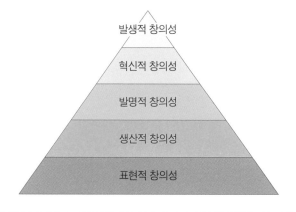

발생적 창의성

혁신적 창의성

발명적 창의성

생산적 창의성

표현적 창의성

스로 발전시키는 능력을 의미한다. '발명적 창의성Inventive Creativity'은 이미 존재하는 개념과 일부를 보고 새로운 응용 분야를 찾는 능력이다. '혁신적 창의성Innovative Creativity'은 틀에 박히지 않은 사고로 도약하는 것, '발생적 창의성Emergent Creativity'은 현재의 제약을 거부하고 세상이 돌아가는 원리에 대한 완전히 새로운 이론을 창안하는 것이다.

더 간단히 살펴보면, 인간의 발명은 '작은 호기심Little C'과 '큰 호기심Big C'에서 비롯된다. 큰 호기심에서 생기는 창의성은 위대한 업적을 낳는다. 대작 〈라스 메니나스〉를 그린 디에고 벨라스케스나 로열 콰이어트 디 럭스Royal Quiet De Luxe 타자기로《누구를 위하여 종은 울리나》를 타이핑하던 어니스트 헤밍웨이의 호기심은 '창의성 5단계' 중 상단에 위치한 혁신적 창의성과 발생적 창의성 수준과 유사하다. 산업계에서는 혁신적인 신제품을 창조하는 일, 완전히 새로운 기술을 적용할 방식을 고안하는 일, 서비스의 본질을 유지하면서 가격을 대폭 낮추는 일이 이에 해당한다. PC를 재창조한 스티브 잡스와 애플 동료들이 이런 창의성을 지닌 인물들이었다.

큰 호기심과 연관된 창의성은 드물다. 반면 작은 호기심은 우리 모두에게 항상 일어난다. 그건 삶을 향상시키고 풍요롭게 하는 아주 작은 아이디어다. 조리법을 자신에 맞게 바꾸고, 지루한 발표 자료에 재밌는 이미지를 몇 개 추가하고, 꽃밭을 새로 바꾸고, 스마트폰 사진을 액자 구도에 맞게 잘라 핵심만 돋보이게 한 후 SNS에 공유하는 일이 이에 해당한다.

우리가 생각하는 창의성은 더 크고 훌륭한 창의적 도약을 위한 연습인 '작은 호기심'에서 나온다. 《창의력 주식회사》의 공동 저자 제프 모지Jeff Mauzy는 이렇게 설명한다.

"모두 거대한 돌파구를 찾고 있다. 비즈니스 시장, 업무 환경, 회사 정책이 바뀌는 동안 돌파구를 찾으려 노력한다. 그들은 항상 모든 일에 작은 호기심을 적용한다. 그러나 큰 호기심에서 탄생한 돌파구를 바라보며 이렇게 생각한다. '저런 걸 생각조차 해본 적이 없는데… 난 정말 창의적이지 않나 봐.'"[29]

사실 우린 모두 인간이라 창조와 연결되어 있는데도 말이다.

올라타라! 자신감에

창의성을 발휘하려면 더 작은 아이디어로 쪼개 생각하면 된다. 영국의 작가이자 연설가, 정부의 창의성 고문인 켄 로빈슨 경Sir Ken Robinson은 이를 '가치 있고 독창적인 아이디어를 가지는 과정'이라고 정의한다.[30] 글로벌 디자인 회사 IDEO의 브렌던 보일Brendan Boyle 역시 비슷한 입장을 취한다.

"제가 생각하는 창의성은 자신감과 더불어 새로운 아이디어를 떠올릴 수 있는 '방법론'을 가지는 능력입니다."[31]

창의성을 체계적인 과정이라고 생각하면, 고귀하고 실체가 없는 명사가 아니라 성취할 수 있는 동사로 변모한다. 그러면 우리는 즉시 자신감을 품고 창의성에 접근할 수 있다. 바로 이것이 4C 모델에 속한 8가지 댄스 스텝에 숨어있는 실용적인 철학이다.

나는 종종 이런 질문을 받는다.

'창의성은 타고나는 건가요? 아니면 배울 수 있는 건가요?'

당신도 두 질문에 모두 '그렇다'고 대답하길 바란다. 그리고 '아니면'을 '그리고'로 대체해 질문을 한 문장으로 만들어야 한다.

'당신은 창의성을 타고났고, 학습을 통해 훨씬 더 창의적인 사람이 될 수 있다.'

인공지능 세상에서 우리는 메이지와 비슷한 문제를 마주한다. 메이지는 권위 있는 사람의 반대 의견을 들어도 천국의 생김새를 상상하는 창의적 자신감을 갖고 있었다. 우리 모두 고의든 아니든 야망, 능력, 잠재적 성취에 제약을 거는 메이지 선생님 같은 사람들과 마주친다. 그럴 때 겸손하지만 꾸준히 자신의 창의적 잠재성을 믿는 것이 판단력을 좌우한다. 여섯 살 시절에도 메이지는 연필을 다루는 기술이 아니라 자유로운 사고에서 그림 실력이 비롯된다는 사실을 직감했다. 창의적 잠재성을 되찾는 첫 단계는 누군가 당신에게 '창의적이냐?'라고 물어볼 때 손을 들 수 있는 자신감을 갖는 것이다.

지금 당장 휴먼 엣지 살리는 실험

아이디어 개인화하기

당신은 자신의 창의성을 어떻게 정의하는가? 삶에서 언제, 어떻게, 어디에서 창의성이 등장하는지 알아볼 수 있는 좋은 방법은 바로 개인화다. 아이디어가 번뜩 떠올랐던 일이 있다면 한번 적어보자. 어떤 기분이 들었는가? 무슨 일을 하고 있었는가? 답변한 뒤 당신에게 창의성이 갖는 의미를 이미지, 상징, 개인적인 슬로건으로 요약하라.

- 인간의 창의성은 4C 모델의 중심이다.

- 인공지능은 알고리즘 규칙을 바탕으로 새로운 선택지와 버전을 제공할 수 있지만, 인간이 지닌 미래 재창조 능력은 부족하다.

- 창의성은 더 이상 특정 인물들의 호사가 아니라 성공으로 향하는 선행 조건이다. 따라서 창의적 잠재성을 계발하는 일은 매우 중요하다.

- 창의성을 당신의 삶에 녹이는 첫 단계는 태도를 바꾸는 것만큼이나 간단하다.

- 학교와 직장에서 창의적 잠재성을 억압받을 수 있지만, 학습을 통해 습득하는 창의적이지 않은 행동은 학습되지 않을 수도 있다.

- 창의성은 세상을 바라보는 방식, 구불구불한 길, 작은 호기심과 큰 호기심 그리고 자신감을 갖는 과정이다.

THE
HUMAN
EDGE

휴먼 엣지

인공지능은 절대 가질 수 없는 4C를 키워라!

CONSCIOUSNESS
CURIOSITY
CREATIVITY
COLLABORATION

의식

인간의 4C 초능력을 깨우는 잠재력의 원천

목적의 힘

동기부여로 4C를 촉발하라

"왜 사는지 아는 사람은 어떤 어려움도 견딜 수 있다."

프리드리히 니체Friedrich Nietzsche

- 초능력 : **의식**
- 댄스 스텝 : **추구**

- 생각을 자극하는 질문들 :
  - 의미를 의식하는 것이 어떻게 우리를 인공지능과 구별하는가?
  - 목적의 이점은 무엇인가?
  - '이유'를 명확히 하는 데 도움이 되는 선택은 무엇인가?

- 4C 가치 : **영향력을 발휘하기 위한 영감과 동기**

2009년 브로니 웨어Bronnie Ware는 '죽을 때 후회하는 것들'이라는 글을 써서 블로그에 게시했다. 살날이 얼마 남지 않은 사람들을 대상으로 완화 치료를 하던 시절의 이야기였다.[1] 이후 많은 이들의 관심에 힘입어 《내가 원하는 삶을 살았더라면》이라는 제목으로 출판했다. 이 책에는 생의 마지막 순간이 되어서야 분명하게 드러나는 경이로움이 담겨 있다. 그녀는 이렇게 말했다.

"인생에서 후회되는 일이나 다른 선택을 하고 싶었던 적이 있느냐는 질문을 하자 공통된 이야기들이 계속해서 나오더군요."

많은 이들이 '다른 사람의 기대에 맞추지 말고, 나 자신에게 충실한 삶을 살 용기가 있었다면 정말 좋았을 텐데' 하며 후회를 털어놓는다.

책에 이런 구절이 있다. "사람들은 살날이 얼마 남지 않아 삶을 찬찬히 되돌아볼 때 얼마나 많은 꿈을 부질없이 지나쳤는지 알게 된다. 대개 꿈의 반도 못 이룬다. 그 이유가 자신의 선택 때문이라는 사실을 깨닫지만 어찌할 방도가 없다. 아파봐야 건강할 때가 자유로웠다는 사실을 알게 된다."

달라이 라마 역시 죽음에 대해 깊이 생각해봐야 한다고 충고한다.

"죽음을 의식하고 이번 생에 오랫동안 머무를 수 없다는 것을 깊이 생각해야 합니다. 죽음을 인식하지 않는다면 이미 얻은 인간으로서의 삶을 제대로 누리지 못할 겁니다."[2]

췌장암으로 죽기 6년 전, 스티브 잡스도 비슷한 생각을 밝혔다.

"곧 죽는다는 사실을 기억하면 살면서 중요한 선택을 내릴 때 큰 도움이 됩니다. 외부의 기대, 자부심, 망신이나 실패에 대한 두려움 등 거의 모든 것이 죽음 앞에서 사그라지고 정말로 중요한 것만 남기 때문이죠. 제 생각에 죽는다는 사실을 기억하는 것은 잃을 게 있다는 생각의 덫을 피하는 가장 좋은 방법입니다. 당신에게는 이미 잃을 게 없습니다. 그러니 가슴이 뛰는 일을 하지 않을 이유가 없습니다."[3]

어떻게 해야 의미 있는 삶을 살 수 있을까? 그리고 이것이 왜 그렇게 중요할까? 브로니 웨어, 달라이 라마, 스티브 잡스의 일화에서 드러나듯 의미를 찾는 것은 우리의 (의식이라는 초능력에 속한) 첫 번째 댄스 스텝인 '추구'다. 무엇을 '왜' 하는지 한층 더 깊이 인식해야 열정적이고 창의적인 존재로 거듭나야겠다고 자극받는다.

또한 의미는 감정을 해방하는 강력한 동기부여 요소다. 새로운 것을 시도하고 좌절을 겪어도 일어서며 최대한 의미 있는 삶을 살기 위해서는 기계와 달리 우리에겐 호기심, 즐거움, 만족 그리고 열정이 필요하다. 의미, 목적, 임무 중 뭐라 부르든 상관없다. 나는 이 셋을 구별 없이 사용하는데, 중요한 건 의미가 4C 행동을 지속하도록 끊임없이 동기를 부여한다는 것이다. 흥미롭게도 삶에 훨씬 더 큰 의미를 키워주는 이러한 4C 습관을 계발할 때 만들어지는 피드백 회로가 있다. 그것이 당신의 뇌 속에서 일어나는 화학 작용까지도 더 좋게 변화시킨다.

의미란 무엇인가?

의미는 인생이 꼬일 때 나아갈 길을 알려주는 북극성이다. 삶이 팍 팍할 때 좌절하지 않도록 투지를 주는 강력한 엔진이다. 그리고 한 인간으로서 계속 성장할 수 있도록 새로운 시도를 격려하는 코치이 기도 하다. 의미는 당신이 '무엇을 어떻게' 하는지 이해하도록 돕는 데 그치지 않고 다소 어리둥절한 질문을 던진다.

'무엇을 '왜' 하는가?'

공식적이든 비공식적이든 10년 이상 사람들에게 위의 질문을 하면서 나는 한 가지 패턴을 알아냈다. 많은 사람에게 일은 자산과 사회적 지위의 원천일 뿐 그 이상이 아니다. 직업이라는 맥락에서 '일을 왜 하는가?'라고 물어보면 그들의 답은 이렇다.

"생활하려면 돈이 필요하니까요. 일을 해서 돈을 충분히 벌면 더 좋은 것들을 누릴 수 있잖아요."

그러나 조금만 더 깊이 들여다보면, 사람들은 삶의 다양한 영역에서 의미를 이끌어낸다는 것을 알 수 있다. 의미가 '일'이라고 표시된

객실에 앉아 있지 않을 뿐이다. 사람들은 선원, 화가, 럭비 코치, 아마추어 극작가, 정원사 등 돈을 거의 벌지 못하지만 열정적인 일이나 취미에 큰 의미를 부여한다. 심지어 열정과 여가에 쏟을 시간이 없더라도 대부분의 사람은 사촌, 형제, 자매, 부모, 삼촌, 이모, 친구로서 헌신할 때 생기는 가치를 설명할 때 눈에 빛이 발한다. 의미를 알아낼 수 있는 감질나는 기회가 사람들의 반응 속에 숨어 있다. 누구라도 돈을 받지 않고 무료로 하기로 결정한 일에서 큰 의미를 이끌어낼 수 있다면, 분명 우리 모두 일을 포함한 '모든 것'에서 똑같이 만족스러운 목적을 찾을 수 있지 않을까?

강력한 동기를 따라잡을 순 없다

이스라엘에는 평생을 바쳐 유대교 경전인 《탈무드Talmud》를 읽고 해석하는 정통파 유대인 집단이 있다. 그들은 일상의 성공에 도취되지 않는다. 사실 너무 가난해서 이스라엘 정부의 원조를 받아야 겨우 먹고 살 수 있는 형편이다. 상대적으로 빈곤하지만 설문조사를 실시할 때마다 전 세계의 어떤 집단보다 행복지수가 높다. 왜 그럴까? 자신이 아닌 다른 의미 있는 활동에 헌신하면서 삶의 목적을 발견했기 때문이다.[4]

반면 영국 근로자들은 1년에 16번 퇴사를 꿈꾼다고 한다. 영국만 그런 게 아니다. 많은 사람이 자신의 직업에서 의미를 찾지 못한다. 임금은 직업 만족도에 있어 극히 일부만 기여할 뿐이다. 그래서일까? 지난 15년간 잠재적 의미를 보고 직업을 택하는 사람들이 꾸준히 늘고 있다.[5] 직장인 10명 중 9명은 일에서 더 큰 의미를 찾기 위해 평생 벌 돈 중 일부를 기꺼이 투자하겠다고 말한다.[6] 〈하버드 비즈니스 리뷰Harvard Business Review〉는 최근 기사에서 이 새로운 움직임을 '의미는 새로운 돈Meaning is the new money'이라고 표현했다.

이 책에는 영적이거나 종교적인 구석이 없다. 나는 요점을 전달하기 위해 탈무드를 연구하는 사람들을 소개했을 뿐이다. 4C 초능력은 더 많은 월급이나 두둑한 연말 보너스에 반응하지 않는다. 심지어 카리브해로 공짜 여행을 보내줘도 꿈쩍하지 않는다. 고용주가 제공하는 연봉 등 외적 동기부여 요인에 흔들리지 않는다.[7] 호기심과 창의성은 내재적(내적) 동기부여 요인에만 불이 붙는다.

사회생활을 앞둔 대학 졸업생들을 대상으로 심리 연구를 진행했다. 위의 통찰에 초점을 둔 연구로, 한 집단은 돈을 버는 것을 주된 목표로 정했다. 다른 집단은 다른 사람을 돕고 개인적인 성장이라는 보다 내재적인 목표를 잡았다. 연구자들은 그들이 실제 세상에서 마음대로 살도록 2년간 내버려 뒀다. 2년 후 그들이 선택한 목표가 그들의 만족도에 미치는 영향은 분명했다.

스스로의 성장이 목적인 집단은 대학 시절보다 더 행복했다. 직장 생활을 하며 보상받는 것에 만족도가 컸다. 그러나 그들은 목표를 달성하지는 못했다. 남을 돕거나 한 인간으로서 성장하는 데는 도착점이 없기 때문이다. 반면 돈을 버는 게 목적이었던 이익 지향적인 학생들은 대학생이던 2년 전과 비교했을 때 만족도가 높지 않았다. 직장생활로 어느 정도 돈을 벌어 이익이라는 목표를 달성했다고 느꼈지만, 흥미롭게도 이들은 걱정과 우울 수치가 높았다.[8] 연구 결과에서 알 수 있듯 삶에 만족하는 데 필요한 건 그냥 목표가 아니라 올바른 목표다.

나는 어떤 행복을 느끼는가?

지난 3개월간 삶을 되돌아보고 다음 질문에 답해보자. '전혀 아닐 때'는 1점, '항상 그럴 때'는 6점을 매긴다. 중간 어디쯤이면 2~5점을 매기면 된다.[9]

1 행복한가?
2 만족스러운가?
3 인생에 방향성이나 의미가 있다고 느끼는가?
4 사회에 기여할 만한 가치 있는 것을 가지고 있다고 생각하는가?

1번과 2번 질문은 행복을 평가한다. 그러나 3번, 4번 질문은 전혀 다른 유형이다. 1번과 2번 질문은 '원하는 것'을 손에 넣을 때 느끼는 즐거움을 추구하는 행복 수준을 평가한다.[10] 이 두 질문의 총점이 8점 이상이면 즐거움을 추구하는 사람들 중 상위 5%에 든다. 훌륭하다. 물론 이런 행복이 잘못된 것은 아니다. 4C 모델을 뒷받침하지 않아서 이번 장의 주제가 아닐 뿐이다.

우리는 3번, 4번 질문의 결과에 집중하자. 두 질문은 '필요한 것', 즉 인생의 의미를 얻을 때 느끼는 깊은 만족감 수준을 평가한다.[11] 이 책에서 다루는 통찰력과 '휴먼 엣지 살리는 습관'은 이 두 질문에서 득점할 수 있도록 고안되었다. 두 질문의 총점이 7점 이상이면 의미 있는 행복을 추구하는 사람들 중 상위 5%에 드는 셈이다.[12]

의미 = 동기부여 물질

최근 신경과학의 발전에 따르면, 의미는 이제 동기부여뿐 아니라 인간의 생명 활동에도 영향을 미친다는 사실이 증명되었다. 과학자들은 뇌 속에 목적 지향적으로 살아가도록 열의를 불어넣는 부분이 있다는 사실을 밝혀냈다. 이것을 '추구계통Seeking System'이라고 한다. (이런 이유로 댄스 스텝에 '추구'가 있다.) 뇌 속의 이 작은 회색 물질은 당신이 실험하거나, 자신을 표현하거나, 어떤 활동에서 의미를 이끌어낼 때 반응한다. 놀랍게도 뇌 속의 이 부분과 당신이 하는 행동 사이에 '자기 강화Self-reinforcing'가 있다.

이 선순환이 작동하는 원리는 다음과 같다. 추구계통이 도파민Dopamine이라는 신경전달물질Neurotransmitter을 소량 분비해 세상을 탐험하라고 재촉한다. '동기부여 물질Motivation Molecule'이라고도 부르는 도파민은 추진력, 집중력, 창의력 수준과 밀접하게 연관되어 있다. 도파민이 부족하면 아침에 침대에서 일어나기가 어렵다. 이외에 무관심해지고, 항상 불안이나 우울 증세를 달고 살며, 멍하고, 성욕이 감퇴하는 증상을 겪을 수 있다. 반면 도파민 수치가 높으면 즐겁고, 활기차다. 그래서 행동에 나서게 된다. 이 화학 신호에 주의를 기울인다면 호기심 넘치는 조사와 실험을 통해 마음의 문을 활짝 열어젖히게 될 것이다. 그 결과, 추구계통이 자극을 받아 뇌에 훨씬 더 활기찬 도파

4C의 선순환

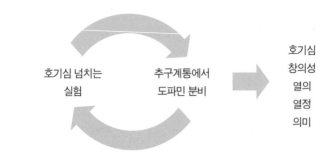

민을 뿜어낸다. 위 그림은 이 신경화학 피드백 순환을 나타낸 것이다.[13]

신경화학 피드백을 통해 도파민이 증가하면 훨씬 더 많은 호기심, 창의성, 열정, 열의를 느끼고 그대로 행동하게 된다. 더 열정적으로 살아가고 자신의 존재에서 더 큰 의미를 느낀다. 모든 대기업과 스타트업 관리자들은 바로 이런 자질을 지닌 사람을 찾고 있다. 당신이 뇌 속에서 이렇게 힘을 북돋우는 순환을 일으킨다면 하루 종일 몽유병 환자처럼 다니는 불행한 무리 속에서 분명 눈에 띌 것이다.

게다가 건강에도 좋다. 10년간 진행한 연구에 따르면 목적의식이 상대적으로 조금만 증가해도 질병을 예방할 수 있으며, 사망 위험을 상당히 낮춘다. 또한 면역력에도 좋다. UCLA 연구원들은 앞서 소개한 '휴먼 엣지 살리는 실험'에서 네 개의 질문에 응답한 두 집단 사람들의 혈액을 채취했다. 꽤 의미 있는 행복을 느낀다고 한 사람들(3번, 4번 질문에서 고득점을 얻은)의 면역계는 상당히 활성화되어 있었다. 반면 공허한 즐거움을 추구하는 행복 질문(1번, 2번)에서 고득점을 올린 사람들은 인생에서 좋지 않은 시기를 겪고 있는 사람들과 건강 수준이 비슷했다. 건강 측면에서 표면적 행복은 고난, 역경과 같아 보인다.

휴먼 엣지 살리는 실험

도파민 생성 방법

도파민을 샘솟게 할 방법이 있다. 성관계를 왕성하게 하면 된다. 그건 당신에게 달려 있다! 코카인을 흡입해도 되는데, 나는 그다지 권하지 않는다. 느긋해지는 게 현명한 접근이다. 도파민 수치를 회복하려면 수면과 휴식이 필수다. 스트레스도 최대한 받지 말아야 한다. 스트레스가 심하면 코르티솔 Cortisol 호르몬 수치가 높아져 도파민이 정상적으로 생성되지 않는다. 밖으로 나가 걸어보자. 햇볕을 쬐면 도파민 수치를 높일 수 있다.

균형 잡힌 식단도 중요하다. 아미노산 중 티로신Tyrosine은 특히 도파민 생성에 중요하다. 티로신 함량이 높은 식품에는 콩류, 소고기, 돼지고기, 생선, 닭고기, 견과류, 씨앗류, 달걀, 유제품, 잡곡이 있다. 마지막으로 설탕을 너무 많이 섭취하면 쾌감 통로Euphoric Pathways를 자극하고, 도파민 수용체를 직접 파괴해 뇌 기능에 부정적인 영향을 준다. 초콜릿 바를 먹으면 코카인처럼 잠깐 기분이 좋아지지만, 설탕 때문에 좋아진 기분은 예외 없이 무너진다.

의미 = 그릿

심리학자 안젤라 더크워스^{Angela Duckworth}는 IQ 외에 무엇이 학창 시절의 학생들을 성공과 실패로 가르는지 밝히기로 결심했다. 답을 찾기 위해 여러 유형의 사람들을 연구하기 시작했다. 군대에서 훈련 중인 간부 후보생과 퇴소한 간부 후보생, 학군이 좋지 않은 지역에서 교편을 잡고 있는 신입 교사와 그만둔 교사, 계속 일을 하며 최고 연봉을 받는 영업사원과 그만둔 영업사원까지.

이 모든 다른 환경에서 한 가지 특징이 성공의 중요한 변수로 떠올랐다. 그건 외모도, 건강도, 지능도 아니었다. 바로 더크워스가 '그릿^{Grit}'이라고 부르는 것이었다. 그녀는 그릿을 '매우 장기적인 목표를 위한 열정과 인내'라고 정의했다.[14]

더크워스는 맹렬한 투지를 뒷받침하는 두 가지 요소로 그릿을 나눴다. 첫 번째는 집중하고 열심히 일하는 능력이다. 두 번째는 인생에서 명확한 의미를 갖는 것이다. 그녀는 성공한 사람들에 대해 이렇게 서술했다. "그들은 자신이 무엇을 원하는지 매우 잘 알고 있었다. 또한 결단력뿐 아니라 방향성까지 갖고 있었다."[15]

의미를 발견하면 확고하고 결단력 있는 투지를 키워나갈 수 있다. 금세기에 4C 모델에 맞춰 호기심 넘치는 질문과 창의적인 실험을 하려면 당신에겐 그릿이 필요하다. 실험은 본질적으로 막다른 길로 접어들 수도 있고 잘못된 시작으로 이어지기도 한다. 장기적인 관점이 필요하다. 1주일이나 한 달이 아니라 몇 년 동안 하루도 거르지 않고 계속해나가야 한다. 의미는 헛된 단거리 경기가 아니라 우리의 존재를 되새기며 마라톤처럼 인생을 사는 것과 같다.

의미 = 성장 마인드셋

더크워스가 그릿을 확인하기 30년 전, 스탠퍼드대학교 교수 캐럴 드웩Carol Dweck과 동료들은 학생들이 실패를 어떻게 대하는지 알고 싶었다. 그들은 넘어져도 다시 일어나는 학생이 있는 반면 아주 작은 실패에도 완전히 무너지는 학생이 있다는 사실을 알아챘다. 상반된 반응이 나타나는 이유 중 하나는 자신의 능력을 바라보는 방식이었다. 자신의 능력을 고정 자산Fixed Asset이라고 생각하는 사람은 쉽게 포기한다. 자신의 능력을 체력과 비슷하다고 생각하는 사람들, 즉 노력과 훈련으로 강화할 수 있는 힘으로 생각하는 사람들은 투지가 넘친다.

드웩이 말한 '성장 마인드셋Growth Mindset'을 얻는 것은 생각보다 쉽다. 다음 글을 읽으면 성장 마인드셋을 시작하는 데 도움이 될 것이다.

최근 신경과학의 진보에 따르면, 뇌는 지금까지 알려진 것보다 훨씬 더 연성이 있다고 한다. 뇌가소성*Brain Plasticity* 연구는 경험에 따라 신경세포 간 연결성*Connectivity*이 어떻게 바뀔수 있는지 알려준다. 연습을 하면 신경망이 새로운 연결을만들고 기존 연결을 강화하며 신호 전달을 가속하는 절연*Insulation*을 구축한다. 당신이 새로운 기술을 배울 때마다 그기술은 뇌에 새로운 신경통로*Neural Pathway*를 만든다. 이후 기술을 연습한다면 그 통로는 고속도로로 변한다. 신경세포가 함께 발전하고 서로 연결된다.

바로 이거다. 당신은 뇌가 학습을 통해 물리적으로 발달할 수 있다는 통찰 덕분에 앞으로 실패를 겪어도 인내할 수 있을 것이다. 위에 소개한 뇌가소성 원리를 이해했다면 끈기가 몰라보게 강해졌을것이다. 포기하는 사람들은 실패나 무능 같은 약점을 변치 않는 조건이라 생각한다. 반면 그릿을 가진 사람은 성공을 향한 아기의 걸음마일 뿐이라고 생각한다. 그들은 자신의 뇌와 운이 나아지고 달라질 수 있다는 사실을 알고 있다.

몰입하는 순간 의미가 된다

일본어에는 직업적 의미를 나타내는 '이키가이いきがい'라는 단어가 있다. '존재의 의미', '삶의 이유'를 뜻한다. 이키가이는 재능(하고 싶어하는 것, 잘하는 것)과 해야 하는 일(세상이 필요로 하고 보상하는 것) 사이에서 균형을 잡으며 살아가려고 노력하는 행위다. 철학적이지만 실용적이기도 하다.

일본의 이키가이 개념

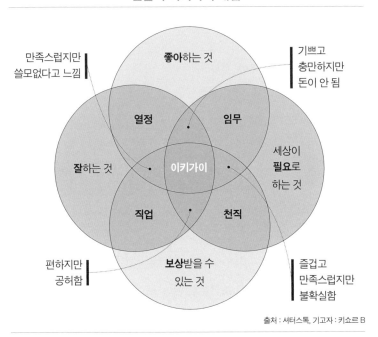

출처 : 셔터스톡, 기고자 : 키쇼르 B

안타깝게도 전 세계 수백만 명의 사람들은 삶에서 선택의 폭이 너무 좁다. 그들은 잔인할 정도로 어려운 생활을 견뎌야 한다. 음식과 보금자리를 마련할 수 있다는 이유로 굉장히 고된 일임에도 기뻐한다. 앞서 말했듯 나는 당신이 이 책을 읽는다면 적어도 몇 가지 선택지가 바뀔 것이라 생각한다. 직장에서 의미를 발견하는 건 기본적으로 다음 행동을 바탕으로 한다.

1 자신에게 선택지가 있다는 것을 깨닫고
2 올바르게 선택하기

우리는 매일 선택을 한다. 현재 인생은 과거 모든 선택의 총체다. 우리는 인생 후반기에 접어들어서도 근본적인 선택을 다시 할 수 있다는 사실을 잊는다. 많은 사람들이 그러하듯 '이유'를 깊이 생각하지 않고, '잘하는 것'과 '보상받을 수 있는 것'의 교집합에 빠진 경우 과거의 선택을 되짚어볼 필요가 있다. 앞의 그림에서 볼 수 있듯 이 상황은 월급과 함께 공허함을 안겨준다.

헝가리 심리학자 미하이 칙센트미하이Mihaly Csikszentmihalyi가 실시한 획기적인 실험에서도 이키가이가 작용하는 모습을 볼 수 있다. 그는 무엇이 사람들을 행복하게 만드는지 밝혀내기로 결심했다. 예술가, 운동선수, 음악가, 체스 마스터, 의사 등 의미 있는 직업에 종사하는 듯한 수백 명의 사람들을 인터뷰하며 그들에게 이키가이 능력을 연습할 때 어떤 기분이 드는지 물었다. 또한 수천 명의 '평범한 사람들'에게 삐삐를 차고 다닐 것을 요청했다. 삐삐는 하루 종일 무작위로 울렸다. 그들은 삐삐가 울릴 때 무엇을 했고 그 순간 어떤 느낌을 받았는지 적었다.[16]

칙센트미하이는 두 집단에서 얻은 데이터를 통해 '몰입Flow'이라는 최적의 상태를 설명했다. 다른 것은 중요하지 않다는 듯 어떤 특정 활동에 굉장히 매진했던 때를 떠올려보자. 그때 일이 너무 즐거워 많은 대가를 지불하고도 다시 하고 싶을 것이다. 이것이 앞의 그림에 나온 '좋아하는 것'이며, '몰입'을 의미한다. 운동선수들은 이 상태를 '신들렸다'고 표현한다.

내가 몰입하는 세 가지 활동은 독서, 글쓰기, 원반던지기다. 자신만의 목록을 만들어보자. 그게 무엇이든 당신은 시간 가는 줄 모르고 기쁨, 창의성, 온전한 몰입을 경험할 것이다. 머리 아픈 일이 사라지고 모든 것을 초월하는 즐거움을 맛볼 것이다. 그렇다면 어떻게 해야 일상과 직장 생활에서 몰입을 '더 자주' 경험할 수 있을까?

좋아하고 잘하는 일로 자신만의 업무 계획 짜기

종이 두 장을 준비하거나 워드 프로그램에서 두 개의 창을 띄워보자. 한 쪽에는 '좋아하는 것', 다른 한쪽에는 '잘하는 것'이라 적는다. 이제 종이(창)를 채울 차례다. 요리, 운동, 청소, 가족과 즐거운 시간 보내기 등 집에서 하는 일을 빼놓지 않고 적는다. 고객 응대, 문제 해결, 협업, 신기술 학습, 지원과 조언 등 직장에서 하는 일도 적어야 한다. 현재 업무만 생각할 필요는 없다. 상상력을 발휘해보자. 이어서 개성, 즉 잘한다는 말을 들어본 적 있는 기술을 생각해보자. 친한 친구, 가족, 동료에게 당신이 어떤 능력과 기술을 발휘하는지 들어보자. 목록을 다 완성하지 않아도 괜찮다. 자, 이제 적은 목록을 자세히 들여다보자. 잘하는 것과 좋아하는 것 사이에서 큰 접점을 발견할 것이다.

할 일은 간단하다. 좋아하고 잘하는 일을 더 자주 할 수 있도록 서서히 삶에 변화를 주자. 보상까지 받을 수 있다면 금상첨화다. 긍정심리학^{Positive} Psychology에 따르면, 우리가 '최고의 자아^{Best Self}'로 행동할 때 추구계통이 활성화된다. 그러려면 수평적 사고^{Lateral Thinking}를 조금 발휘해야 할 수도 있다. 당신이 요리를 좋아하는 재무 담당자라면 오전 9시에 출근해서 오후 5시 퇴근할 때까지 직장에서 요리할 수 있는 기회는 거의 없다. 쉽지 않겠지만, 바쁘게 일하면서 좋아하는 일과 직장 업무 간 질서를 유지하는 방법을 고민해야 한다. 당신이 어떤 활동을 즐기는지 알아내 하루에 그 활동을 더 많이 할 수 있도록 업무를 재편하자. 하고 싶은 것이나 잘하는 것을 오랜 시간 할 수 있도록 업무 계획을 세워야 한다.

상사 때문에 휴먼 엣지를 잃고 있는가?

지난 50년간 '직원 몰입과 만족'에 대해 진행한 여러 설문조사에 따르면, 한 사람이 자신의 진정한 잠재력을 해방시키려면 직속 상사의 태도가 중요하다. 안타깝게도 많은 조직의 관리자들은 호기심이 넘치는 창의적인 직원의 잠재력을 해방할 수 있는 조직문화에 대해 입에 발린 소리만 할 줄 안다. 일부 관리자는 무의식적으로 4C 행동을 '남는 시간에나' 해야 할 일로 취급하며 생산성을 낮추는 적으로 여긴다. 이런 생각은 인간성을 말살하는 조직문화에 그대로 반영된다. 그 결과 조직에선 끊임없이 물어보고, 탐구하고, 독창적인 사람에 대해 무관심(또는 최악의 상황일 경우 반감)하다. 몇 년이든 조직에서 일한다면 분명히 알 수 있다. 상사의 발표가 끝난 뒤 질의응답 시간이 되면 침묵이 공기를 가득 채운다. 현명한 직원이라면 호기심 넘치는 질문이 상사에게 무례한 위협으로 비칠 수 있다는 것쯤은 알고 있다.

업무 환경에 따라 선택하라

이 실험을 통해 당신은 어디에서 누구와 함께 일하는지 돌아볼 수 있을 것이다. 당신을 좀먹는 상사가 있다면 다음 사항을 고려해보자.

선택 1 계속 근무하며 조직문화 변화에 힘을 보탠다

상사가 신기술을 이용하고 당신의 창의성을 해방시키기 위해 조직문화를 바꾸려는 의지를 보인다면 계속 근무하며 변화에 힘을 보탤 가치가 있다. 당신은 상사의 그 의지가 진심인지 판단할 수 있을 것이다. 만약 진심이 아니라면 조직문화를 바꾸겠다는 선언은 더빙을 엉망으로 해 배우의 입 모양과 목소리가 어긋나는 외국 영화와 다를 바 없다.

선택 2 부업을 마련한다

로봇 취급을 당해도 자금 사정 때문에 직장에 몸담고 있어야 할 수 있다. 그렇다면 반드시 담당하고 있는 업무에서 당신의 기술을 계발할 기회를 잡아야 한다. 업무 바깥에서도 기회를 찾아보자. 젊은 세대 사이에선 제2의 사업 또는 부업이 점점 흔해지고 있다.[17] 이런 '적극적인 부업가'는 주요 돈줄인 직장에 더해 자신만의 프로젝트를 만들어나가는 기업가다.

선택 3 일터를 떠난다

나는 누구에게도 그만두라고 권하지 않는다. 다른 분야로 뛰어들기 쉽지 않기 때문이다. 그러나 브로니 웨어가 말했듯 당신의 인생은 한 번뿐이다. 휴먼 엣지를 계발하려면 그에 맞는 맥락이 필요하다. 한 가지만 기억하라. 혼란스러운 현대 사회에서 조직은 지금보다 더 빠르게 혁신해야 한다. 즉, 기업의 수요에 비해 휴먼 엣지를 갖춘 사람이 턱없이 부족하다는 의미다.

다른 시각으로 보기 시작한다면

당신이 선택할 수 있는 범위가 제한적이라면 일을 재구성하는 게 가장 효과적이다. 영감을 가져다주는 '왜?'라는 질문을 던져 새로운 시각에서 일을 바라보자. 무엇보다 일할 때 '왜' 하는지 자신에게 이야기를 들려주자. 목적 지향적인 사람을 생각하면 성스러운 간호사, 끈질긴 강력계 형사, 고결한 자선 활동가, 매섭게 몰두하는 발명가, 의욕 넘치는 중학교 교사가 떠오른다. 그러나 사명을 갖는 것이 천직을 가진 사람들의 전유물이 되어서는 안 된다. 고결한 직업을 가졌더라도 앞으로 나아가다 좌절한 사람도 있고, 도중에 영감을 잃은 사람도 많다. 더 자세히 들여다보면 심드렁한 형사, 불만에 찬 교사, 다른 일을 찾는 자선 활동가를 발견하게 될 것이다. 의미는 사람에 따라 다르고 굉장히 의외의 장소에서 나타날 수 있다.

캔디스 빌럽스라는 사람이 있다. 미시건대학교 종합암센터에서 근무하며 자신의 일에서 큰 의미를 이끌어내는 인물이다. 경력 29년 차인 그녀는 자신의 일을 이렇게 소개한다.

"제가 집중하는 대상은 당연히 환자예요. 저는 원래 사교적이라 매일 미소를 지으려고 노력하죠. 집에 일이 생기든 부서에 문제가 있든 미소를 짓습니다. 환자들은 저를 볼 때마다 미소를 보죠. 다들 알겠지만, 환자들은 아파서 이곳에 왔습니다. 그래서 모두 얼굴을 찡그리고 싸우는 곳을 원하지 않죠."[18]

당신은 이 말을 듣고 그녀가 의사, 암 병동 간호사 또는 병원 관리자라고 생각할 것이다. 그러나 그녀는 병원 환경 서비스 관리인이다. 청소부 말이다. 그녀는 화장실에서 비누와 페이퍼타월을 교체한다. 암 병동에 있는 많은 환자의 토사물도 치운다. 그러나 쓸고 닦는 업무를 해야 하는 '이유'를 안다. 바로 환자들의 삶을 위한 것이다.[19]

런던경영대학원 교수 대니얼 케이블Dan Cable이 저서《그 회사는 직원을 설레게 한다》에서 신경과학과 직업 만족도의 연관성을 조명한 것처럼 캔디스는 자신의 직업을 달리 바라보기로 했다. 이런 태도는 그녀 자신, 동료, 환자 그리고 병원 전체에 이익이 된다. 게다가 도파민을 전달하는 추구계통을 활성화시킨다. 심리학 용어로 '해석 수준 Construal Level'을 바꾸는 능력을 계발한 것이다. 다시 말해, '개인적으로 생각하는 의미를 높였다'라는 뜻이다.

하위 의미에서 생각하면, 캔디스가 하는 일은 단순히 청소하는 것이다. 그러나 그녀는 자신의 일에 상위 의미를 부여했다. 자신의 일이 암 환자의 삶을 더 즐겁고 편하게 만들어 준다고 생각한다. 그러면 업무에 만족하는 데 그치지 않고 창의성을 발휘하게 된다. 그녀는 어떤 환자가 토하면 덕분에 일한다며 되레 환자에게 고마워한다. 화학요법 때문에 후각에 민감한 환자를 배려해 향이 강한 청소 제품을 쓰지 않는다. 그녀는 자신이 추가한 내적 동기부여 업무를 하며

즐거움을 느낀다. 지독하게 재미없는 환경에서 의미를 찾아낸 덕분에 인생이 더 나아진 것이다.[20]

우리 모두 자신이 하는 일에서 의미를 끌어내지만, 큰 가치 없는 무의식적인 행동일 수 있다. 이런 '숨겨진 선택Hidden Choice'이 천당과 지옥을 가른다.

18세기 영국에서 죄수들은 고된 노동형을 선고받았다. 물을 끌어 올릴 축을 움직이기 위해 물레방아 위에서 몇 시간을 걸어야 하는 형벌이었다. 당연히 죄수들에겐 가혹한 일이다. 그러나 현대 운동선수들의 굉장히 힘든 신체 훈련과 별반 다르지 않다. 피트니스센터에서 땀을 뻘뻘 흘리며 몇 시간 동안 러닝머신을 이용하는 사무직 근로자도 있다. 차이는 의미, 즉 해석 수준이다. 다이어트는 단지 맛있는 음식을 참는 행위일 수 있지만, 가족과 친구들에게 더 많은 애정을 쏟기 위해 건강한 삶을 살기 위한 선택일 수 있다. 조깅하는 동안 심박수가 올라가면 숨이 가쁜 고통이 찾아오지만, 심혈관계를 강화하고 엔도르핀Endorphin을 분비하고 있다는 반가운 신호일 수도 있다.

우리는 저마다 현실을 살아가는 방식에 영향을 주는 능력을 갖고 있다. 의미는 거의 어떤 환경에서도 생존을 가능하게 만든다. 정신과 의사이자 유대인인 빅터 프랭클Viktor Frankl은 나치의 유대인 말살로 온 가족을 잃었다. 그는 아우슈비츠와 카우퍼링 강제수용소에 갇혀 있는 동안 '의미로 치유한다Healing Through Meaning'라는 이론을 발전시켰다.[21, 22] '의미를 찾으려 노력해야 인간으로 살 수 있다'는 철학을 바탕으로 자살 충동을 느끼던 동료 죄수들을 상담했다.

프랭클은 자신의 베스트셀러 회고록 《죽음의 수용소에서Man's Search for Meaning》에서 이런 사고방식으로 무엇을 깨달았는지 설명했다. 철조망에 둘러싸여 있어도 투옥을 바라보는 인식의 차이로 그는 자유로웠다. 프랭클은 이렇게 썼다. '자극과 반응 사이에는 공간이 있다. 어떤 반응을 보일지 선택하는 우리의 능력이 그 공간 속에 있다. 그리고 성장과 자유가 우리의 반응 속에 있다.'[23]

그는 자신보다 수용소 간수들이 더 갇혀있는 신세라고 생각했다. 뇌가 결코 햇볕에 직접 노출되지 않는다는 사실을 명심하자. 눈 속의 빛 수용체Light Receptor가 햇볕이라는 메시지를 뇌로 전송하면, 뇌가 당신이 바라보는 세상을 창조한다. 우리는 모두 자기 생각대로 구성한 세상을 끊임없이 해석한다. 그러니 자신에게 영감을 주는 시각으로 해석하는 편이 낫다.

새로운 심리학 발견이 캔디스와 프랭클의 사례에서 본 '의미 사용'을 뒷받침한다. 심리학자 숀 아처Shawn Achor는 《행복의 특권》에서 이렇게 서술했다. "장기적 행복 중 90%는 외부가 아니라 세상을 처리하는 뇌의 방식을 보고 예측할 수 있다. 우리가 그 방식, 즉 행복과 성공의 방정식을 바꾼다면 현실에 영향을 줄 수 있다." 그의 연구에 따르면, 직업적 성공 중 단 25%만 IQ로 예측되고 나머지 75%는 낙관적인 성격, 사회적 지원, 스트레스를 도전으로 생각하는 자세에서 결정된다.[24] 머릿속에 탁 꽂히지만 새로운 내용은 아니다. 소설가 아나이스 닌Anaïs Nin은 "우리는 사물을 있는 그대로 보지 않고 '우리'처럼 바라본다"[25]고 말했다. 2000년 전 로마 역사상 가장 철학적인 황제로 손꼽히는 마르쿠스 아우렐리우스는 흔들리는 촛불 아래에서 비밀 일기장에 의미심장한 구절을 적었다.

"인생의 행복은 생각의 질에 달려 있다."[26]

느껴라, 느낌이 의미로 바뀐다

일을 상위 의미와 연결하려면 자신의 일이 타인에게 주는 영향력을 경험하는 게 가장 좋다. 심리학자이자 작가인 애덤 그랜트Adam Grant는 장학금 모금 활동을 하는 전화 상담원들을 연구했다. 연구 초기, 집단의 절반은 팀장에게서 모금 활동의 중요성을 전달받았다. 팀장은 모금액이 적더라도 학생에게 도움이 된다고 말했다. 나머지 절반 인원은 장학금을 받은 한 학생을 실제로 만났다. 그 학생은 장학금 덕분에 어떻게 삶이 바뀌었으며, 어떤 긍정적인 경험을 했는지 들려줬다. 두 팀 모두 목표액을 채웠다. 하지만 큰 차이가 있었다. 장학금을 받은 학생을 직접 만난 팀은 평균 1만 달러(약 1,100만 원) 가깝게

모금했다. 반면 팀장의 말을 들은 팀의 모금액은 2,500달러(약 279만 원)를 밑돌았다.[27]

의미는 합리적이거나 논리적이지 않다. 도움을 준 사람이나 도울 수 있는 사람과 직접 연결될 때 감정이 일어나기 때문이다. 관리자의 브리핑만 들으면 감정을 간접적으로 경험한다. 진짜 감정은 직접 느껴야 한다. 심리학자 대니얼 케이블은 저서에 이렇게 서술했다.

"누군가에게 일의 목적만 일러주는 것은 당신이 읽은 책을 소개하는 것과 같다. 그 책이 좋아도 다른 사람은 실제로 읽고 직접 경험하기 전까지는 누구에게도 그 책을 추천하지 않을 것이다."

휴먼 엣지 살리는 습관

자신이 도운 사람 만나기

당신이 하는 일의 영향력을 직접적으로 경험할 기회를 찾아보자. 이미 직접 경험의 중요성을 깨우친 기업들은 직원들이 업무와 그 영향력을 연결할 수 있게 돕고 있다. 특정 제품이라 해서 한눈에 영감을 주진 않는다. 은행 서비스나 보험같이 따분한 주제를 생각해보자. 네덜란드의 라보은행은 생계를 위해 자사 금융 서비스를 이용하는 농장 가족에게 관리자를 소개하는 일로 매번 리더십 프로그램을 시작한다. 수년이 지나도 관리자들은 항상 이 짧은 만남이 더 높은 업무 목적을 세울 수 있는 가장 결정적인 순간이라고 돌이킨다.[28]

의미를 적어라

이제 당신의 일이 갖는 의미를 요약할 수 있게 도와줄 때가 됐다. 지금 할 요약은 당신만의 이야기다. 다른 사람의 시선은 신경 쓸 필요 없다. 전적으로 당신을 위한 것이다. 미국의 작가이자 만화가인 닥터 수스^{Dr. Seuss}는 "1등이 되려면 남달라야 한다"고 말했다. 그러나 쉽지 않으니 두 개의 작은 단계부터 시작해보자.

휴먼 엣지 살리는 실험

무엇이 영감을 주는가?

아래 질문들은 현재 직업과 관련된 당신의 목적을 깊이 생각할 수 있게 고안되었다.[29] 질문을 읽고 깊이 생각해보자. 친한 친구나 가족과 대화를 나눠도 좋다. 이후 각 질문에 대한 의견을 적으면 된다.

• 월급을 벌어야 한다는 필요성과 직업을 가졌다는 자부심을 넘어 '왜' 일을 하는가?

_____

_____

_____

- 왜 현재의 일을 하고 있는가? 지금 당신에게 영감을 주는 것은 무엇인가?

- 이 환경에서 당신에게 영감을 '불어넣을 수도' 있는 것은 무엇인가?

위의 질문들을 깊이 생각한 뒤 긍정적인 생각과 아이디어를 적었다면 다행이다. 누군가는 빈칸일 테지만 걱정할 필요 없다. 당신만 그런 게 아니다. 대부분 일을 그렇게 생각한다. 당신이 변화를 일으키기 위해 어떤 선택을 할지 알아보는 것이 핵심이다. 다음 실험에서 더 자세히 살펴볼 것이다.

휴먼 엣지 살리는 실험

일에서 의미 찾기

의미를 부여해 일의 수준을 높일 때 사용할 수 있는 문장을 작성해보자. 오른쪽 표는 예시다. 핵심 질문 네 개는 문장을 쓸 때 참고할 수 있는 구성 요소다. 이 질문에 제약받을 필요는 없다. 시작점일 뿐이다. 종이 한 장을 갖고 현재 감당할 수 있는 업무를 찾을 때까지 여러 번 작성해보자. 평생 따를 완벽하고 훌륭한 지침을 쓰라는 말이 아니다. 살면서 정기적으로 '이유'를 찾는 사고 과정의 시작이면 충분하다.

핵심 질문	당신의 개인적인 자질은 무엇인가?	당신이 잘하는 것은 무엇인가?	당신이 하는 일의 혜택을 받는 사람은 누구인가?	당신의 일이 내는 결과가 세상에 어떤 영향을 주는가?
형식	나는 …을 사용한다.	…한 능력을 가지고 …을 한다.	…를 위한 것이다.	…에게 도움이나 혜택을 준다.
예시 1 생명과학 연구원	나는 열정과 투지를 사용한다.	분석적으로 사고할 수 있는 능력을 가지고 있다.	신약을 개발하기 위해 동료들과 연구와 실험을 한다.	희귀병으로 고통 받는 가족들에게 도움이 된다.
예시 2 인사부장	나는 긍정적인 성격과 유머 감각을 사용한다.	공감 능력을 가지고 소통한다.	능력 있는 사람이 경력을 계발할 때 지원받을 수 있도록 보장한다.	… 일에서 자아를 찾는 사람을 돕는다.
예시 3 작가이자 기조 연설가*	나는 아이디어를 잇는 능력을 사용한다.	… 이야기를 들려주는 능력을 가지고 있다.	영향력을 담아 의사소통하기 위해….	… 사람들이 세상에 긍정적인 영향을 줄 수 있도록 창의적 잠재성, 정서적 회복탄력성, 실용적인 리더십 기술을 계발하게 돕는다.

궁금해할 것 같은데, (*)는 내 업무 목적이다.

목적은 고대 인간의 개념이지만, 인공지능 시대에 더욱더 어울린다. 이론적으로 인공지능은 죽지 않는다. 그러나 영원히 지속된다 해도 절대로 우리처럼 '살지' 않는다. 유한한 존재인 인간으로서 의미를 가지면, 늦기 전에 브로니 웨어가 알려준 지혜를 경험할 수 있다. 자신에게 충실한 삶을 살도록 스스로를 해방하는 것 말이다. 의미는 인간성으로 향하는 문을 비집고 열어 우리를 기계와 구별한다. 컴퓨터는 이유를 인지하지 않을뿐더러 절대 물어보지 않는다.

지금 당장 휴먼 엣지 살리는 실험

나의 영웅

존경하는 유명인을 한 사람 떠올려보자. 단, 당신이 항상 따라 하고 싶을 정도로 모범을 보이는 사람이어야 한다. 그런 다음 몇 분 동안 컴퓨터나 핸드폰으로 그의 삶을 빠르게 조사하자. 영상, 블로그, 기사를 찾고, 전기 및 전기 영화를 검색하면 된다.

그의 인생을 바탕으로 그가 적었을 것 같은 의미를 이전 실험에서 사용했던 표 형태로 적어보자. 그의 의미가 당신의 목적과 어떻게 연결되는가? 당신의 의미에 더 가까워지기 위해 그가 내렸던 결정에서 배울 것이 있는가?

스스로 물어보라 : 나 자신의 '이유'를 위해 이 사람에게서 무엇을 배울 수 있는가?

- 인공지능은 '이유'를 물어보지 않는다. 인간만이 물어본다.

- 의미란?

  - 인간의 감정을 해방시키는 강력한 동기부여 요인이다.

  - 일에서 더 큰 만족감을 이끌어낸다.

  - 동기부여 물질인 도파민을 분비해 4C 행동에 나서게 만든다. 그 결과 강력한 선순환으로 의미가 더 많이 쌓인다.

  - 그릿과 투지를 전달해 좌절해도 다시 일어서게 만든다. 또한 '몰입'이라고 알려진 깊은 집중 상태로 유도한다.

  - 당신만이 제공할 수 있는 것과 세상이 이용할 수 있는 것의 조합이다.

- 의미를 찾는 몇 가지 방법들

  - 의미가 환영받을 수 있도록 업무 환경을 바꾸자.

  - 당신의 일이 다른 사람에게 주는 영향력을 직접 경험하고 인식하자.

  - 일하는 이유를 더 의미 있게 생각하자.

  - 일하는 이유를 써보자.

레이저 쏘기

산만한 세상에서 창의적인 에너지를 집중시키는 방법

"정말 창의적인 사람들은 예술가처럼 생각하고 회계사처럼 일한다."

데이비드 브룩스David Brooks, 〈뉴욕타임스〉 칼럼니스트[1]

- 초능력 : **의식**

- 댄스 스텝 : **집중**

- 생각을 자극하는 질문들 :

  - 어떤 방해 때문에 창의적 에너지를 잃는가?

  - 이런 일을 어떻게 피할 수 있는가?

  - 언제, 어디에서 4C를 위한 시간을 마련할 수 있는가?

- 4C 가치 : **호기심과 창의성을 위한 시간과 에너지**

전(前) 미국 대통령 드와이트 아이젠하워는 불필요한 일들이 중요한 업무를 처리하는 데 방해가 된다는 사실을 인지했다.[2] 그는 자신의 일과를 '긴급/비긴급, 중요/비중요'와 같이 긴급성과 중요성을 기준으로 분류했다.[3] 왜 그렇게 하는지 묻자 재치 있는 답변이 돌아왔다.

"중요한 일은 좀처럼 긴급하지 않고, 긴급한 일은 좀처럼 중요하지 않더군요."

60년이 지난 지금, 우리는 모두 직장과 집에서 인류 역사상 경험한 적 없는 규모로 방해를 받고 있다. 사무직은 자신의 시간 중 평균 30% 이상을 이메일을 읽고 답장하는 데 쓴다.[4] 이메일 중 3분의 1이 긴급하지도 중요하지도 않다는 걸 안다면 아이젠하워는 질겁할 것이다.[5]

우리 호모 사피엔스Homo Sapiens의 뇌는 20만 년 동안 진화하고 발달했다.[6] 이제는 인공지능이란 새로 생긴 방해 능력을 이기기 위해 고군분투하고 있다. 수십 년간 진행된 연구에 따르면, 인간의 의지력은 배터리처럼 유한하다. 처음엔 잘 작동하지만, 방해에 오랫동안 저항하다 보면 수명이 줄어든다. 따라서 창의적인 에너지를 보존하고 집중하려면 신중을 기하는 것이 매우 중요하다.

우리는 4장에서 의미가 동기로 이어지는 방식을 탐구했다. 이번 장에서는 방해를 피하는 것이 동기에 집중할 시간을 마련하는 데 어떻게 도움이 되는지 살펴볼 생각이다. 이 산만한 세상에서 오랫동안 집중하는 것, 즉 의식적으로 몰두하는 게 왜 점점 어려워지는지 알아보자. 그리고 집중하는 능력이 왜 가치 있는지도 알아보자. 이번 장을 통해 당신은 폭풍우가 몰아치는 바다와 같은 이 세상에서 집중이라는 섬을 건설할 수 있는 실질적인 전략을 얻을 수 있을 것이다. 비바람이 들이치지 않는 안식처 같은 전략을 마련하고 4C 실험에 나서보자.

21세기에 집중력이 선사하는 장점

인공지능을 물리적으로 구현한 스마트폰은 그동안 우리의 삶을 침해했다. 스마트폰에 설치된 애플리케이션에서 보내는 알림 메시지, 알림음, 진동으로 구성된 디지털 합창이 일상에 끼어든다. 이제는 스마트워치까지 우리를 건드린다. 다들 여기 좀 보라고 성화다. 그 결과, 정신없이 붐비는 거리부터 세상 조용한 침실까지 밤낮을 가리지 않고 우리의 얼굴 위로 연파랑 조명이 은은하게 비친다.

어디를 가든 방해가 따라붙는다. 스마트폰 없이 살 수 없다고 말하는 사람이 거의 절반이다.[7] 사람들은 목숨을 걸고 화면에 시선을 고정한 채 분주한 거리를 걷는다. 10명 중 4명이 스마트폰에 시선을 고정한 채 벽을 향해 걸어간 적이 있다고 인정했다. 웃기기도 하지만 동시에 좀 슬프다.[8] 어떤 사람들은 식당과 대중교통에서 머리를 숙이고 자신만의 세계에서 꼼짝도 하지 않는다. 주위에 친구와 가족이 있는데도 그렇게 행동하면 최악이다. 사람들 중 약 4분의 3이 화장실에서도 스마트폰을 사용하는 것으로 추정된다. 당연히 온갖 불쾌한 건강 문제가 생길 수밖에 없다. 그래서 남의 스마트폰은 절대 만지지 말아야 한다.[9]

부모들은 자녀 세대가 스마트폰에 훨씬 더 중독됐다고 말할 것이다. 최근 실시한 연구 2건에 따르면, 청년층은 하루에 80번 이상 스마트폰을 사용한다.[10, 11] 영국 정부는 이 문제를 시급히 해결해야겠다고 판단해 교내 스마트폰 사용 전면 금지를 검토하고 있다.[12] 실제 놀랍게도 스마트폰 사용으로 인해 어린이부터 청년층까지 정신건강 질환을 앓는 인구가 6배 늘었다.[13]

우리는 유한한 존재이지만 무한한 디지털 활동에 매여 있다. 어딜가나 집안일과 업무가 따라다니며 '모든 것을 해달라'고 사정한다. 그 결과 시간을 허비하고 효율이 떨어지는 바람에 엄청난 스트레스에 시달리게 되고, 주의력 지속 시간Attention Span까지 조각조각 흩어진다. 창의성은 먼 꿈이 되어버린다. 이 끊임없는 방해는 인공지능에 의해 점점 더 활성화되고 있다. 따라서 모순적이지만, 인공지능과 나를 차별화하기 위해선 가끔 인공지능이 만들고 있는 주변 세상과 단절할 줄 알아야 한다.

어떤 업무를 하며 하루를 보내는지 돌아보자. 그리고 '이 업무를 완수하기 위해 전문 훈련을 받지 않아도 평균 수준의 대학생이면 가능한지' 생각해보자.[14] 가능하다면 인공지능으로 자동화하기 딱 좋은 피상적이고 반복적인 업무다. 특히 단조롭고 미리 정의된 과정을 따르는 간단한 이메일 응대나 특정 형태의 데이터 전송이 이에 해당한다. 조지타운대학교 컴퓨터공학과 부교수 칼 뉴포트Carl Newport는 이렇게 설명한다.

"이런 업무는 인지적인 수고를 들일 필요 없이 물건을 나르는 것과 같은 일이다. 새로운 가치를 별로 창출하지 않고 쉽게 복제할 수 있다."[15]

반면 딥워크Deep Work 업무는 '인지 능력을 한계까지 밀어붙이는 온전한 집중 상태에서 하는 활동'이라고 말한다.

깊이 집중해야 '인지 레이저'에 접근할 수 있다. 산만한 세상에서 집중할 수 있는 능력에 접근할 수 있다는 말이다. 주의력은 레이저처럼 광선이 좁고 강해서 특정 질문이나 프로젝트에 수렴한다. 주의력을 집중시켜야 하는 일은 다음과 같다.

· 올바른 결정을 내리기 위해 복잡한 상황에서 각 요인의 경중 매기기
· 결정권자를 설득하기 위해 까다로운 보고서 작성하기
· 고객 제안서에 창의적으로 대응하기 위해 동료와 협업하기
· 복잡한 개념을 간결하면서도 함축적인 어구, 그래픽, 브랜드, 비유에 담아내기

- 사람들 사이에서 일어나는 '지저분한' 문제(직장 분규와 같은)를 해결하거나 좋은 팀 꾸리기
- 기술적인 내용이나 기술 그 자체 숙달하기
- 협상을 하거나 영향력을 행사하기 위해 직관력과 지능 발휘하기
- 타인의 욕구와 동기 생각하기

정보 기반 경제에서는 새로운 기술과 지식을 빠르고 효과적으로 획득해야 한다(댄스 스텝 중 '학습'에 해당). 방해받지 않고 주의력을 발휘하면 복잡한 문제를 통달하고 현명한 결정을 내릴 수 있다. 게다가 오랜 시간 주의력을 유지할 수 있는 능력의 가치는 갈수록 높아지고 있다.

전자책, 소프트웨어, 영상 콘텐츠, 이미지, 통찰과 조언 등 디지털 산물의 세상에서 잠재 고객의 범위는 무제한이다. 당신의 제품이 최고라고 인정받는다면 보상 역시 제한이 없다. 탁월함을 구현하려면 깊은 사고를 해야 한다.[16] 어디서든 모든 전리품이 최고에게 향하는 세상에서 2등을 위한 보상은 없다. 복잡한 생각, 의견, 기술, 제품을 개발해야 복제도 피할 수 있다. 경제적 가치가 낮고 쉽게 자동화할 수 있는 고된 반복 작업은 깊은 주의력을 발휘할 필요가 없다. 창의적인 일을 할 때 필요한 집중력은 어느 때보다 가치를 더하고 있지만 산만한 세상 때문에 점점 사라지고 있다.

두뇌 활동 납치범

스마트폰은 역사상 가장 큰 성공을 거둔 소비재다. 분명 단점보다 장점이 많다. 일단 경제 시장을 효율적으로 만들고 개발도상국의 낙후된 기반시설을 보완한다. 경제지 〈이코노미스트The Economist〉는 스마트폰을 '현존하는 제품 중 가장 효과적인 발전 도구'라고 기술했다.[17] 사용자 측면에서도 유용하다. 스마트폰은 같은 흥미를 공유하는 전 세계 사람들을 이어준다. 은행 업무, 숙소 예약, 쇼핑에 들던 시간을 절약하는 애플리케이션도 있다. 스마트폰은 조리법, 지도, 일기예보 등 귀중한 정보를 모아놓은 포털 사이트다. 그런데 왜 정책 입안자들은 스마트폰이 가져올 위협에 대처하려고 혈안이 되어 있는 걸까? 어째서 우리는 스마트폰의 노예가 되어 가고 있다는 느낌을 받는 걸까?

문제는 방해다. 제대로 된 대응책을 마련하지 못한 탓에 인공지능이 우리의 사고 능력을 훼방하고 산산이 부순다. 쇼핑, 은행, 항공 애플리케이션은 생산성을 높이지만, SNS의 심심풀이용 개인 맞춤 피드와 가십거리 역시 우리 곁에 바짝 다가와 서서히 세력을 확장하고 옭아맨다. 스마트폰과 SNS는 '주목 경제Attention Economy'를 만든다. 당신이 검색한 내용을 빼돌려 광고업자가 활용할 수 있는 가치로 제공하는 무료 인터넷 플랫폼도 주목 경제라는 꼬리표가 붙어 있다. 제품에 값을 지불하지 않는다면, '당신'이 제품일 거라는 소리도 있다.

퇴근을 해도 침범과 방해가 우리 곁을 떠나지 않는다. '인터넷으로 항상 연결된' 업무 이메일과 함께 페이스북, 인스타그램, 유튜브 등 기타 SNS와 엔터테인먼트 애플리케이션이 반짝이며 우리를 유혹한다. 스마트폰의 알고리즘 속에 심어진 절묘한 심리 속임수가 우리의 주의를 낚아챈다. 뇌에서 해방된 즐거움은 중독으로 이어질 수 있다. '지속적인 주의력 분산Continuous Partial Attention'이라는 심리학 현상까지도 일어난다. 그 탓에 우리는 온전히 집중할 수 없다.

당신의 스마트폰 홈 화면은 각종 업데이트와 메시지 알림으로 정신이 없다.[18] 이런 고유 기능은 응답을 요구하며 '가변적 보상Variable Reward'에 바탕을 둔다. 도박 중독 기제와 같은 심리학적 시스템이다. 당신은 알림 아이콘을 클릭하거나 새로 고침을 하려고 화면을 '아래로' 당길 때, 라스베이거스에서 슬롯머신 막대를 확 잡아 내리는 도박꾼처럼 즐거운 기대감에 부푼다. 흥미로운 이메일, 오랫동안 연락이 닿지 않던 친구가 클릭한 '좋아요', 유명인이 보낸 트윗 답장을 받을 수도 있지만 기대에 못 미치는 결과를 확인할 수도 있다. 뛸 듯 기쁠지 실망할지 모르기 때문에 당신은 계속 스마트폰을 확인하게 된다.

인공지능 시스템은 개인화되어 있다. 페이스북의 내부 보고서를 보면, 청소년이 '불안정'하고 '쓸모없다'는 기분을 느끼며 '자신감 증진'이 필요하다고 느낄 때 어떻게 행동하는지 알 수 있다.[19] 한 연구에 따르면, 스마트폰은 꺼져 있어도 우리를 방해한다. 책상, 싱크대, 소파에 있어도 눈에 띄기만 하면 당신의 인지 능력을 해친다.[20]

　주의력을 대량으로 강탈당하는 문제에 세상이 서서히 눈을 뜨고 있다. 묘하게도 이를 경고하는 집단은 이전 실리콘밸리에서 활약한 기업가와 엔지니어들이다. 저스틴 로젠스타인Justin Rosenstein은 스냅챗 Snapchat을 하고 싶은 욕구를 억눌렀고, 스스로 페이스북 사용 시간을 정했다. 게다가 SNS에 달리는 '좋아요'를 '가짜 즐거움을 알리는 밝은 종소리'라고 비하하며 중독될 수 있다고 밝혔다.[21] 놀라운 일이다. '좋아요' 버튼을 만든 사람이 그였기 때문이다. 페이스북에서 일하던 2007년의 일이었다. 그는 "모두 항상 정신이 팔려 있다"고 경고했다. 페이스북 창립자이자 억만장자 중 한 명인 션 파커Sean Parker 역시 "페이스북이 의도적으로 '인간 심리의 취약성'을 파고드는 중독성 있는 방향으로 진화했다"며 공공연히 비판했다.[22]

　전(前) 구글 전략가 제임스 윌리엄스James Williams는 SNS를 '인류 역사상 가장 크고 표준화된 중앙 집중적 주의력 통제 형태'라고 주장한다.[23] 그는 집중력을 흩뜨리는 기술이 사방에 있어 주의를 기울여야 하는 문제에 집중하지 못한다는 사실을 깨닫고, 2016년 구글을 떠났다. 스마트폰을 보며 '기술은 원래 정반대여야 하는 것 아닌가' 하고 생각했다. 이후 그는 옥스퍼드대학교에서 설득적 디지털 디자인 윤리로 박사학위를 받았다.

인터넷이 우리를 바보로 만드는 걸까?

지속적으로 방해를 받으면 뇌에 무슨 일이 생길까? 영국인은 1주일에 평균 24시간 이상 온라인에 접속한다.[24] 10년 전보다 두 배 이상 늘어난 수치다. 인공지능이 탑재된 제품의 진화가 실제 인간의 지능에 해를 끼칠까? 장기 집중력을 저해하는 건 분명하다. 모바일 인터넷이 태동한 때부터 연구자들은 2,000명의 뇌 활동을 연구했다. 그 결과 주의력 지속 시간이 평균 12초에서 8초로 떨어졌다는 사실을 발견했다.[25] 기술 작가 니콜라스 카Nicholas Carr는 "인터넷은 내 집중력과 숙고 능력을 쪼아 먹는 것 같다"라며 인터넷의 영향에 대한 자기 생각을 밝혔다. 그는 온라인 세상이 존재하는 것만으로도 어려운 글을 읽고 복잡한 아이디어를 이해하는 게 더 어려워졌다고 말했다. 그리고 "한때 나는 단어의 바닷속을 헤엄치는 스쿠버 다이버였지만, 지금은 제트 스키를 탄 사람처럼 표면만 재빨리 훑는다"[26]라고 말하며 마지막으로 이렇게 덧붙였다.

"지난 몇 년간, 나는 뭔지 모를 것이 내 뇌를 어설프게 만지고, 신경회로Neural Circuitry를 재배열하고, 기억을 재구성하는 것 같은 불편한 느낌을 받았다."[27]

기술 작가 케빈 드럼Kevin Drum은 "인터넷이 똑똑한 사람을 더 똑똑하게, 멍청한 사람을 더 멍청하게 만들고 있다"고 말한다.[28] 그는 많은 사람이 인터넷에 접속해 시간을 허비하는 비극을 지적한다. 지금껏 등장한 발명 가운데 호기심을 끌어올릴 가장 강력한 도구일지는 모르지만, 접속한 사람들 대다수는 목적없이 즐긴다. 혹은 정치력을 확장하거나 귀여운 고양이 영상을 끝없이 보려 한다. 소유자에 따라 도구는 제 몫을 다한다.

휴먼 엣지 살리는 습관

이 애플리케이션이 유용할까?

시간을 들여 더욱 깊이 생각할 수 있는 한 가지 방법은 간단한 질문을 하는 것이다. '이 애플리케이션을 사용해서 내가 얻는 것은 무엇인가?' 당장 질문해보자. 페이스북, 인스타그램, 스냅챗, 바인Vine, 링크드인LinkedIn, 구글플러스Google+ 등 당신이 사용하는 서비스를 적은 후 서비스별로 질문에 답하면 된다. 이 서비스 없이 30일을 산다고 상상해보자. 당신은 1주일, 심지어 1개월 동안 이 서비스를 사용하지 않는 실험을 할 수 있다. 생각보다 하기 쉽다. 나는 페이스북으로 실험했다. 스마트폰에서 페이스북 애플리케이션을 삭제하고 노트북에 뜨는 모든 알림을 껐다. 실험 후 1주일 동안 페이스북을 사용하지 않는 대신 무엇을 했는지, 어떤 기분이 들었는지, 해당 애플리케이션에 다시 시간을 투자할 가치가 있는지 등을 나열해본다.

집중력을 방해하는 디지털 빌런의 습격

세상이 그 어느 때보다 세분화된 것 같다. 하지만 대다수가 동의할 만한 사실이 하나 있다. 우리는 모두 눈코 뜰 새 없이 바쁘다. 정신 없이 바쁘게 돌아가는 현대 사회에서 보고 느끼고 점령해야 한다는 엄청난 사회적 압력이 있다. 산업화된 세상에서 많은 사람이 가족과 친구들을 잃어가며 일에 쫓긴다고 토로한다.[29] 당신은 우리 세대가 부모와 조부모 세대보다 훨씬 더 바쁘다고 생각할 것이다. 그러나 알고 보면 사실이 아니다. 수십 년간 유럽과 북미에서 유급이든 무급이든 총 근로 시간은 증가하지 않았다. 사실 1960년대부터 1980년 대까지와 비교하면 오히려 조금 줄었다.[30]

현실과 생각 간의 괴리는 일에서 느끼는 중압감 때문에 발생한다. 특히 업무 스트레스가 상당하다. 우리는 '직장 불안Workplace Anxiety'이라 는 전 세계적 유행병에 시달리고 있다. 300여 건의 연구 분석에 따르 면, '해로운 직장 관행'은 간접흡연 수준으로 질병과 조기 사망을 일 으킨다.[31] 주범은 장시간 근무, 일과 가정 사이의 불균형, 실직 후 불 안정한 경제 사정, 불규칙적이고 예측할 수 없는 근무 시간, 시간 통 제력 상실이다.[32, 33]

지식 공유와 수평적 조직이라는 미명 하에 사무 공간에서 벽을 허 무는 것은 전혀 도움이 되지 않았다. 탁 트인 오픈 플랜 사무실Openplan Office은 더 창의적인 협업을 권하기 위해 고안되었지만 말이다. 오히려 집중력을 해치는 의도치 않은 결과를 낸다는 연구도 있다. 사무용 건물 300곳에서 근무하는 4만 명 이상을 대상으로 한 연구에서 결과는 더욱 분명했다. '더 용이해진 상호작용'이라는 장점은 증가한 소음과 사생활 감소라는 단점에 묻혔다. [34] 〈블룸버그 비즈니스위크 Bloomberg Businessweek〉는 수십 년간 이어진 이 오랜 실험에 '오픈 플랜 사무실의 폭정'이라는 제목을 붙였다. [35]

디지털 협업 도구와 화상 회의가 재택근무를 가능케 하고 프리랜서 계약을 진행하는 경제 논리에 가속을 붙이고 있다. 그래도 우리는 방해에서 자유로울 수 없다. 10명 중 8명이 집에서 일하면 더 효율적이라고 자신하지만, 이메일 응대에 보내는 시간이 30%에서 60%로 치솟는 절망적인 현실이 기다리고 있다. [36, 37]

인터넷으로 항상 연결된 커뮤니케이션 도구가 있다는 것은 일하는 내내 상사, 동료, 고객이 우리를 스토킹하고 퇴근 후 생활에 지나치게 침투할 수 있다는 의미이기도 하다. 방해가 거느리는 전자 하녀들은 여러 형태로 다가온다. 이메일, 문자, 왓츠앱WhatsApp과 위챗 WeChat 메시지, 음성 통화, 드롭박스Dropbox, 구글 드라이브, 위트랜스퍼 WeTransfer와 같은 문서 공유 도구에서 알림 메시지가 뜬다. 《내 안의 침팬지 길들이기》의 저자 토니 크랩Tony Crabbe은 "우리는 이제 무한한 세상 속에 살고 있다. 이메일, 회의, 읽을거리, 따라잡아야 할 아이디어

가 항상 너무 많다"고 지적한다. [38]

흥미롭게도 생산성을 높이는 이런 도구 때문에 우리가 느끼는 시간 개념이 달라진다. 생산성이 향상되고 알 수 있는 게 많아지면서 1분 1초가 귀해졌다. 하지만 안타깝게도 우리는 향상된 효율성이 선사하는 혜택을 구경조차 하지 못한다. 해야 할 일을 하고 휴식을 취하는 대신 더 많은 일에 쥐어 짜이는 압박을 받는다. 쉽게 일어나는 현상이다. 과거와 달리 일에 시간 제약이 없기 때문이다.

18세기에는 농작물을 준비하지 않으면 수확할 수 없었다. 19세기와 20세기에는 있는 재료만큼만 딱 만들 뿐 재료 대비 더 많은 제품을 만들 수는 없었다. 하지만 이제 당신은 밤낮없이 언제나 이메일에 응답할 수 있다. 여행을 떠나도 긴장을 풀 수 없고, 주말에 산책을 나가도 방해를 받을 가능성에서 완전히 자유롭지 않다. 디지털 모바일 기술 때문에 당신은 집에서도, 휴일에도, 운동을 하면서도 더 많은 것을 하려고 노력한다.

엘리베이터에서 고작 몇 초 아끼려고 문 닫힘 버튼을 쉴 새 없이 누른 적이 있는가? 그렇다면 심리학자들이 '조급증Hurry Sickness'이라고 말하는 증상을 겪는 건지도 모른다. 밀리지 않는 도로에서 초조해하고, 호텔 퇴실 줄을 보고 막막해하고, 전자레인지로 점심거리를 돌리는 90초 동안 무언가 하려는 행동이 이 증상에 해당한다. 내 동료이자 런던경영대학원 교수인 리처드 졸리Richard Jolly는 지난 10년간 연구했던 관리자 중 95%가 조급증을 겪는다고 발표했다.[39] 나도 같은 일을 목격했다. 지난 몇 년간 합숙 리더십 프로그램을 운영했는데, 교육 전에 참가자들에게 휴대전화를 끄는 자발적 협약을 요청할 수밖에 없었다. 이들에게 폭탄 수준으로 매일같이 쏟아지는 업무 이메일이 너무 거슬렸기 때문이다. 예상과 달리 대부분은 고마워했다.

시간을 되찾아라

저명한 심리학 교수가 유달리 창의적인 사람들의 비밀을 밝히고 싶어 여러 분야에서 최대한 많은 사람을 인터뷰했다.[40] 그는 유명 창작자 275명에게 각각 편지 한 통을 썼다. 창의적인 사람들의 특징을 엿볼 수 있는 첫 번째 단서는 답장한 사람이 별로 없다는 것이다. 그나마 받은 답장 중 하나를 보면 더 명쾌해진다.

경영서 작가 피터 드러커Peter Drucker는 이렇게 답장을 했다. "생산성의 비밀 중 하나는 당신이 보낸 초대장을 처리할 매우 커다란 휴지통을 마련하는 것입니다. 제 경험상 생산성은 남의 일을 돕는 게 아니라 신이 준 재능에 모든 시간을 바치는 것입니다."[41] 작곡가 죄르지 리게티György Ligeti의 비서는 이렇게 답장했다. "선생님은 창의적이십니다. 그래서인지 과로를 합니다. 이런 이유로 귀하께서 선생님의 창의적 과정을 연구하려 해도 바로 그 창의성 때문에 (안타깝게도) 선생님이 귀하를 도와드릴 시간을 낼 수 없습니다." 사진작가 리처드 아베든Richard Avedon은 글씨를 휘갈겨 쓴 쪽지를 보냈다. "미안합니다. 시간을 낼 수 없군요."

교수가 편지를 보낸 사람 중 3분의 1은 비슷한 말로 "안 된다"고 답장했다. 다른 3분의 1은 너무 바빠 답장조차 하지 않았다. 심리학 교수는 창의적인 사람들에게 다음과 같은 특징이 있다고 결론 내렸다. '호기심 넘치고 창의적인 사람들은 자신의 일에 골몰한다. 시간 가는 줄 모른다. 성공까지 거둔 사람은 강박적으로 변한다. 시간 절약이 최우선 순위가 된다.'

많은 사람에게 창의성이 요구될수록 단 1초도 허투루 보내지 않는 습관이 퍼질 것이다. 정말로 효율적인 사람은 생계가 달린 중요한 프로젝트에서 생산성을 발휘할 수 있는 기술을 사용한다. 그러면 더 호기심 넘치고 창의적인 일을 할 시간이 생긴다. 나는 "성공했다고 해서 바빴다고는 할 수 없다"라던 빌 게이츠의 말에 동의한다. 많은 사람들은 조직적이면 자발성이나 창의성이 부족하다고 여기는 오류를 범한다. 그 반대다. 조직적일수록 4C 행동을 할 수 있는 시간이 늘어난다. 심리학자 미하이 칙센트미하이가 "반복 노동과 일상에서 아낀 시간이 창의성에 더해진다"라고 했듯 말이다.[42] 시간이 통제력을 되돌려줄 것이다.

아니라고 말하기

너무 예의를 지키다 거절하지 못한 적이 있는가? 당신과 관련 없는 일은 무엇인가? 미소를 지으며 "아니오, 됐습니다"라고 단 두 마디를 뱉는 방법을 터득해야 한다. 그렇지 않으면 원하는 것을 결코 이룰 수 없다.

이메일의 폭정에 들고 일어나라

사무직 근로자는 매일 평균 121통의 이메일을 받는다.[43] 이제 이메일은 너무 일상적인 일이 되어 우리가 이메일과 맺는 관계를 재검토하기조차 힘들다. 존 프리먼John Freeman은 이메일에 느끼는 친숙함 때문에 우리가 의문을 품기 어렵다고 주장하며 저서 《이메일의 폭정The Tyranny of E-mail》에서 이렇게 경고한다. "우리는 이메일이 왜 문제인지 신중하고 복합적인 방식으로 설명하는 능력은 물론 불평하고 저항하는 능력과 업무를 재편하는 능력을 서서히 잃고 있다."[44]

월리엄 셰익스피어, 니콜라 테슬라, 마리 퀴리가 매일 아침 일어나 이메일 폭탄을 처리하거나 인스타그램 알림 때문에 스마트폰이

울릴 때마다 주의력을 깡그리 잃는다고 상상해보자. 《햄릿》을 즐기고, 교류 전기로 전력을 공급받으며, 퀴리 부인의 선구적인 방사능 연구에서 혜택을 입을 수 있었을까? 우리는 이 창의적인 위인들에게 방해가 지속해서 미쳤을 경우 나타날 수 있는 부정적인 영향을 짐작할 수 있다. 그러나 현재 우리는 똑같이 의식에 방해를 받아도 견디면서 최고의 결과를 낼 거라고 기대한다.

항시 인터넷에 접속해 의사소통할 수 있는 시대에 여기저기 연결된 상태가 효율성을 높여주지는 않는다. 귀중한 시간에 할 일을 빈틈없이 채운다고 후세에 전해질 업적을 세울 수 있는 것도 아니다. 물론 탐구하고, 협업하고, 생산성을 높이기 위해 디지털 기술을 이용해야 한다. 그러나 동시에 창의성이 피운 불꽃을 보호하기 위해 로그아웃해야 할 때가 있다. '꼭 그래야 하기' 때문이 아니라 언제 어디서나 로그인할 수 있기 때문이다.

휴먼 엣지 살리는 습관

길들이기 기술
당신이 받은 이메일 편지함을 다시 통제할 수 있도록 도와주겠다. 지금 소개할 7가지 방법이다.

1 한 번에 확인하라
하루 세 번, 원할 때 이메일을 확인하겠다고 목표를 세워보자. 그 시간 외에는 알림을 끄고 이메일 사이트에서도 로그아웃하자. 친구가 (킬리만자로 등반을 위해 또) 모금 활동을 한다는 소식을 모니터 구석에서 전해주는 작은 팝업창 정도는 문제 될 게 없다고 생각할 수 있다. 그러나 계속해서 한 가지 일에 집중하지 못하게 된다.

2 신속하게 행동하라

이메일을 확인할 때 80% 정도는 처음 읽었을 때 답장하자.[45]

3 참조의 노예가 되지 마라

동의하지도 않았는데 참조에 얼마나 많이 포함됐는가? 누군가를 이메일에 '참조[cc]'하는 것은 알파벳 C를 보고 오해해서 '협업[Collaborative]'을 요청하는 순진한 시도일 수 있다.[46] 그러나 일이 잘못될 것에 대비해 그럴싸한 구실을 마련하고 책임을 전가하는 직장 내 정치인들의 노력이기도 하다. 내 시간을 확보하기 위해 스스로를 해방시키자. 다른 사람들에게 자신을 참조에서 빼줄 수 있는지 정중하게 물어보면 된다. 언제 포함되고 싶은지 명확한 기준을 제시하자. 그리고 '참조 편지함'을 만들자. 받은 편지함에는 받는 사람으로 설정된 이메일만 받도록 하자.

4 구독을 취소하라

대개 받은 편지함에는 무심코 여러 사이트에서 신청한 구독 메일이 가득하다.[47] 한 시간 정도 들여 거미줄처럼 서서히 세력을 넓히는 구독 메일에서 벗어나자. 메일을 다시 받고 싶으면 클릭 한 번이면 된다. 구독을 취소하면 스팸메일과 신원 도용을 피할 수 있다.

5 때를 기다려라

일류 크리켓 선수들은 치기 어려운 공은 휙휙 지나가게 하고 느릿한 공만 친다. 최고의 야구 타자들은 장타를 칠 기회를 신중히 기다린다. 유사한 방식으로 《딥워크》의 저자 칼 뉴포트는 "답장할 이메일과 무시해도 좋은 이메일을 더욱 분별 있게 구분해야 한다"고 주장한다. 이메일 근본

주의자인 그는 "연락하기 어려워지라"는 격언에 맞게 생활한다. 또 "보내는 사람의 목적과 상관없이 모든 이메일을 한 편지함에 받은 후 때에 맞춰 답장하겠다는 생각은 터무니없이 비생산적"[48]이라며 격분한다. 그리고 어떤 이메일에 주의를 기울일지 명확한 기준을 세우라고 조언한다. 내가 해보니 된다. 그러나 그가 베스트셀러 작가이자 학계 인물이라는 점을 명심해야 한다. 당신은 자신의 상황에 맞게 전략을 수정해야 한다. 그러나 아주 약간만 연락하기 어려워져도 크게 혜택을 볼 사람이 굉장히 많을 것이다. 어떤 차이가 생길지 궁금하다면 이메일에 답장하기 전에 시험 삼아 최소 몇 시간에서 최장 며칠까지 가만히 있어보자.

6 답장을 효율적으로 보내라

답장은 시간을 확보하기 위해 시간을 들여야 한다. 짧고 간결하게 쓰라는 말이다. 총 길이를 세 문단으로 제한하고, 글머리 기호를 사용해보자. 이메일을 명확히 쓰면 가치도 없고 시간만 잡아먹는 후속 이메일을 여럿 보내지 않아도 된다. 게다가 받는 이메일의 양이 줄어들어 이메일에서 발생하는 정신적 혼란 역시 최소화할 수 있다. 특히 당신과 상대방이 이메일에 쏟는 시간을 분명히 알아야 한다. 통제할 수 없을 정도로 이메일을 주고받을 위험이 있다면 답장을 보내지 않는 강경한 태도를 취해보자. 처음 이메일에 들인 2분 남짓이 결국 몇 시간을 아껴줄 것이다.

7 수화기를 들라

이메일을 보낼 때 답장이 두세 번 올 것 같다면 전화를 하자. 까다로운 이메일을 받는다면 수화기를 들거나 전화 회의 또는 화상 회의 일정을 잡자. 커피 한 잔 하면서 복잡함을 해소하는 것도 좋다. 뒤통수를 얻어맞은 듯 단순한 방법이지만 우리는 습관적으로 이메일을 주고받는다. 대화를 통해 정서, 뉘앙스, 복잡한 정보를 더하는 능력을 잃어가고 있다.

불필요한 회의를 제거하라

뱀파이어처럼 당신의 시간을 빨아들이는 게 누구인가? 창의적인 존재로서 당신은 갑자기 나타날 재미있는 아이디어를 기다린다. 그러려면 창의적인 대화와 지루하고 논점 없이 귀중한 시간만 빨아들이는 회의를 반드시 구별해야 한다. 창의적인 대화를 할 시간을 벌기 위해 불필요한 회의를 제거하자.

휴먼 엣지 살리는 습관

회의를 최소화하는 방법
다음 규칙을 참고해보자. 분명 도움이 될 것이다.

• 의제가 없다면 참여도 없다
정말 필요한 회의인지, 꼭 참석해야 하는지 주저 없이 물어보자. 만약 대답이 시원찮다면 회의를 전화로 대체하거나 정중히 취소하자.

• 철저히 준비하라
일대일 미팅, 전화 회의, 대면 회의를 철저히 준비한다. 기여하고 싶거나 성취하려는 것을 항상 분명히 알아야 한다.

• 필요한 시간만큼 설정하라
회의에 필요한 시간을 정하자. 15분 만에 엄청난 결론에 도달할 수 있다. 이렇게 하다 보면 더욱 현명하게 쓸 수 있는 시간이 며칠씩 생긴다.

멀티태스킹이라는 환상

디지털 기술의 도움으로 한 번에 두 가지 이상의 일을 할 수 있다는 믿음이 유행처럼 번지고 있다. 말도 안 된다. 멀티태스킹을 하다 보면 '이 일 저 일'에 옮겨 다니느라 낭비하는 시간이 쌓여 생산성이 떨어진다.[49] 복잡하고 창의적인 일을 할 땐 더욱더 그렇다. 이 문제가 커지면서 '방해 과학Interruption Science'이라는 새로운 분야가 성장했다. 연구자들은 방해를 받은 후 다시 회복하는 데 평균 25분이 소요된다는 사실을 알아냈다. 그러나 현대 사회에서 우리는 평균 11분마다 방해를 받아, 창의성을 발휘할 시간을 찾기는커녕 얄팍한 일조차 버거워한다.[50]

스탠퍼드대학교의 커뮤니케이션학 교수인 클리포드 나스Clifford Nass는 온라인 주의 전환Online Attention-switching이 뇌에 부정적인 영향을 미친다고 주장한다. 그는 한 인터뷰에서 이렇게 말했다.

"항상 멀티태스킹을 하는 사람과 거의 하지 않는 사람으로 나눠보면 차이가 극명합니다. 항상 멀티태스킹을 하는 사람은 무관한 일을 걸러내지 못합니다. 작업 기억Working Memory을 관리하지도 못하죠. 그들은 항상 산만합니다. 뇌 부위 중 당장 해야 하는 일과 관련 없는 부분을 끌어들입니다. 정말이지, 정신적으로 엉망진창입니다."[51]

보호받는 공간 = 보호받는 시간

"정원과 도서관이 있다면 필요한 것을 다 가진 것이다."

키케로Cicero, 로마 시대 정치가이자 명연설가

작가와 철학가로 변신한 르네상스 시대 귀족 몽테뉴는 장년기에 접어들 무렵 죽을 뻔한 사고를 겪었다. 이를 계기로 평생을 바쳐 인생의 가장 큰 문제인 '사는 방법'에 대해 탐구하기로 결심했다. 프랑스 남서부 보르도 근처에 자신의 성을 갖고 있던 그는 탑 꼭대기에 나무로 만든 나선형 계단을 올라야 갈 수 있는 서재를 만들었다. 마치 16세기 판 '동굴 주택' 같은 서재에서 기분 좋은 글을 써 내려갔다. 벽에는 감명 깊게 읽은 도서들, 역사적인 기념품, 가보가 진열되어 있다. 그는 서재를 두고 이렇게 말했다.

"집에서 오롯이 혼자 있으면서 원하는 대로 시간을 보낼 수 있는 공간, 숨을 수 있는 공간을 갖고 있지 않다면 유감이다!"[52]

집중할 공간을 찾은 이는 몽테뉴뿐만이 아니다. 1922년 정신과 의사 칼 융은 스위스 취리히 호수 근처에 단출한 이층집을 샀다. 그러고는 깊게 생각해야 할 일이 생기면 늘 그곳으로 향했다.[53] 인도 여행에서 방을 명상용 안식처로 바꾼 광경을 보고 영감을 받은 것이다.[54] 그의 강력한 라이벌, 지그문트 프로이트는 나치가 점령한 오스트리아에서 탈출해 런던으로 도망쳤다. 그가 마련한 안식처는 이제 박물관이 되었다.[55] 그는 런던 북부 햄스테드에 자리한 빨간 벽돌집에서 상상력과 지성을 자극하기 위해 큰 침실 하나를 책, 논문, 작은 조각품, 그림, 화병, 부적, 신기한 민속품으로 꾸몄다.[56]

휴먼 엣지 살리는 습관

자신만의 공간 마련하기

우리는 몽테뉴처럼 조상 대대로 살던 집의 탑을 바꿀 수 있을 정도로 운을 타고나지 않았다. 그러나 누구나 태도는 바꿀 수 있다. 자신의 잠재력을 존중하고 숭배해보자. 다행히 집에 남는 공간이 있다면, 쓰겠다고 요구하라! 없다면 동네 카페 테이블 하나를 차지하고 괜찮은 노이즈 캔슬링 헤드폰을 하나 장만하면 된다. 깊은 사고와 창의적인 작업을 보장하는 공간은 자신을 위한 강력한 지원군이다. 그런 공간이 도움이 된다면, 사실 정확한 해결책이 나올지는 중요하지 않다. 당신이 고생해서 얻는 것은 실질적인 공간이 아니라 보호받는 시간이 될 테니 말이다.

일과를 재편하라

이제 우리는 별 이유도 없이 레이싱카처럼 빠른 반응 시간을 기대하는 세상에 살고 있다. 나날이 이런 식으로 방해를 받으면서 빼앗겼을 여분의 시간을 되찾아야 귀중한 주의력을 지닐 수 있다. 나는 아침에 두뇌 회전이 빠르다. 그래서 이 책을 쓰는 것처럼 독창적인 에너지를 들여야 하는 활동을 이른 아침에 배치한다. 내 집중력은 시간이 지날수록 소멸하기 때문에 창의성을 덜 발휘해도 되는 까다로운 자문 업무는 정오 전후로 배치한다. 생각을 좀 해야 하는 사업 서신, 리더십 계발 프로그램 설계, 보고서 작성 등이 해당한다. 창의적인 마력이 나를 떠나는 늦은 오후부터 이른 저녁까지는 일상적인 이메일 송부, 다이어리 날짜 확인, 비행편 및 숙박 예약, 다음날 계획 등 단조롭지만 꼭 해야 하는 일을 한다.

당신의 리듬은 다를 수 있다. 그러나 심도 있는 작업을 계획할 때 단기 집중 업무로 시간을 '단위화Chunking' 하면 큰 도움이 된다. 두 가지 일을 할 수 있기 때문이다. 운동을 하고 휴식을 취하고도 남는 시간 동안 생산성을 더 높이고 깊이 몽상할 수 있다. 에너지와 열정을 회복해 정해진 일에 집중할 수 있는 밑바탕이 된다. 미하이 칙센트미하이는 창의적인 사람을 수십 년간 연구한 후 이렇게 썼다. "중요한 사실은 그들이 에너지를 통제한다는 것이다. 달력, 시계, 외부 일정에 좌우되지 않는다."[57] 우리는 일을 하고 있을 때 '근무한다'고 말한다. 생계 때문에 일한다면 피할 수 없는 일이다. 그래도 창의성에 집중할 시간과 에너지를 남기도록 일과를 재편해야 한다.

휴먼 엣지 살리는 습관

업무 나누기

종이 한 장 위에 하루를 2~3시간씩 3~4개의 '단기 집중 업무'로 나눠보자. 우선 자신이 언제 가장 창의적인지 생각해보자. 이른 아침인가? 오후? 저녁? 아니면 늦은 밤? 시행착오를 거치며 자신에게 잘 맞는 일정을 계획해보자. 단기 집중 업무마다 '해야 할 일'을 정리하면 집중력을 훨씬 더 발휘할 수 있다. 로봇이 되자는 게 아니다. 긴급한 일을 하기 위해 일정을 바꿔야 한다면 그래도 된다. 자기 스스로 계획했기 때문에 예외 상황도 알고 있을 것이다. 신경 써서 계획을 지키면 이메일을 확인하고 전화를 하다 다시 집중하는 식으로 각 업무 사이를 옮겨 다니는 것보다 생산성을 높일 수 있다. 뉴포트가 말했다.

"방해에 시달리다 휴식을 취해선 안 된다. 집중하다 휴식을 취해야 한다."[58]

이런 식으로 일을 하면 창의성을 발휘할 시간을 보호할 수 있다. 정신없이 바쁜 생활 속에서도 가능하다. 연구에 따르면 아무리 집중해도 창의적 사고에 서너 시간 이상 몰입하기 어렵다. 아침형 인간이 아니라면, 점심을 거르거나 저녁에 텔레비전 시청 시간을 90분 정도 줄여보자. 1주일간(하루에 한 시간씩) 자신만을 위해 일할 시간을 마련할 수 있다면 무엇을 성취할 수 있을까?

뇌를 단련하는 비법, 마음챙김

1970년대 후반, 퇴근할 때 당신이 집까지 달려서 갈 거라고 말했다면 조금도 과장하지 않고 괴짜 취급을 받았을 것이다. 그러나 조깅이 건강에 좋다는 사실이 점차 알려지면서 지금은 완전히 생활 속으로 녹아들었다. 요즘 사람들은 규칙적으로 이런저런 운동을 하며 신체를 단련한다. 마라톤을 하는 사람도 꽤 많다. 이제 우리는 두뇌 훈련 측면에서도 이와 비슷한 태도 변화를 목격할 것이다.

현재 세계 최고의 테니스 선수는 노박 조코비치다. 최근 그는 자신의 비밀 무기를 공개했다. 놀랍게도 인상적인 체력, 기술, 숨을 멎게 하는 서브 리턴이 아니었다. 사실 그는 고도로 긴장되는 순간에 집중할 수 있는 능력을 지니고 있었다. 조코비치는 US 오픈에서 한 번도 아니고 두 번이나 로저 페더러를 상대로 매치 포인트를 내주고도 승리를 거머쥔 인물이다.[59] 어떻게 자주 이길까? 간단하다. 그는 마음이 어지럽도록 놔두지 않는다.

조코비치는 어프로치샷(상대방의 실수를 유발하는 테니스 기술. 어프로치샷을 받으면 알면서도 상대의 공격에 유리하게 공을 치게 됨-옮긴이)에 강점을 보인다. 이쯤 되면 '심리적 방황Mind-wandering'이 두뇌의 기본 작동 값인 것 같다. 하버드대학교의 심리학자들은 팀을 이뤄 하루에 우리가 얼마나 멍한지 밝혀냈다. 그들은 아이폰 웹 애플리케이션의 도움을 받아 실험 참가자들의 사고, 느낌, 행동 측정값을 25만여 개 얻었다. 결과는 놀라웠다. 사람들은 대부분 하는 일 외에 다른 무언가를 생각하느라 주어진 시간 중 47%를 허비했다. 심리적 방황은 불행을 유발하기도 한다.[60] 실험 참가자들은 휴식을 취하고, 일을 하고 혹은 집에서 컴퓨터를 사용할 때 가장 낮은 행복 수준을 보였다. 반면 운동하고, 대화하고, 성관계를 할 때 가장 행복해했다.

다루기 어려운 마음을 다스리는 입증된 방법은 판단하지 않고 자신의 경험에 주의를 기울이는 '마음챙김Mindfulness'이다. 마음챙김은 하루 중 언제든 일어날 수 있다. 정신판 신체 훈련이다. 나는 이 행동이 '사고에 대해 생각하는' 능력이라 생각해 '관찰자The Observer'라고 부른다.

마음챙김을 하면 여러 상황에 맞는 가장 효과적인 주의력 상태를 선택할 수 있다. 신체 건강을 챙기려고 조깅을 하듯 마음챙김을 발달시키려면 명상 연습을 통해 뇌를 단련해야 한다. 호흡이나 감각에 주의력을 집중하는 명상은 당신이 심란할 때마다 명상 당시의 주의력으로 부드럽게 인도한다. 규칙적으로 명상을 하면 스트레스를 유발하는 상황에서 압박을 받아도 사고 능력과 집중력을 높일 수 있다.[61] 또 뇌를 단련할 뿐 아니라 급기야 신체 구조까지 바꾼다.

마음챙김은 불교 승려의 고대 수행에 바탕을 둔 것으로, 점차 크게 발전했다. 지금은 옥스퍼드대학교, 글로벌 회계기업 프라이스워

터하우스쿠퍼스PricewaterhouseCoopers, 구글과 같이 어울릴 것 같지 않은 장소에서도 마음챙김을 하는 등 속세에서도 확실히 자리를 잡았다. 심지어 한낱 미물에 관심조차 없을 것 같은 미 해군도 놀라운 결과를 보였다. 8주간 하루 15분씩 명상을 하자 군인들은 걱정과 스트레스를 훨씬 잘 이겨냈다. 전투가 한창일 때도 침착함과 집중력을 유지했다. 조코비치가 세계 1위 자리를 지킬 수 있도록 우위를 가져다주는 유형과 같은 결과다. 그의 비밀 무기는 훈련 과정의 일부로, 매일 앉아서 15분씩 명상을 하는 것이다.

1900년대 초 도미니크 수도회 수도사이자 도덕철학 교수인 앙토냉 세르티양주Antonin-Dalmace Sertillanges는 창의적인 존재가 되기까지 마주하는 걸림돌들을 예측했다. 그는 번뜩이는 새 아이디어를 추구하는 사람들을 위해 '정신을 계발하고 심화하는' 지침서를 썼다. 그때 쓴 내용이 지금도 적용된다.

"마음을 렌즈 삼아 주의를 한곳에 모으라. 마음속에 우세하고 널리 퍼진 생각이 무엇이든 영혼이 온전히 열중하도록 하라."[62]

그의 조언은 금세기에 따르긴 어렵지만 그래서 더 빛을 발한다. 이번 장에서 소개한 아이디어가 당신이 '주의력 광선을 모을 수 있는' 극소수 인원에 포함될 수 있게 도와줄 것이다. 우리는 지금까지 의식에 해당하는 댄스 스텝인 추구와 집중을 연습했다. 이제 두 번째 C인 호기심Curiosity으로 주의를 옮겨보자.

- 우리는 산업화된 사회에서 직장에 이어 집에서도 방해를 받고 있다.

- 방해는 시간 낭비, 형편없는 생산성, 스트레스에 더해 중독까지 유발한다. 그 결과 주의력이 산산조각 나서 호기심 넘치는 학습과 창의적 사고가 현저히 줄어든다.

- 적은 인원이 간신히 집중하는 상황이라 수요와 공급 이론에 따라 집중력이 점차 가치 있는 능력이 될 것이다. 결국 인간의 초능력이 되어 인공지능과 우리를 구별해줄 것이다.

- 더 집중할 수 있는 방법
  - 인터넷으로 항상 연결된 탓에 직장과 집에서 겪는 방해를 더욱 인식하고 경계하라.

  - 이메일의 폭정에 저항하라.

  - 당신의 일과를 창의성 유무에 따라 구분하라.

  - 창의성을 위한 공간과 시간을 마련하라.

  - 명상으로 뇌를 단련하라.

마음챙김 명상

나는 12살 무렵부터 명상을 시작했기 때문에 명상의 변혁적 특성을 입증할 수 있다. 아내는 내 평소 기분과 보디랭귀지만 봐도 내가 명상을 했는지 안 했는지 아는 수준까지 이르렀다. 규칙적으로 수행에 나서 판단을 배제하고 현재 순간에만 집중하면 진정 놀라운 결과를 얻을 것이다. 당신의 명상을 이끌어 줄 온라인 애플리케이션도 많이 있다. 조코비치처럼 하루에 15분씩 명상을 해보는 건 어떨까?

CONSCIOUSNESS
CURIOSITY
CREATIVITY
COLLABORATION

호기심

사고를 무한 확장시키는 경이로운 초능력

호기심 근육 키우기

창의성 연료를 모으기 위해 타고난 호기심에 불을 붙여라!

"21세기 문맹은 읽고 쓸 줄 모르는 사람이 아니라 배우지 않고
낡은 지식을 버리지 않은 채 새로운 것을 받아들이지 않는 사람이다."

앨빈 토플러Alvin Toffler, 미래학자

"무관심은 가장 이상하고 바보 같은 실수다."

스티븐 프라이Stephen Fry, 코미디언 겸 작가[1]

● 초능력 : **호기심**

● 댄스 스텝 : **학습**

● 생각을 자극하는 질문들 :

－ 마지막으로 호기심을 따른 적이 언제인가?

－ 호기심에 이끌려간 곳은 어디였는가?[2]

－ 오늘 무엇을 배울 것인가?

● 4C 가치 : **창의성 연료**

마이크로소프트 회장 시절, 빌 게이츠는 바쁜 일상 속에서도 학습을 우선하는 방식을 고안했다. 그는 매년 2회 '생각 주간Think Week'을 정해 사무실 밖 외딴 별장에서 책을 읽고 사색에 잠겼다. 1주일간 홀로 지내며 기술이 나아갈 길에 대해 고심했다. 방문객은 물론 가족, 마이크로소프트사 직원도 만나지 않았다. 관리인만 간단한 끼니를 매일 두 번 날랐을 뿐이다. 생각 주간은 휴일이 아니라 온전히 창의성에 전념하는 시간이었다. 그는 일어나서 잠들 때까지 직원들이 제출한 가장 기발한 아이디어가 담긴 보고서를 읽었다. 18시간 동안 내리 보고서 더미를 읽으며 검토 결과를 적었다. 7일간 검토한 보고서는 무려 112건에 달했다.

게이츠는 속세에서 떨어져 지내는 동안 중요한 결정을 내렸다. 1995년에는 생각 주간 동안 내내 '인터넷의 조류The Internet Tidal Wave'라는 보고서를 읽었다. 이후 마이크로소프트 인터넷 브라우저의 초기 형태가 갖춰졌다. 자사 최초의 태블릿 PC, 보안 강화 소프트웨어, 비디오게임 시장 진입 역시 이런 과정을 거쳤다.[3] 그는 수십 년간 마이크로소프트의 성공에 힘을 실어준 통찰을 생각 주간에 발견했다.[4]

당신은 인생을 바꿀 아이디어를 어떻게 힘들이지 않고 뿌리째 뽑아내는가? 다음 질문부터 해보자. '학창 시절 성적이 좋고 나쁜 이유를 궁금해한 적이 있는가?' 골드스미스대학교 심리학 교수 소피 본 스텀Sophie Von Stumm도 같은 질문을 했다. 그녀는 학생 5만 명을 대상으로 200건의 연구를 진행한 끝에 학업 성취도를 견인하는 요인을 알아냈다. 결론은 명확했다. 지능이야 당연히 중요하다. 그 이후는 노력에 달렸다. 그러나 성적 상승(혹은 하락)의 원인을 지능이나 노력하는 기질에서만 찾는다면 틀렸다. 주목을 덜 받지만 성적에 영향을 미치는 요인이 하나 더 있다. 바로 '노력이 필요한 인지 활동을 찾아 몰입하고 즐길 기회를 추구하는' 경향[5]이다. 연구자들은 이를 '인지 욕구Need for Cognition'라 부르고, 우리는 흔히 '호기심'이라 말한다.

6장과 7장은 호기심이라는 초능력이 무엇인지 몹시 궁금하도록 구성했다. 지금부터 우리는 호기심이 작용하고 4C와 어우러지는 방식에 대해 알아볼 생각이다. 호기심을 강화하기 위해 매일 할 수 있는 일도 알아볼 것이다. 우선 호기심이 어떻게 인지 연료를 모아 당신이 급변하는 세상을 따라잡도록 뒷받침하는지 살펴보자.

호기심을 품어야 하는 이유

당신과 나 사이에는 20만 년 전쯤 동아프리카에 살던 한 여성이라는 공통분모가 있다.[6] 약 7만 년 전 대지의 후손 하나가 홍해를 바라보며 '저 너머에는 무엇이 있을까?' 하고 생각했다. 이 초기 개척자는 궁금함을 못 참고 답을 찾아 나서기로 결심했다. 이후 인간의 역사가 펼쳐졌다. 호모 사피엔스 무리가 온 대륙으로 퍼져 다른 인류를 포용하거나 멸종시켰다. 우리 모두의 조상은 결국 탐험 욕구에 이끌려 이주한 것이다.

그 이후 호기심은 악명을 더해갔다. 타고난 탐구욕의 어두운 면을 보여주는 교훈적인 이야기가 있다. 그리스 신 제우스는 한낱 인간에 불과한 판도라에게 작은 상자 하나를 주며 "절대 열면 안 된다"고 경고했다. 그러나 판도라는 호기심에 굴복할 수밖에 없었다. 그녀가 상자를 열자 질병, 걱정, 범죄, 증오, 질투 등 세상의 모든 악이 흘러나왔다.[7] 이런! 속담처럼 "많이 알면 다친다(Curiosity killed the cat, 영국 속담-편집자)."

역사에서도 부와 권력을 거머쥔 사람들은 하위 계급이 호기심을 품지 않도록 단념시키곤 했다. 중세 유럽에서 당신이 교회의 칙령을 지나치게 파헤쳤다면 화형 당할 위험에 처했을지도 모른다. 불편한 질문은 어딘가 석연치 않은 답으로, 때로는 (종교개혁처럼) 환영받지 못하는 혁명으로 이어졌다.

반대로 인공지능 시대에 호기심을 품는 건 더 이상 위험하지 않으며 오히려 의무다. 영국 국립과학기술예술재단 네스타Nesta의 연구자들은 2030년에 필요한 기술을 분석했다.[8] 그들은 독창성, 막힘없는 아이디어, 평생 학습이나 신기술 습득과 같은 '인간만의 기술'에 집중할 것을 권고했다. 이 모든 것 뒤에 호기심이 있다.

게다가 인구통계학적 경향을 보면, 이전 세대보다 우리가 더 오래 살 것이다. 세대 간 수명 차이는 더욱 명확해지고 있다. 오늘날 부유한 국가에서 태어나는 아이들의 예상 수명은 100세 이상이다. 다시 말해, 약 60년간 일을 해야 한다는 의미다. 그런데 같은 분야에서 같은 일만 60년 동안 할 거라고 진지하게 생각하는 사람이 있을까? 기업의 제품과 서비스, 비즈니스 모델을 다시 고안해야 한다. 금세기에 성공한 인물들 역시 흥미와 능력 그리고 경력을 계속해서 바꿔나가야 할 것이다.

아인슈타인은 학교에서 가난하기로 유명했다. 그러나 무엇이 인생 후반부의 놀라운 통찰로 이어졌는지에 대해선 확신했다. 그는 호기심이 넘치는 것 말고는 특별한 재능이 없다고 주장했다. 런던경영대학원 교수이자 나의 동료인 린다 그래튼Lynda Gratton은 인적 자원을 주제로 선도적인 연구 프로그램을 이끌고 있다.[9] 인공지능의 역할까지 생각하며 직업이 맞이할 미래에 대해 연구한다. 그녀는 이렇게 결론짓는다.

"흥미롭게도 모든 길이 평생 학습으로 이어집니다. 제가 모두에게 말하는 게 이겁니다. 제 생각에 평생 학습은 정말 중요합니다."[10]

신경과학은 호기심과 학습능력 간의 연결고리를 밝혀냈다.[11] 주제가 흥미로워야 학습 내용을 더 잘 기억할 수 있다. 당연하다. 그러나 주제가 흥미롭지 않거나 중요하게 느껴지지 않을 때도 호기심이 학습을 도울 수 있다는 사실이 확인됐다.[12] 다시 말해, 호기심은 자극을 받으면 '무엇이든' 더 효율적으로 학습할 수 있도록 돕는다. 결국 호기심 없이는 창의성도 없다. 따라서 호기심을 갖추는 것은 인간 경쟁자뿐 아니라 인공지능과 차별화하는 여정에서 매우 중요하다. 이는 지금껏 경험하지 못한 속도로 직업 정체성과 기술을 재정립해야 하기 때문이다. 스스로 진화하는 능력이 필수인 시대다. 오늘날에는 아는 게 아니라 모르면 다친다.

꼭 긁어야 하는 가려움

호기심은 콕 집어 뭐라 말하기 어렵다. 교수들조차 단 하나의 정의에 합의할 수 없을 것이다. 우리가 아는 호기심이란 사고와 느낌을 합친 것이라 '지식 감정Knowledge Emotion'이라고도 한다. 인간으로서 반드시 갖춰야 하는 미덕이다.

연구에 따르면, 알고자 하는 감정적 욕구 역시 허기, 갈증, 성욕 등 다른 인간적 동기부여 요인처럼 강력하다.[13] 호기심은 정신의 양식을 좇도록 자극한다. 이미 앞에서 살펴본 것처럼 SNS 애플리케이션 디자이너들은 이 사실을 그냥 지나치지 않았다. 비디오게임 개발자들 역시 '레벨 업'을 미끼로 플레이어들을 유혹하기 위해 호기심을 사용한다. 플레이어들은 다음 레벨에 도달하면 수수께끼의 답, 새로운 도구, 더 좋은 무기로 보상을 받는다.

호기심에 찬 사람들을 향한 무자비한 유혹은 안타까운 부작용을 낳는다. 2012년, 미국 청소년 타일러 릭스비는 '콜 오브 듀티 : 모던 워페어 3Call of Duty : Modern Warfare 3' 게임을 마라톤 달리듯 하다 병원으로 급히 실려 갔다.[14] 그의 어머니는 아들이 최소 나흘을 꼬박 게임만 하다 쓰러졌다고 말했다. 심각한 탈수증 때문이었다. 그 일이 있기 1년 전, 중국 남성이 잠도 자지 않고 끼니도 거르다시피 하며 온라인 게임만 하다 사망했다.[15] 호기심은 '꼭' 긁어야 하는 가려움 같다. 해소되지 않으면 우리의 자기보호Self-preservation 능력을 제압할 때가 있다.

1990년대 중반 저명한 학자 조지 로웬스타인George Loewenstein은 호기심을 주제로 '정보 격차 이론Information-gap Theory'을 내놨다.[16] 그는 우리가 '아는 것과 알고 싶어 하는 것의 차이'를 인지할 때마다 그 감질나는 차이에서 감정적 결과가 나온다고 주장했다. 즉, 박탈감을 느끼게 된다는 말이다.[17] 이 현상은 즐겨보는 드라마를 한 회 한 회 손에 땀을 쥐며 막판까지 보다 결국 전편을 몰아보는 감정으로 멋들어지게 설명한다. 퍼즐로 치면 사라진 조각이고, '클릭을 유도하는' 헤드라인을 보고 별로일 거라 생각하면서도 기사가 읽고 싶어지는 충동과 같다.

트럼프가 의외로 프랑스 인상주의 미술에 대해 모르는 게 없는 미술 애호가라는 사실을 안다면 어떤 기분이 들까? 프란치스코 교황이 저녁에 UFC 경기를 보며 하루 동안 쌓인 긴장을 푼다면? (사실이 아니지만) 이런 폭로에서 느낄 수 있는 삐걱대는 부조화에 자극을 받아 당신은 더 파헤치려 들 것이다. 연구자들은 세상 속에서 부조화를 감지하는 순간 호기심이 발동한다고 말한다.[18] 새로운 사실과 기존 세계관 사이에 불일치가 있다는 것이다. 호기심을 정의하는 두 사례 간 사소한 차이에 집착하지 말자. 별것 아니다. 인간이란 원래가 하나로 정의할 수 없는 역설적인 존재다. 그러니 인간의 가장 본질적인 자질 중 하나인 호기심이라고 다를 바 있겠는가?

얼마나 호기심이 넘치는가?

호기심에는 여러 종류가 있다. 수십 년간 진행된 연구를 종합해 모든 종류를 한 번에 나타낼 수 있도록 오른쪽 그림 '호기심 사분면'의 기준이 되는 두 축을 설정했다. 각 축은 양 끝으로 뻗어 나가며 호기심을 구성하는 네 영역으로 향한다.

- 다각적 호기심Diversive Curiosity

  지루함에서 탈출하기 위해 (대체로 방향성 없이) 자극을 좇는 욕구

- 지적 호기심Knowledge Curiosity

  더 배우려는 충동이자 '노력해' 정보를 축적하는 여정[19]

- 구체적 호기심Specific Curiosity

  퍼즐의 마지막 조각과 같이 '특정' 지식을 얻으려는 욕구

- 지각적 호기심Perceptual Curiosity

  사람, 물체, 감각 등 다른 현실과 외양을 찾으려는 흥미

호기심 사분면[20]

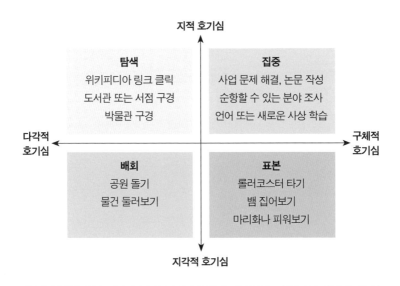

위에서 소개한 축이 호기심 사분면을 형성한다. 왼쪽 상단부터 다음과 같다.

- 탐색(지적-다각적) : 지루함을 달래기 위해 정보를 탐색하거나 지식을 얻으려는 욕구. 일요일 오후 텔레비전 채널을 돌리거나, 여러 주제에 대해 공상하거나, SNS 피드를 끝도 없이 보는 행동이다.
- 집중(지적-구체적) : 특정 질문에 대한 답을 지향하는 정보나 지식이 매우 심오하더라도 알고 싶은 욕구. 스도쿠 퍼즐을 풀고, 업무에서 핵심 질문을 풀고, 책을 쓰거나 박사 논문을 완성하도록 우리를 자극하는 호기심이다.
- 표본(지각적-구체적) : 약물을 복용하거나 비늘의 감촉을 알려고 뱀을 집어 올리는 등 특정 경험의 느낌을 알고 싶어 하는 욕구. 시각, 소리, 질감 등 새로운 감각을 느끼려는 욕구지만, 특정 질문에 대한 답을 지향한다.
- 배회(지각적-다각적) : 우연히 발견한 공원을 정처 없이 거닐고, 옷가게나 푸드마켓을 구경하거나 새로운 광경, 소리, 냄새, 질감을 받아들이는 등 두서없이 하는 행동이다.

이전 장에서 우리는 '탐색'과 '집중'이 빚는 긴장감을 살펴봤다. 나는 산만한 디지털 세상에서 깊이 사고하고 창의성을 키워나가려면 시간과 공간을 마련해야 한다고 조언했다. 더불어 호기심 사분면의 '모든 영역'이 창의적 능력에 긍정적인 영향을 준다는 사실을 말하고 싶다. 다시 한번 강조하자면 업무 및 생활 패턴이 정돈되어 있어야 '배회'와 '표본'에 할애할 귀중한 시간을 마련할 수 있다. 영국 왕립 예술학회에서 호기심을 주제로 논문을 작성한 저자들은 이렇게 입을 모은다.

"혁신적인 해결책을 떠올리려면 수렴적(구체적 호기심) 사고와 확산적(다각적 호기심) 사고를 동시에 할 수 있어야 한다. 그편이 매우 바람직하다."[21]

호기심 사분면의 모든 영역이 새로운 아이디어뿐 아니라 물체를 바라보는 시각과 감각을 다양한 방식으로 안겨준다.

휴먼 엣지 살리는 실험

호기심 사분면 균형 잡기
호기심 사분면을 구성하는 각각의 영역을 언제 마지막으로, 얼마나 자주 채웠는지 잠시 생각해보자. 중요한 것은 균형이다. 호기심 사분면 간의 균형을 잡으려면 무엇을 해야 할까? 어떻게 해야 호기심을 키우기 위해 시간을 더 많이 낼 수 있을까? 특히 사분면 각각을 채우기 위해 무엇을 해야 할까?

인공 호기심 vs 넓은 호기심

캘리포니아대학교 버클리캠퍼스 연구진은 인공지능에 적용할 '내재적 호기심 모델Intrinsic Curiosity Model'을 개발했다.[22] 그들은 고전 플랫폼게임 '마리오 브라더스'와 3D 슈팅게임 '비즈둠' 속에 호기심을 구현했다. 인공지능은 즉각적으로 보상을 받지 않아도 탐험 중인 환경에서 새로운 정보를 알아냈다. 즉, '호기심'을 품고 있었다. 연구에 따르면, 인공 호기심을 적용했더니 두 게임에서 모두 학습 효율이 증가했다. 인공지능이 벽에 부딪히며 시간을 허비하는 대신 주위 환경을 돌아다니며 더 빠르게 길을 찾는 방법을 학습한 것이다.

넓게 생각해보자. 인공 창의성 기술은 인간의 호기심보다 수 광년 뒤처져 있다. 뉴욕대학교 연구원이자 인간 인지 능력을 인공지능 모형으로 구축하는 브렌든 레이크Brenden Lake가 이 사실을 뒷받침한다.

"인공 창의성 기술은 매우 자기중심적인 호기심 형태입니다. 인공지능은 환경 속에서 자신의 행동과 관련된 특성에만 호기심을 갖습니다. 반면 사람은 더욱더 넓게 호기심을 갖습니다. 자신의 행동과 직접적으로 관련되지 않은 세상까지 학습하려 합니다."

다른 지능 형태에서 본 것처럼 인공지능은 좁은 영역에 능하고 인간은 더 넓은 영역에 능하다. 즉 인간은 탐험과 확장의 대가다.

일일 학습으로 호기심 근육을 단련하라

현재 호기심 수준이 어떻든 희소식이 있다. 당신은 호기심을 심화할 수도, 다시 쌓을 수도 있다. '평생 학습Life-long Learning'이라는 용어를 들어봤을 것이다. 이건 좋은 생각이다. 그러나 나 같으면 너무 오래 걸리는 데다 결과까지 측정하기 어려운 일을 하라고 하지는 않을 것이다. 죽기 몇 분 전에야 입증될 일에 몰두할 이유가 뭐란 말인가?!

대신 나는 이번 장에서 '일일 학습Everyday Learning'에 초점을 맞출 생각이다. 일일 학습은 하기도 쉽다. 당신은 오늘 뭔가 배웠을 수도, 아닐 수도 있다. 실제 새로운 능력을 얻으려 할 때 이런 방식이 좋다. 적지만 꾸준한 게 최선이다. 유니버시티 칼리지 런던University College London의 경영심리학 교수 토마스 차모로-프레무지크Tomas Chamorro-Premuzic는 "IQ를 지도하긴 어렵지만, CQ(호기심 지수)는 계발할 수 있다"[23]고 주장했다.

호기심은 인지 근육이다. 방치하면 힘없이 축 늘어진다. 단련해야 호기심을 더 크고 단단하게 만들 수 있다. 보디빌더라면 항상 올바른 습관에서 최고의 결과가 나온다는 걸 알기 때문에 그 습관을 매일 연습하라고 조언할 것이다. 그러니 단련하자.

성공한 사람들의 호기심 공부법

호기심을 키우려면 무엇보다 시간을 들여야 한다. '집중'을 다룬 5장에서 소개한 조언과 기술이 도움이 되길 바란다. 작가 토마스 콜리Thomas Corley는 자수성가한 백만장자들의 습관을 5년 동안 연구했다. 연구 결과, 텔레비전 시청 시간 대비 독서량이 훨씬 많았다. 재미도 챙기고 학습까지 꾀하는 것이다. AT&T의 전(前) CEO 랜덜 스티븐슨Randall Stephenson은 '1주일에 최소 5시간에서 10시간 동안 온라인 학습을 하지 않으면 기술에 뒤처질 것'이라고 말했다.[24] 우리는 이미 빌 게이츠가 '생각 주간'에 무엇을 이뤘는지 목격했다. 그러나 빈번한 학습으로 얻을 수 있는 어마어마한 장점을 알아챈 인물은 이전에도 있었다.

월트 디즈니, 프랭크 로이드 라이트, 아널드 슈왈제네거, 워런 버핏, 마윈, 스티브 잡스, 제프 베이조스[25] 등 세계적으로 성공했다고 손꼽히는 사람들은 꾸준히 학습한다. 유명 텔레비전 토크쇼 진행자 오프라 윈프리는 자신의 성공 비결을 분명히 알고 있다. 그녀는 "책은 자유로 향하는 탑승권"이라고 털어놓는다. 나이키 설립자 필 나이트는 서재를 숭배 수준으로 아꼈다. 그래서 그의 서재에 들어가려면 누구나 일단 신발을 벗고 절을 해야 한다. 테슬라 CEO 일론 머스크는 오래된 과학책 속에서 로켓 제작법에 대해 배운 후 스페이스엑스SpaceX에 투자했다. 전(前) 미국 대통령 버락 오바마는 "백악관에서 보낸 8년이라는 몹시 힘든 나날을 독서 덕분에 버틸 수 있었다"고 밝혔다. 그는 감당할 수 없을 정도로 쏟아지는 정보의 틈바구니 속에서 고요히 책장을 넘기며 차분히 타인의 입장에서 생각해 볼 기회를 가졌다.[26]

휴먼 엣지 살리는 실험

다섯 시간 법칙 따라 하기

빌 게이츠 같은 사람이나 '생각 주간'을 위해 1주일을 할애할 수 있다. 임원이 아닌 일반 직장인이라면 1주일이라는 시간을 내는 건 좀처럼 어렵다. 대신 나는 당신에게 '다섯 시간 법칙Five-hour Rule'[27] 을 권한다. 간단하다. 바쁘더라도 학습할 시간을 적어도 매일 1시간 마련하자.[28] 미국 건국의 아버지이자 발명가로 유명한 벤자민 프랭클린은 평생 이 법칙을 따랐다. 그는 일하는 날마다 꾸준히 의도적 학습Deliberate Learning에 60분가량 투자했다. 그 결과 엄청난 잠재력을 발휘했다. 그는 성공한 작가이자 외교관이었고 난로(프랭클린 스토브), 복초점 렌즈, 피뢰침 등 여러 혁신적인 발명품을 세상에 선보였다.[29]

다섯 시간 법칙을 어떻게 생활에 녹일 것인가 고민된다면 아래 방법을 따라 해보자.

• 사고방식을 바꿔줄 책 10권의 제목을 적어보자.
• e-리더e-reader를 구입하자. 가벼워서 배낭이나 주머니에 넣기 좋고, 번거롭지 않다.

- 오디오북, 팟캐스트, 브이로그를 활용하자. 독서 방식에 변화를 준 형태로 스마트폰에 쉽게 저장할 수 있다.
- 항상 호기심을 자극할 거리를 갖고 다니자. 줄을 서거나 점심시간을 보내는 동안 적어도 한 번쯤은 전자책을 읽거나 오디오북을 듣거나 브이로그를 볼 틈이 난다. 그러니 가벼운 헤드폰을 항상 갖고 다니자.
- '통찰이나 미래에 쓸 만한 아이디어 두어 개는 무엇인가?', '일상이나 업무 중 이런 아이디어를 어떻게 실험할 수 있을까?' 이 두 질문에 대한 답을 습관적으로 알아봐야 한다.

레오나르도 다 빈치의 놀라운 호기심

역사상 가장 호기심 넘치는 인물은 누구일까? 강력한 후보는 이탈리아의 발명가이자 공학자이며 예술가인 레오나르도 다 빈치다. 호기심을 잘 보여주는 인물의 훌륭한 표본으로 그를 언급하는 데엔 엄청난 이유가 두 가지 있다. 첫째, 그는 공책 여러 권을 낙서, 그림, 해야 할 일로 가득 채운 뒤 숨이 멎을 정도로 멋진 스케치를 곁들여 넣었다. 공책이 아직도 전해 내려오기 때문에 분야를 가리지 않은 그의 호기심이 어떻게 성공을 뒷받침했는지 알 수 있다. 그는 이런 메모로 호기심이 어떻게 창의성과 발명으로 이어지는지 보기 드문 통찰을 남겼다. 전기 작가 월터 아이작슨^{Walter Isaacson}은 그를 두고 이렇게 말했다.

"레오나르도 다 빈치의 천재성은 우리가 이해할 수 있고, 심지어 배울 수도 있는 유형이다. 호기심, 집요한 관찰 등 우리가 몹시 계발하고 싶은 기술을 바탕으로 한다."[30]

둘째, 다 빈치는 언제 어떤 호기심을 발휘해야 하는지 잘 아는 판단의 명수였다. 상상력에 불을 지피기 위해 넓게 배회해야 할 때와 특정 분야에 정통하기 위해 집중해야 할 때를 알았다.

넓게 배회하면 보인다

르네상스 시대는 역사상 호기심이 가장 폭발한 시기다. 사람들은 이전에 받아들인 모든 것에 의문을 제기했다. 레오나르도 다 빈치는 르네상스의 발원지인 피렌체에서 30km 밖에 떨어지지 않은 안치아노 지역에서 나고 자랐다. 그가 르네상스의 영향을 많이 받은 것은 당연했다. 다 빈치는 독창적인 '르네상스 인물'로 자리매김했다. 진정한 박식가였다. 거장 화가는 물론 조각가, 건축가, 음악가, 과학자, 수학자, 군사 공학자, 발명가, 해부학자, 지질학자, 지도 제작자, 식물학자에다 작가이기도 했다. 그는 세상이 돌아가는 방식을 배우는 어려운 여정 속에서도 집요했다. 현대 신경과학을 들여다보면 그가 호기심을 채우기 위해 굉장히 넓게 배회한 이유를 뒷받침하는 단서를 찾을 수 있다. 최근 캘리포니아공과대학의 연구진은 호기심이 뒤집힌 U자 곡선(오른쪽 그림)을 따른다고 밝혔다.[31]

새로운 단어, 개 품종, 프로 스포츠, 머리 스타일, 역사적 사실, 신발 스타일 등 뭔가 새로운 것에 대해 알고 난 후 불현듯 당신의 삶에 나타나는 것처럼 보인 적이 있는가? 예를 들어, 특정 브랜드의 자동차나 옷을 구매하기로 결정했을 때 갑자기 온 거리가 구매하려는 물건으로 가득 찬 것처럼 보인다. 이것은 새로운 지식이 당신의 두뇌를 자극했기 때문이다. 즉, 망상 활성계Reticular Activating System(이미지, 소리, 맛 등의 감각 정보를 취사선택해 대뇌피질로 보내는 신경망-편집자)에 새로운 지식이 박혔다는 말이다.[32]

호기심 근육을 키울 때 당신은 이 통찰을 활용할 수 있다. 새로운 주제가 무엇이든 우선 야트막한 언덕을 오르면 정상까지 더 쉽게 갈 수 있고 발걸음이 절로 움직인다.[33] 호기심은 모든 분야에서 자기 충족 예언Self-fulfilling Prophecy(자신이 예언하고 바라는 것이 현실에서 충족되는 방향으로 진행되는 현상-옮긴이)이다. 어떤 문이든 열면 평생 즐거운 발견을 해나갈 것이다.

이 U자 곡선을 활용하려면 인간적인 감각과 감정을 발휘하고, 호기심 사분면의 '다각적 호기심' 영역을 탐구하도록 넓게 배회해야 한

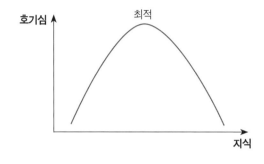

다. 잘 알려진 '디자인 씽킹Design Thinking' 방법론도 이와 마찬가지다. 고객이 어떤 제품이나 서비스에서 겪는 물리적이고 정서적인 경험을 체험하기 위해 항상 '고객의 입장이 되는 것'에서 시작한다. 나는 회사 임원들에게 우리가 살고 있는 도시 속 떠들썩한 시장, 미술관 또는 과학관 등 흥미로운 장소에 가서 탐험하고 새로운 생각을 발견할 시간을 가지라고 말한다. 배회는 전 세계 어디에서나 효과가 있다. 《과학적 연구의 기법》의 저자이자 케임브리지대학교 교수인 W. I. B. 베버리지W. I. B. Beveridge는 젊은 과학자들에게 다른 분야의 책을 읽으며 독서 범위를 확장하라고 권한다. '독창성은 연관된다고 생각조차 하지 않던 아이디어를 연결할 때 생기기도 하기' 때문이다.[34]

스티브 잡스는 배회 덕을 톡톡히 봤다. 그는 1973년 대학을 중퇴

했지만, 청강하기 위해 오리건주에 있는 모교를 계속 드나들었다.[35] 그리고 많은 강의 중 장식적인 손글씨 기술을 가르치는 캘리그라피 강의를 듣기 위해 뒷문으로 몰래 들어갔다. 당신은 쓸모없는 강의라고 생각할 수 있다. 그러나 그는 매킨토시를 경쟁사와 차별화할 때 캘리그라피에서 배운 것을 이용했다. 지금이야 모든 워드프로세서에서 매우 다양한 글씨체를 제공하지만, 당시 그런 컴퓨터는 매킨토시가 유일했다. 나중에 그는 이렇게 말했다.

"대학을 중퇴하지 않았다면 캘리그라피 수업을 듣지 않았을 테니, PC에 지금처럼 훌륭한 글씨체가 많이 실려 있지 않았을 겁니다. 물론 대학 시절에 미래를 예상하며 앞에 놓인 점들을 연결한 건 아닙니다. 그러나 10년이 지나고 보니 과거에 마주했던 점을 어떻게 연결할지 너무 선명히 보였습니다."[36]

우리가 인공지능과 달리 넓게 생각한다는 사실을 잊지 말자. 신경과학에 따르면, 범용 지능은 뇌 전체를 활성화한다. 단순히 어느 한 부분에 매여 있지 않다.[37] 살면서 지식이라는 파도를 탈 때 어떤 것을 골라 기록하는 것은 쓸데없는 일이다. 인간만이 가진 창의성(8장에서 소개할)이라는 초능력에서도 알아보겠지만, 발명은 '경계를 넘나들며 점을 연결하는 것'에서 비롯된다. 빅토리아 시대의 문학부터 일본의 디자인, 컴퓨터 코딩부터 제트 추진, DNA 가닥에서 발레까지 '무작위' 하지만 흥미로운 지식에 약간만 투자해도 새로운 아이디어를 창조할 때 배당금을 받을 것이다. 학습에 투자해 곧바로 이익을 바라는 것은 해롭고 근시안적이며 무의미하다. 지식 그 자체를 귀중히 여겨야 한다. 당신은 지식이 언제 쓸모 있을지 결코 알 수 없다.

휴먼 엣지 살리는 실험

새로운 학습의 문 열기
무엇에 사로잡혀 있는가? 앞으로는 어떤 것에 사로잡힐까? 목록을 만들어 보자. 새롭고 다양한 분야에 흥미를 붙이기 위해 호기심 U자 곡선을 이용해 보자. 새로운 혁신적 아이디어를 향한 당신의 정신은 지금 적어놓은 목록만큼 비옥해질 것이다. 오늘은 어떤 문을 밀고 들어갈 수 있을까?

휴먼 엣지 살리는 실험

모든 것을 구글링하기
예술가이자 작가인 오스틴 클레온Austin Kleon은 이렇게 조언한다.
"인터넷에서 모든 것을 검색하라. 전부 말이다. 꿈도 문제도 다 구글에 검색하라. 검색하기 전에는 질문하지 마라. 검색하고 나면 정답을 찾거나 더 나은 질문을 떠올릴 것이다."[38]
이 책은 인공지능 기술의 단점이 될 수도 있는 특징을 억제하는 방안에 대해 살펴보고 있다. 구글부터 알렉사까지 인공지능을 지적 진정제가 아니라 매일 솟아나는 호기심을 능숙하게 이용하는 도구로 사용한다면 이전 세대가 생각한 것보다 더 빨리 학습할 수 있다.

T자형 인간 되기

레오나르도 다 빈치는 언제 배회를 멈추고 보다 깊이 집중해야 할지 직감에 따랐다. 그는 근육의 굴곡, 흐르는 물살 등 어렵기로 악명 높은 요소를 정확히 구현하기 위해 복잡한 그림 기법 숙달에 끈질기게 매달렸다. 그는 공책에 '밀라노와 교외 지역 측정하기'라는 항목을 적어 놨다.[39] 왜 그랬는지 살펴보니, 해야 할 일 목록 말미에 '밀라노 그리기'가 적혀 있었다.

모든 것을 빠짐없이 알고 싶어 하던 르네상스 이후로 시대가 조금 변했다. 지금은 알아야 할 게 훨씬 더 많다. 아무리 재능이 뛰어나도 생산되는 정보의 일부조차 완벽하게 알 수 있는 사람은 없다. 가장 불가사의한 주제도 클릭 한 번으로 불러올 수 있는 시대다 보니 만물박사는 한물간 이야기가 됐다. 따라서 넓게 배회하는 동시에 특정 영역 중 일부만 숙달하는 것이 현명하다. 경제학에 따르면, 수요가 많고 공급이 적은 분야에서 탁월함을 갖춰야 높은 연봉을 받을 수 있다. 다 빈치처럼 '구체적 호기심'을 단련해야 한다는 말이다. 그러려면 이전 장에서 살펴봤듯 디지털 방해를 견뎌내야 한다.

요약하자면, 업계의 새로운 판에서 슈퍼스타가 되려면 다음 행동을 수행할 수 있어야 한다.

1 깊은 배회, 표본, 탐색을 통해 지식을 폭넓게 얻어 우연히 통찰을 발견하는 순간을 촉발하라.

2 당신의 전문 분야에서 복잡하고 어지러운 문제를 해결할 지식과 기술의 깊이를 축적하는 데 집중하라.

글로벌 디자인 회사 IDEO의 CEO 팀 브라운Tim Brown은 'T자형 인간'이라는 말을 널리 알린 인물이다. 그는 회사의 성공 비결로, 집중 프로젝트 작업을 위해 다양한 분야에서 서로 협력하는 팀을 꾸릴 수 있다는 점을 꼽았다. 그는 이렇게 설명한다.

"알파벳 T의 수직선은 창의적 과정에 기여할 수 있게 하는 기술의 깊이입니다. 산업 디자이너, 건축가, 사회 과학자, 비즈니스 전문가, 기계 공학자 등 여러 분야의 출신이 이 선에 깊이를 더할 수 있죠."

또한 자신만의 T를 설계하려면 깊이에 너비까지 겸비해야 한다. 창의적인 사람들은 특정 전문 분야 한 곳에서 우물을 깊게 파지만, 이후 주위 분야를 가리지 않고 배회한다. 깊이와 너비 모두 달성해야 세상을 향한 당신의 도전에 도움이 될 예리한 질문을 떠올리게 될 것이다.

호기심에 기름을 끼얹을 사람을 찾아라

미국 국립보건연구원 산하 아동건강 및 인간발달연구소는 유아가 주위 환경을 활발히 탐험할수록 청소년기에 학업적으로 성공할 확률이 높다는 사실을 발견했다.[40] 게다가 또 하나 중요한 사실을 더 알아냈다. 환경이 유아의 호기심 발달에 크게 영향을 준다는 것이다. 버벡대학교의 두 심리학자 테오도라 글리가Teodora Gliga와 카타리나 베거스Katarina Begus는 연구에 나섰다. 유아의 머리에 전기 센서를 부착하고 무언가 흥미를 겪을 때 유아의 뇌에서 무슨 일이 일어나는지 파악했다. 그들은 유아가 손가락으로 뭔가를 가리킬 때 자신을 돌보는 어른을 '공동 관심Joint Attention'에 끌어들인다고 가정했다. 사실 유아는 작고 통통한 손가락으로 무언의 질문을 한다. 이때 어른의 반응이 미적지근하거나 부정확할 경우 다시 손가락으로 뭔가를 가리킬 확률이 낮다는 사실이 발견됐다. 유아가 어른의 관심을 끌지 못하고, 자신의 의사를 전달하지 못할 때를 감지할 수 있다는 사실을 알게 되니 정신이 번쩍 든다. 많은 사람이 걷기도 전에 호기심이 억눌렸을 거라 생각하니 마음이 아프다.

안타깝게도 무관심 역시 호기심처럼 전염성이 있다.[41] 당신은 타고난 DNA나 이미 지나온 유년기를 여간해선 바꿀 수 없다. 그러나 컴퓨터그래픽 선구자 중 한 사람인 앨런 케이Alan Kay가 말했듯 관점에 따라 IQ는 80 정도 차이가 난다.[42] 당신은 탐험에 나서려는 열정을 꺼뜨리는 사람이 아니라 기름을 끼얹어줄 이를 곁에 둬야 한다. 호기심은 고정된 성질이 아니다. 온도계 속 수은이다. 함께하는 사람에 따라 오르내린다.[43]

레오나르도 다 빈치는 학습을 지원해 줄 사람들을 신중히 찾았다. 정보를 제공할 수 있는 사람들을 노트에 적었다. '수학의 대가를 찾아가 삼각형과 넓이가 같은 사각형을 작도하는 방법 배우기, 포병 잔니노에게 페라라 탑이 어떻게 세워졌는지 물어보기, 베네데토 포르티나리에게 플랑드르 사람들이 얼음 위를 걸을 수 있는 방법 물어보기, 수력학 전문가를 찾아 롬바르드식 갑문, 운하, 물레방아 수리 방법 배우기, 프랑스 출신의 장인 조반니에게 약속대로 태양 측정법 배우기.'[44] 제프 베이조스 역시 다른 사람에게 배움을 구하려는 다 빈치의 습관을 이어받았다. 아마존 창립 전 뉴욕에서 애널리스트로 함께 있었던 동료는 이렇게 회상했다.

"그는 모든 사람을 스승으로 삼았습니다. 그리고 제가 알기로 모두에게서 어떤 교훈이라도 얻어냈습니다."[45]

할리우드 영화 제작자 브라이언 그레이저Brian Grazer는 《큐리어스 마인드》의 공동 저자다.[46] 대학 졸업 이후 그는 충격적인 사실을 깨달았다. 대학 생활 중 가치 있다고 할 만한 일을 단 하나도 꼽을 수 없던 것이다. 그는 동요된 채 졸업한 대학의 교수 중 한 사람을 따라다니며 자신이 처한 상황을 얘기했다. 그 결과 매우 뿌듯한 결과에 도달했다. 90분간 이어진 대화에서 대학 생활 3년보다 더 많은 것을 배웠다. 이후 그는 호기심에 찬 대화를 자신만의 규율로 삼았다. 지난 40년간 2주에 한 번씩 다양한 사람들을 만나 대화를 나눴다. 그는 이렇게 말한다.

"엔터테인먼트를 제외하고 기술은 물론 과학, 의학, 정치학, 종교 등 모든 예술 분야의 전문가와 저명한 인물에게 연락했죠. 그리고 대화를 나누며 그 사람의 비결을 배우려고 노력했습니다."[47]

휴먼 엣지 살리는 실험

빛이 되는 사람들 곁에서 온기 느끼기

종이를 준비하고 중간에 세로선을 길게 그어보자. 왼쪽에 '빛이 되는 사람들'이라 쓰고, 일상과 회사 생활에서 새로운 것을 배우도록 영감을 주는 사람을 적어보자. 오른쪽에는 '쓸개까지 빼먹는 사람들'이라고 적어놓자. 그들은 주는 것도 없이 당신의 시간과 에너지를 빨아먹는 시간 뱀파이어들이다.

동료, 친구, 가족 중 누가 '빛이 되는 사람들'인가? 그들은 다르게 생각하고 계속 학습하도록 영감을 준다. 가혹하게 들릴지도 모르지만 '쓸개까지 빼먹는 사람들'은 누구인가? 그들은 흥미로운 대화를 차단하고 도전 의식을 북돋아 주지 못한다. 호기심 넘치는 학습가와 좀비처럼 무관심한 사람 중 어느 쪽이 주위에 더 많은가? 어떻게 해야 빛이 되는 사람과 더 많은 시간을 보낼 수 있을까? 영감을 얻기 위해 지금 당장 만나거나 연락할 수 있는 사람은 누구인가? 호기심이 뿜어내는 온기를 삶에 어떻게 더 끌어들일 수 있을까?

IBM의 딥블루에게 패배한 지 4년 후 체스 챔피언 가리 카스파로
프는 세계 대회에서 인간 적수들을 상대로 전례 없이 연승을 거두고
있었다. 체스 레이팅Chess Rating(체스 플레이어의 체스 실력을 가늠할 수 있
는 수치-옮긴이)을 도달한 적 없던 가장 높은 수치까지 경신했다. 자
신감에 찬 바로 그 순간, 그는 블라디미르 크람니크Vladimir Kramnik와 대
전을 치렀다. 그리고 패배했다. 그는 이렇게 설명했다.

"크람니크가 나보다 더 철저히 준비했다는 사실을 인정하지 않은
게 패착이다. 내세울 수 있을 정도로 준비해야 했다. 그 순간까지 이
어진 성공은 겹겹이 도금을 한 듯 견고했고, 승리할 때마다 도금이
한 겹씩 두터워졌다. 결국 나는 완고해지고 변화를 받아들이지 못했
으며 변해야 한다는 사실도 알아차리지 못했다."[49]

모르는 것을 받아들이는 게 학습이다. 그래야 도금으로 견고해진
틀 속에 갇히지 않는다. 나서서 '다시 배우라'는 말이다. 그러면 사는

동안 계속해서 자신의 다른 모습을 보여줄 수 있다. 다음 장에서 우리는 타고난 호기심을 무기로 삼아 해결해야 하는 흥미로운 문제를 발견하는 방법을 알아볼 것이다.

요약 정리

- 호기심은 다른 것으로 이어지는 인간의 초능력이다. 학습, 창의성, 급변하는 세상 속 성공으로 향하는 문을 연다.

- 호기심은 좀처럼 정의하기 쉽지 않다. 지식 감정, 정보 격차, 부조화라고 일컬어지기도 한다.

- 호기심은 인지 근육이라 방치하면 힘없이 늘어질 수 있다. 단련해야 더 크고 단단해진다.

- 호기심은 여러 유형이 있다. 학습하고 창조하기 위해 최대한 균형을 맞춰야 한다.

- 확산적(다각적) 호기심과 수렴적(구체적) 호기심을 동시에 갖춰야 한다.

- 일일 학습은 당신의 가장 귀중한 자산인 시간을 조금씩 투자하는 것을 의미한다.

- 호기심은 전염성이 있다. 그러니 호기심을 잡아 (완전히 무관심한 사람을 제외하고) 다른 사람에게 퍼뜨리자!

가치 있는 질문하기

당신은 다른 사람들과의 상호작용을 호기심 넘치는 대화로 바꿀 수 있다. 상대는 새로운 지인이거나, 잘 알지만 다른 시각으로 보기로 한 사람일 수 있다. 다음 장에서는 질문의 가치에 집중할 것이다. 그동안 경험에 깊이를 더하기 위해 다음 질문을 매일 대화에 적용해보자. 이 질문이 인도하는 효과에 놀랄 것이다.

1 지금 무엇을 학습하고 있는가?

열정을 쏟는 흥미 목록에서 혜택을 경험할 수 있다.

2 반드시 읽어야 할 것을 읽었는가?

개인 학습을 이끌어주는 질문이다.

3 당신 생각에 내가 누구를 알아야 하는가?

그들의 인맥에 합류하고 그들에게 누가 영감을 주는지 알 수 있다.

4 반드시 해야 할 일을 끝냈는가?

새로운 경험을 추구할 수 있다.

5 배운 것 중 가장 훌륭한 교훈은 무엇인가?

이 질문을 하면 손에 넣기 힘든 지혜를 얻는다.

6 내가 어떻게 가치를 더할 수 있는가?

대화에 대한 감사 표시다.

7 실패가 삶에 어떻게 영향을 줬는가?

반면교사라는 통찰을 선사한다.

흥미로운 문제를 찾아라

호기심을 무기 삼아 모든 것에 질문 던지기

"컴퓨터는 쓸모없다. 정답만 말할 줄 알기 때문이다."

파블로 피카소, 화가

● 초능력 : **호기심**

● 댄스 스텝 : **질문**

● 생각을 자극하는 질문들 :

– 살면서 어떤 것에 이의를 제기해야 할까?

– 어떻게 해야 질문을 더 많이 할 수 있을까?

– 어떻게 해야 더 나은 질문을 할 수 있을까?

● 4C 가치 : **흥미로운 질문**

로버트 존스는 추호도 의심하지 않고 인공지능 위성 내비게이션의 지시를 따랐다. 내비게이션 때문에 큰길에서 벗어나 잉글랜드 북부 페나인산맥의 좁고 가파른 길을 달린다는 사실도 무시했다. 내비게이션이 제대로 안내를 하고 있을 거라고 생각했다. 바로 그때, 그는 내비게이션에 의문을 품었다. 눈앞에 낭떠러지가 펼쳐져 있었기 때문이다. 하마터면 이 일화가 세상에 알려질 기회가 없을 뻔했다. 후에 그는 아무 의심 없이 위성 내비게이션의 지시를 따랐다가 악몽 같은 상황에 휘말렸었다고 경찰에 말했다.[1] 왜 내비게이션에 나온 대로 달렸냐는 질문에 그는 이렇게 답했다.

"내비게이션이 그 길을 제가 설정한 경로라고 안내했어요. 그래서 그냥 믿었죠. 절벽 가까이에 있을 거라고는 생각도 못했습니다."[2]

슬며시 웃음이 터질 것이다. 그러나 흔히들 내비게이션이 알려주는 대로 의심 없이 행동한다. 존스가 어이없이 길을 잘못 든 날 이후로도 인공위성 내비게이션의 부정확한 지시를 따르다 많은 사람이 목숨을 잃었다. 캘리포니아주 데스밸리국립공원 경비대원들은 그런 일을 'GPS 사망 사건'이라고 명명하기까지 했다.[3]

이번 장에서 우리는 호기심 넘치는 질문을 하는 기술을 익힌 뒤 호기심이 가득 찬 상태를 무기로 삼을 방법에 대해 알아볼 생각이다. 호기심 넘치는 질문의 힘을 빌려 호기심을 유지하고, 주위 세상을 이해하며, 문제를 해결하고, 혁신하는 방법을 파헤칠 것이다. 질문은 창의성을 갖추는 첫 단계이며, 미묘하게 복잡한 현대 사회에 대한 최고의 대응책이다. 인공지능은 이용할 수 있는 데이터를 바탕으로 아는 질문에만 잘 작동한다. 우리 인간은 언제나 '다음' 질문을 찾는 데 전념해야 한다.

집요함이 혁신을 낳는다

무언가를 궁금해하는 기질인 호기심이 어떻게 형성되는지 파악하기 위해 저명한 미술사학자 케네스 클라크Kenneth Clark가 '역사상 가장 집요한 호기심을 가진 인물'이라고 꼽은 사람을 다시 살펴보자.[4]

레오나르도 다 빈치는 질문을 통해 자신의 걸작 중 하나인 〈모나리자Mona Lisa〉를 창조했다. 놀랍게도 모나리자는 현재의 엄청난 위상과 달리 1503년 의뢰 당시에는 별스러울 게 없었다. 따분한 초상화 의뢰일 뿐이었다. 그러나 다 빈치가 그리기 난해해했던 플로렌틴가(家)의 젊은 여성을 어떻게 포착해야 할지 골몰하면서 유명세를 떨치게 됐다. 다 빈치는 모나리자에 사로잡힌 나머지 16년 후 파리에서 숨을 거둘 때에도 그 작품을 곁에 뒀다. 그는 모나리자를 그리고 덧칠하는 데 10년하고도 5년을 더 보냈다.

다 빈치는 모나리자를 실험실 삼아 자문자답했다. 첫 질문은 '어떻게 해야 보는 사람에게 그림이 매력적으로 다가가는가?'였다. 여기에서 또 다른 질문 세 개가 파생되어 그림 기법에 놀라운 혁신을 낳았다.

레오나르도 다 빈치의 모나리자

출처 : Artvee

'빛이 눈에 와 닿을 때 무슨 일이 벌어지는가?'

레오나르도 다 빈치는 답을 알아내기 위해 골몰히 연구했고 혁신적인 방법으로 캔버스를 준비했다. 그림을 그리기 전에 납이 섞인 새하얀 물감으로 캔버스에 밑칠을 했다. 이 작업은 다시 말해, 빛이 납칠 위에 칠한 여러 물감층을 지나 가장 아래층인 밑칠에서 반사된다는 의미다. 그 결과 모나리자는 감상하는 사람들 눈에 말 그대로 반짝였다.[5]

'왜 멀리 있는 것은 흐릿하게 보이고, 가까이에 있는 것은 선명하게 보이는가?'

꼼꼼한 관찰 끝에 다 빈치는 모나리자 뒤에 보이는 강과 나무를 흐릿하게 그렸다. 그는 작품에 현실적인 깊이감을 구현한 초기 인물 중 한 명이었다. 동시대에 활동한 강력한 경쟁자 미켈란젤로조차 시행은커녕 이해하지 못했던 개념이다.

'어떤 안면 근육이 미소를 빚어내는가?'

이 기발한 질문은 기괴한 실험으로 이어졌다. 모나리자의 미소를 완성하기 위해 오랜 나날을 매달린 다 빈치는 피렌체 작업실 근처 산타마리아 누오바병원 영안실에 들어가 밤을 보냈다. 그는 시체의 피부를 벗겨 근육과 신경 구조를 파악했다. 덕분에

인간의 미소가 구현되는 원리를 유례없이 해부학적으로 이해
했다. 장난스럽게 오므린 모나리자의 입술에서 통찰의 결과를
엿볼 수 있다. 그녀는 한순간 광채가 나는 듯하다가 진지하면서
도 냉소적인 느낌이 든다. 현실 속 인간이 짓는 미묘하고 불가
사의한 미소를 보는 기분이다. 500년도 더 지난 지금, 모나리자
는 우리 눈앞에 여전히 살아 숨 쉬고 있다. 매년 3만 명이 파리
루브르 박물관에 입장해 그녀를 보려고 큰맘 먹고 긴 대열에 합
류한다.[6] 호기심 넘치는 인간이 던진 질문에서 탄생한 진정한
인간의 미소를 잠시나마 보려는 희망을 품고서 말이다.

휴먼 엣지 살리는 실험

호기심 넘치는 질문하기

모나리자를 그릴 때 레오나르도 다 빈치가 던진 질문은 혁신으로 이어졌다.
마찬가지로 당신이 앞으로 할 질문도 혁신과 가치를 이끌어낼 수 있다.

• 당신의 모나리자는 무엇인가?

• 추구하고 완수하려는 프로젝트, 도전 또는 새로운 학문인가?

잠시 시간을 내서 자신이 무엇에 사로잡혀 있는지 적어보자. 그리고 그 분야
를 조금 더 깊이 파헤칠 수 있게 도와줄 호기심 넘치는 질문을 옆에 써보자.

많은 사람이 미국의 경영학자 피터 드러커를 '현대 경영의 창시자'라고 생각한다. 그는 겸손하게 인정했다.

"컨설턴트로서 저의 최대 강점은 아는 척하지 않고 이런저런 질문을 던지는 것입니다."[7]

당신은 지난주에 질문을 몇 개나 했는가? 호기심의 현주소를 파악할 수 있는 합리적인 기준이다. 돌봐주는 어른과 상호작용하는 유아를 연구한 결과, 유아는 매시간 평균 100여 개의 질문을 한다. 젊은 부모들은 넋이 나간 표정으로 당연하다는 듯 어깨를 으쓱하며 이 사실을 인정할 것이다. 연구는 이렇게 결론 내렸다. '어린 시절에는 질문이 간헐적으로 튀어나오는 게 아니다. 오히려 생활의 중심이다.'[8] 그렇다면 왜 우리는 질문을 멈추게 됐을까? 이 장에선 호기심 넘치는 질문을 하면 어째서 무심해지지 않고, 문제를 해결하며, 일상과 직장에서 혁신을 일으킬 수 있는지 다룰 것이다.

내 안의 비평가 불러일으키기

1930년 프랑스 정부는 독일과 맞닿은 국경을 따라 마지노선Maginot Line으로 불리는 콘크리트 요새를 세웠다. 1차 세계대전 당시 마지노선은 결판이 쉽게 나지 않았던 참호전을 벌일 땐 완벽한 방어선이었다. 그러나 2차 세계대전이 발발하자 무용지물이 됐다. 독일이 힘들이지 않고 마지노선 옆 벨기에 북부에서 침략해온 것이다. 마지노선 사례에서 알 수 있듯 크고 체계적인 조직은 미래 전략보다 과거에 얽매이는 편이다.

심리학자들은 이런 맹점을 일으키는 심리적 원인을 발견했다. 바로 '확증 편향Confirmation Bias'이다. 이는 기존 견해와 예상을 입증하는 정보를 찾는 경향이다. 그래서 사람들은 질문하는 대신 다른 사람의 행동을 참고하는 이상한 집단행동을 하곤 한다.[9] 비정상적인 미국 주택시장 버블이 전 세계적 금융 붕괴로 이어진 일이 있다. 투자자들이 현실에 의문을 품기보다 군중을 따르는 선택을 선호했기 때문에 벌어진 사건이었다. 선거철에 사람들은 지지 후보에 유리한 긍정적인 정보를 찾고 반대 정보를 회피하는 경향이 있다. 더 나아가 상대 후보에 부정적인 영향을 끼치는 정보를 찾는다. 얼마나 똑똑한지는 상관없다. 우리 모두 예외 없이 이렇게 행동한다.

확증 편향이 우리의 아킬레스건이라면, 인공지능이 관리하는 정보는 우리의 약점을 파고들기 위해 완벽히 설계된 독화살이다. 뭔가 구매하려고 생각한 지 몇 분 지나지 않아 스마트폰이 바로 그 제품의 광고를 보여줘서 이상하다 싶은 적이 있었는가? 인공지능이 비슷한 취향을 가진 수백만 명의 행동을 바탕으로 당신이 무엇을 원할지 예측해 내놓은 결과다. 제품이 개개인에 맞춰지고 있는 것처럼 당신에게 도달하는 정보 역시 수정과 편집을 거친다. 이를 '필터 버블Filter Bubble'이라고 한다. [10]

인공지능은 당신이 이전에 클릭해서 열람하고 검색한 이력에 더해 현재 위치, 사용 중인 기기까지 파악해 이전에 흥미를 보인 것과 관련된 정보를 제공한다. 현재 작동 중인 대표적인 필터 버블에는 '구글 검색 결과'와 '페이스북 뉴스 피드'가 있다. 온라인 세상은 지난날 당신의 디지털 활동 전반을 토대로 당신이 원할 만한 정보를 제공한다.

필터 버블은 과거에 내린 결정 때문에 우리가 가짜 뉴스의 목표물이 될 때 가장 위험하다. 잘못된 정보를 전달하는 선전과 순 거짓말들이 일생일대의 화젯거리가 되기 때문이다. 역대 최대 규모의 가짜 뉴스를 살펴본 연구를 보자. 트위터의 등장 이후 약 10여 년간 300만 명의 사용자가 트윗한 대립 관계에 있는 주요 영문 기사 12만 6,000건을 분석했다. [11] 결과는 참담했다. 트위터 세상에서는 모든 주제에서 거짓말이 진실을 능가했다. 거짓말은 보다 많은 사람에게 전달되고 SNS에 더 깊이 파고들어 사실보다 훨씬 더 빨리 퍼진다. 비즈니스, 테러, 전쟁, 과학, 기술, 엔터테인먼트 등 온갖 주제에서 진실을 압도한다.

정치에서도 마찬가지다. 가장 최근에는 2016년 미국 대선과 영국 브렉시트 국민투표에서 가짜 뉴스가 암암리에 퍼졌다. 최근 인도에서 유권자를 대상으로 실시한 연구에 따르면, 필터 버블에 갇힌 사람들의 경우 편향된 검색 엔진이 밀어주는 후보자에게 투표할 확률이 12% 더 높았다.[12] 선거 결과에 영향을 미치기 충분한 수치다. 18세기 풍자 작가 조너선 스위프트Jonathan Swift는 "거짓말은 날아가고, 진실은 그 뒤에서 절뚝이며 다가온다"고 말했다. 이제 거짓말은 디지털이라는 스테로이드까지 맞고 있다.

이렇게 불확실한 세상이기에 당신은 '찾아낸' 정보에 항상 의문을 품어야 한다. 저절로 계속되는 착각 속에 머물러선 안 된다. 대중매체가 그려내는 오해를 일으킬 수 있는 세상에 대처하기 위해 비판적 사고를 계발해야 한다. 인간적 편향은 우리를 배신하고 지적으로 고립시킨다. 호기심 넘치는 질문을 하지 않는다면 당신은 변화 없이 현 상태에 고착될 것이다. 도움이 될 만한 3가지 실험을 소개한다.

휴먼 엣지 살리는 실험

버블 터뜨리기

어떻게 해야 도전적이고, 다양한 정보와 주제를 결합해 필터 버블을 확실히 관통할 수 있을까? 항상 다음과 같은 의문을 품어보자.

- 정보를 어디에서 얻는가?
- 검증할 수 있는 새 정보원은 무엇인가?
- 그 내용이 믿을 만한지 언론인처럼 규명할 수 있는가?
- 더욱 믿을 만한 정보원을 찾을 방법은 없는가?

개념 레이더 켜기

우리를 둘러싼 혼란스러운 세상을 따라잡으려면 지식을 체계적으로 구축하고 지속적으로 업데이트해야 한다. 그렇지 않으면 세상에 너무 쉽게 잡아먹힐 수 있다. 우선, 새로운 상황이 일어나는 순간을 감지할 수 있도록 '개념 레이더Conceptual Radar'[13] 를 켜야 한다. 이 레이더는 멋진 기술, 사회 트렌드, 경제 테마, 환경 운동, 정치 변화 등으로 구성된다. 상호의존적인 요소들이다. 다음은 당신이 다양한 정보로 레이더를 구성할 수 있도록 보장하는 목록이다.

- 어떤 논픽션 작품을 읽었는가? 주제가 무엇인가?
- 정기 구독하는 잡지가 무엇인가? 책장을 넘기다 멈추고 정독하려는 기사는 무엇인가?
- 온라인 학습 도구로 무엇을 사용하는가? 어떤 팟캐스트, 유튜브 채널, 블로그, 웹사이트를 구독하는가?
- 항상 챙겨 보는 텔레비전 프로그램은 무엇인가?
- 매년 어떤 콘퍼런스와 행사에 참석하는가? 안면을 익힌 연사가 늘어나고 모르는 주제가 점점 줄어드는가? 전문 분야와 다소 거리가 있는 다른 콘퍼런스에 참석할 때는 아닌가?

결정 미루기

몇 년 전, 나는 기자 출신임에도 신문을 거의 끊다시피 했다는 사실을 알고
깜짝 놀랐다. 세상을 이해하기 위해서는 기자들이 결론까지 뚝딱 써 내려
간 기사를 마주하기 전에 숙고할 시간이 필요하다고 생각한 후의 일이다. 이
제 내가 챙겨보는 정기간행물 중 출판 주기가 가장 짧은 것은 일간지가 아니
라 주간지인 〈이코노미스트〉다. 사실 세상의 중요 변화는 대체로 뉴스의 24
시간 주기보다 훨씬 오래 걸려 등장한다. 여유를 갖고 주장에 생각을 곁들일
시간을 들여야 사색적인 정보를 만들 수 있다. 호기심 넘치는 질문을 배양할
원천을 찾는 데 도움이 될 만한 몇 가지 질문은 다음과 같다.

• 무엇을 보고 세상이 변하는 방식을 이해하는가?
• 뉴스와 정세에 등장하는 경향을 어떻게 검토하는가?
• 장기적인 과학기술 전망을 어디에서 파악하는가?
• 사회, 인구 통계, 정치적 동향에 대한 지식을 어떻게 통합하는가?

예리한 질문의 파트너, 용기

자신의 예상에 이의를 제기하려면 스스로를 낮춰야 한다. 타인의 예
상에 반박하려면 용기가 필요하다. 특히 성공을 거둔 이후에 계속
질문을 던지는 것이 중요하다. 그래야 체스 챔피언 가리 카스파로프

가 '도금 속에 갇힌다'고 표현한 일을 모면할 수 있다. 코닥, 노키아, 제록스, 블록버스터, 야후, 마이스페이스, 폴라로이드, 보더스 등 실패한 유명 기업에서 질문을 권장하는 문화를 키웠다면 어떤 일이 벌어졌을까? 아마 경영대학원에서 제시하는 잘못된 예시 속에서만 사는 대신 진화했을 것이다.

경영 철학자 줄스 고더드Jules Goddard는 리더들이 '흔한 난센스Common Nonsense'를 찾도록 도와주는 대가다. 그가 명명한 흔한 난센스란 모든 사람이 경솔히 수용하는 널리 인정받는 지혜이자, 예전에는 진실이었으나 세상이 변해 더 이상 유효하지 않은 것을 말한다. 용기 있는 질문은 변화보다 현재에 안주하기 쉬운 '집단 사고Group Think'의 교묘한 영향력을 반대로 돌리는 데 도움이 된다. 아무도 이의를 제기하기는 커녕 질문하지 않는 문화에선 갈피를 못 잡는 '미투Me-too' 사고를 바탕으로 그저 그런 다를 바 없는 제품을 내놓는다.

고더드는 "전략적인 해결책은 일반화할 수 없다. 규칙이나 원칙이 아니라 통찰을 바탕으로 구축되기 때문이다. 획기적인 사업은 강력한 통찰을 구현한 형태로 세상에 나온다. 가뭄이 든 것처럼 새로운 통찰을 반영하는 제품이 자취를 감추면 사업은 쇠퇴한다"[14]고 말한다. 전략에는 항상 유통기한이 있다. 계속 앞으로 나아가는 유일한 방법은 전략에 끊임없이 질문을 던지는 것이다.

질문을 하자고 말하는 건 쉽다. 그러나 실제 조직에선 몸을 사리게 된다. 두렵기 때문이다. 태미 에릭슨Tammy Erickson은 직장의 진화 특성 연구를 선도하는 저명한 전문가다. 그녀는 이렇게 털어놓는다.

"저는 종종 리더들로부터 질문을 받습니다. 현대 사회에서 훌륭하고 영향력 있는 사람이 되기 위해 즉, 협력하고 혁신을 일으키기 위해 할 수 있는 유일한 방법이 무엇이냐는 질문이죠. 그때마다 가장 강력하고 매일 할 수 있는 일은 그저 더 나은 질문을 하는 것이라고 조언합니다. 그러나 이 일은 실천하기 가장 어려운 변화이기도 합니다. 특히 자신이 리더라고 생각하는 사람들에겐 말이죠."[15]

권력을 쥔 사람들은 바보처럼 보일까 두려워 질문을 주저한다. 상사가 질문을 하면 모른다는 사실을 드러내는 꼴이다. 대단히 자신을 낮추는 행위다. 권력이 없는 사람들이 질문하지 못하는 이유는 이와 다르다. 장군이 마지노선 방어 전략을 흡족하게 생각할 때 배짱이 두둑하지 않고서는 한낱 상병이 이의를 제기할 수 없을 것이다. 호기심 넘치는 질문을 하려면 지위에 상관없이 용기가 필요하다.

휴먼 엣지 살리는 실험

쉬쉬하는 문제들

결말이 두려워 모두 쉬쉬하지만 인생, 가족 또는 조직에서 눈에 뻔히 보이는 문제는 무엇인가? 모두 알지만 문제를 말하지 않는 것은 오래된 경영 관행이다. 예리한 질문으로 어떻게 그 문제를 수면 위로 끌어올릴 수 있을까?

해결할 재밌는 문제를 발견하라

창의성 연구 분야를 이끄는 미하이 칙센트미하이는 혁신적 사상가들의 문제 해결 방식을 알아내는 일에 착수했다. 미대생 31명을 모집하고 실험에 돌입했다. 탁자 두 개가 있는 방에 학생을 한 명씩 들여보냈다. 한 탁자에는 포도 한 송이, 강철 변속 막대, 벨벳 모자, 호른, 서적, 프리즘 등 다양한 물건이 높이 쌓여 있다. 연구진은 학생들에게 각각 물건 몇 개를 골라 빈 탁자에 놓고 정물화를 그려달라고 요청했다.

실험 결과, 문제 해결을 향한 매우 다른 두 접근법이 나타났다. 한 집단은 '문제 해결자Solver'로, 몇 가지 물건을 효율적으로 집어 재빨리 배열한 후 신경 써서 윤곽을 그리고 음영을 넣어 빛이 반사되는 부분을 표현했다. 다른 집단은 '문제 발견자Searchers'로, 비효율적이고 혼란스러운 접근법을 취했다. 그들은 물체를 살피는 데 꽤 오랜 시간을 보냈다. 무엇을 고르고 어떻게 배열할지 몇 번이나 마음을 바꿨다. 오랫동안 곰곰이 생각한 끝에 결정을 내렸다. 그러나 배열을 끝내자 5분에서 10분 만에 재빨리 스케치를 끝냈다.

문제 해결자는 시각적인 문제를 빠르게 설정한 후 해결하기 위해 시간을 들여 노력한다. 문제 발견자는 '문제 발견'에 에너지를 쏟는다. 흥미롭게도 훨씬 창의적인 집단은 문제 발견자다. 6년 후 칙센트미하이는 실험 참가자들이 어떻게 지내는지 조사했다. 미술계에서 이름을 알린 인원은 3분의 1뿐이었다. 대개 문제 발견자 출신이었다.[16] 가장 창의적인 사람은 올바른 질문을 할 시간을 따로 마련한다.[17] 아인슈타인은 만약 세상을 구할 시간이 1시간뿐이라면 55분 동안 문제를 정확히 파악하고 남은 5분 동안 해결책을 찾을 거라고 말했다.

문제를 정확히 파악하고 나아갈 길을 비춰줄 표적 질문을 하는 습관은 간단하지만 매우 강력하다. 창업 경험이 여러 번 있는 기업가 그로스엑스 아카데미GrowthX Academy의 션 셰퍼드Sean Sheppard도 이에 동의한다. 그는 말한다.

"기업가에게 필요한 것은 제품이 아닙니다. 문제가 필요합니다. 특히 그들이 잘 풀 수 있는 것으로요."[18]

즉 기업가의 우선순위는 제품 판매가 아니라 제품과 시장이 완벽히 일치해 고객의 수요가 가장 많은 곳을 찾아내는 것이다. 질문을 '많이' 해야 도달할 수 있다.

창의적인 인물이 되려면 해결해야 할 문제가 있어야 하며, 그 문제를 직관과 달리 특정 기준에 따라 해결해야 한다. 아무것도 없는 백지처럼 완전한 자유가 창의성을 죽인다. 광고계에는 '빡빡한 지침서가 주는 자유Freedom of the Tight Brief'라는 말이 있다. 피카소는 열다섯 살에 그림 기법을 숙달했다. 이후 본능적으로 자신만의 제약을 만들었고, 그중 4년 내내 파란색으로만 그림을 그린 청색 시대가 유명하다. 많은 사람이 피카소가 남긴 작품 중 청색 시대 그림을 최고로 꼽는다. 유용한 틀을 마련하려면 '경계'를 분명히 알려주는 확실한 질문이 도움이 될 때가 있다.

예리한 질문은 규모가 큰 사업에서 커다란 가치를 구현하기도 한다. 1930년, 일본 산업혁명의 아버지 중 하나인 토요다 사키치豊田佐吉는 '다섯 번 질문하기' 기법을 개발했다. 그는 기업가이자 발명가로, 도요타를 세운 인물이다. 그가 고안한 기법은 1970년대에 인기를 끌었고, 여전히 도요타의 문제 해결 방법으로 쓰인다. 진술 형태로 문제를 명확히 밝힌 후 최대 5회까지 '왜?'라고 물어보는 질문법이다.

휴먼 엣지 살리는 실험

다섯 번 질문하기

도요타가 고안한 기법을 한번 시도해보자. 꽤 직관적이다. 우선 해결하거나 향상시키려는 문제를 진술하듯 문장으로 적어보자. 이후 왜 문제인지 따져보자. 도출된 답에 똑같이 '왜?'라는 질문을 반복해 원하는 답이 나올 때까지 좀 더 깊이 파고들어야 한다. 이렇게 파헤친 굴은 애초에 문제를 일으킨 근본 원인을 따라 깊어진다.[19]

질문은 혁신으로 가는 첫 번째 고리

2010년 젊은 컴퓨터 프로그래머 케빈 시스트롬Kevin Systrom은 재밌는 질문을 던지며 기술 사업을 시작했다. '어떻게 해야 인기 있는 위치 공유 애플리케이션을 만들 수 있을까?'[20] 그 결과, 버븐Burbn이 탄생했다. 현재 위치를 등록하고, 미래 방문 계획을 세우고, 친구와 어울리며 포인트를 획득하고, 사진을 게시할 수 있는 애플리케이션이었다. 그러나 고공행진에는 실패했다. 시스트롬은 실망감을 떨치고 공동 창립자 마이크 크리거Mike Krieger와 함께 사용자들이 버븐에서 어떤 활동을 하는지 조사했다. 놀랍게도 사용자들은 버븐에 탑재된 기능 대부분을 활용하지 않았다. 그러나 꽤 많은 사람들이 사진은 공유하고 있었다.

여기에서 얻은 통찰을 바탕으로 처음에 던진 질문에 변화를 줬다. '어떻게 해야 간단한 사진 공유 애플리케이션을 만들 수 있을까?' 시스트롬은 이렇게 설명했다.

"처음부터 다시 시작해야겠다고 결심하는 건 정말 어려웠어요. 하지만 위험을 감수한 채 '사진, 댓글, 좋아요' 기능을 제외하고 버븐의 모든 기능을 제거했습니다."[21]

며칠 동안 진이 빠지도록 코딩을 한 후 시스트롬과 크리거는 자정이 지나자마자 다시 한번 애플리케이션을 출시했다. 몇 시간이 지나야 누군가 새 애플리케이션을 발견할 테니 눈을 좀 붙여야겠다고 생각했다. 그러나 몇 분 만에 전 세계에서 폭발적으로 이 애플리케이션을 다운로드하기 시작했다. 몇 시간 만에 다운로드 횟수가 1만 건에 도달했다. 시스트롬은 "출시일이 지날 무렵, 예상보다 엄청 많은 사람들이 애플리케이션을 내려받아 내가 다운로드 횟수를 잘못 세고 있는 건 아닌가 의아했다"고 말했다. 아니, 그는 잘 세고 있었다.

올바른 질문에 답을 하자 아이디어가 지닌 가치가 폭발했다. 2012년 1월 1,500만 명이 이 애플리케이션에 가입했다. 3월이 되자 회원 수는 2,700만 명으로 치솟았다. 아이디어 하나로 시작한 지 2년 만에 페이스북이 사업의 진가를 알아보고 무려 10억 달러(약 1조 1,135억 원)에 이 애플리케이션을 인수했다. 그동안 시스트롬과 크리거는 애플리케이션의 이름을 바꿨다. 간편함을 강조하기 위해 '인스턴트 Instant'와 '텔레그램Telegram'을 결합했다. 인스타그램은 이제 10억 명 이상의 회원을 보유하고 있다.[22]

《인생의 중요한 순간에 다시 물어야 할 것들》의 저자 존 맥스웰 John C. Maxwell은 이렇게 결론짓는다.

"만약 무언가를 발견하고 현 상태에서 벗어나 더 발전하기 위해 새로운 사고와 행동 방식을 찾고 싶다면, 질문해야 한다. 질문은 발견과 혁신으로 향하는 첫 번째 고리다."[23]

결정적으로 시스트롬과 크리거는 질문을 한 개만 하지 않았다. 첫 애플리케이션에서 실패를 맛본 후 계속 질문했다. 이런 투지와 호기심 덕분에 방향을 바꿀 수 있었다. 이 행동은 실리콘밸리의 남다른 성공담 속에서도 특히 돋보여, 사업 전환이라는 의미인 '피벗Pivot'이라고 명명되기까지 했다. 에릭 리스Eric Ries는 저서 《린 스타트업》에서 피벗을 "제품, 전략, 성장 동력에 대한 새롭고 근본적인 가설을 시험하기 위해 고안된 체계적인 수정"이라고 정의한다. 사업에서만 피벗이 중요한 게 아니다. 우리 인생은 모두 입증되기도 하고, 안 되기도 하는 가설의 연속이다. 따라서 새로운 방향으로 이끌어줄 똘똘한 피벗이 필요하다.

훌륭한 질문을 퍼부어라

지위가 집단 내 질문을 가로막는 장벽이 될 수 있지만, 유일한 장애물은 아니다. 팀, 사업 또는 가정에서 어떤 문제를 보고 질문하지 않는 관행 역시 장애물이다. 순전히 연습하지 않아서 질문을 못 하는 것이다. 질문은 의식적으로 노력해야 하는 습관이다. MIT 슬론 경영대학원의 교수 할 그레거슨Hal Gregersen은 이렇게 말한다.

"위대한 혁신가들은 더 나은 답을 도출하려면 마음속 깊이 품은 가정에 이의를 제기하는 더 나은 질문을 해야 한다는 사실을 알고 있다. 그러나 사람들은 대개 그런 질문을 하지 않는다. 브레인스토밍을 할 때조차 질문이 자연스레 떠오르지 않기 때문이다. 그 결과 새로운 아이디어를 물색할 때 갑갑해한다."[24]

그렇다면 훌륭한 질문은 무엇일까? 호기심 넘치는 질문은 텔레비전 속 법정에서 검사가 펼치는 심문이 아니다. '음, 피고는 그가 밤 10시 17분에 로즈 앤드 크라운 펍 바깥에서 파란 바지에 빨간 점퍼 차림으로 서 있었는지 입증할 수 있습니까?' 이것은 '폐쇄형 질문Close Question'이다. '네', '아니오'로만 대답할 수 있다. 폐쇄형 질문은 이미 알고 있는 사실을 입증할 때 유용하다. 그러나 호기심 넘치는 질문이 아니라 심문이다. 폐쇄형 질문이 효과적인 상황은 다음과 같다.

- **이해도 평가** : '내가 이 자질을 갖추면 연봉이 인상될까?'
- **명확한 의사결정** : '이제 사실을 알았으니, 우리 모두 이것이 올바른 행동이라는 데 동의할까?'
- **사고의 틀 설정** : '거래하는 은행의 서비스에 만족하는가?'[25]

반면 '개방형 질문Open Question'은 탐색할 때 유용하다. 다른 기술들처럼 약간 연습을 해야 한다. 나는 1990년대에 기자로 활동하며 개방형 질문과 폐쇄형 질문의 주요 차이를 배웠다. 그러나 지금도 여전히 두 질문 간의 차이를 가끔 잊고, 개방형 질문이 훨씬 더 효과적일 때도 폐쇄형 질문에 의존한다. 좋은 개방형 질문과 훌륭한 개방형 질문의 차이는 꽤 미묘하다. 다음 예시를 살펴보자.

- **방식 1** : '올해가 다 가기 전에 유니콘 프로젝트에 어떻게 착수할 것인가?'
- **방식 2** : '올해가 다 가기 전에 유니콘 프로젝트에 어떻게 착수할 '수' 있을 것인가?'

방식 1은 좋은 개방형 질문이고, 방식 2는 훌륭한 개방형 질문이다. 무슨 차이가 있을까? 방식 2는 '착수할 수 있다'라는 아주 흥미로운 말을 도입해 더욱 창의적인 반응을 이끌어낸다.

글로벌 디자인 회사 IDEO는 '우리가 어떻게 할 수 있을까?How might we?(HMW 질문법 또는 HMW 방법론으로 알려져 있음-옮긴이)'라는 질문을 다음과 같이 세 요소로 나눴다.

- **'우리(We)'** 는 답을 찾을 때 팀 단위로 협력하는 접근법을 나타낸다.
- **'어떻게(How)'** 는 문제에 답할 수 있는 가능성을 암시한다. 해결책이 존재한다는 것이다.
- **'할 수 있을까(Might)'** 는 문제 해결 방식이 하나 이상 있다고 제안하는 것이다.[26]

당신은 훨씬 더 깊이 파고들어 굉장히 흥미로운 개방형 질문을 만들 수 있다. 훌륭한 질문은 정신을 내버려 두지 않고 깨운다. 혁신을 꾀하는 질문을 해보자. '우리 제품을 향상시킬 수 있는 아이디어를 누가 갖고 있는가?' 그러나 여기에 긴장감과 유머를 곁들이면 더 나은 결과를 이끌어낼 수 있다. 위의 질문을 약간만 비틀면 된다. '만약 '우리의 제품과 서비스가 별로인 이유'라는 포럼을 개최한다면 어떤 주제가 주요 안건에 오를까?'**27**

스티브 잡스는 한 대학 졸업식에 참석해 학생들에게 "늘 갈망하고 무모하게 도전하라!Stay hungry. Stay Foolish!"고 조언한 일로 유명하다. 나는 여기에 하나 더 추가하려 한다.

'항상 호기심을 품어라.'

항상 호기심을 품으려면 흥미로운 문제들을 끊임없이 발굴해 흥미로운 질문을 퍼부어야 한다. 의식과 호기심을 구성하는 댄스 스텝을 뽐내며 걸을 때 당신은 여러 흥미로운 생각, 아이디어, 질문을 결합할 수 있다. 우리는 이제 세 번째 'C'인 창의성으로 나아간다. 그곳에서 당신은 지금껏 모은 연료로 창의성이라는 인간의 초능력에 불을 지필 것이다.

휴먼 엣지 살리는 실험

잠자코 기다리기

당신에게 해줄 중요한 조언이 있다. 질문을 하면 기다리자! 질문을 받은 사람이 답을 하기 전까지 잠시 멈추고 끼어들지 말아야 한다. 조금 어색해도 조용히 기다리자. 질문 수준이 높을수록 처리와 대응에 시간이 더 오래 걸린다. 우리는 난처한 순간을 모면하기 위해 종종 침묵을 택하는 세상에 살고 있다. 그러나 타인의 마음을 파악할 때 침묵은 금이다.

휴먼 엣지 살리는 실험

질문 비틀기

이전에 썼던 질문 중 하나를 조금 비틀어보자. 아래에 제시된 흥미를 돋우는 몇 가지 질문을 보고 참고하면 된다.

1 어떤 회사를 폭로하는 책 집필을 방금 끝냈다. 어떤 비밀을 폭로하는가?

2 사업에 변화를 일으키기 위해 1년간 하나의 프로젝트만 작업할 수 있다면, 어떤 프로젝트를 할 것이며 그 이유는 무엇인가?

3 고객에게 도달하는 최단 경로는 무엇인기? 6개월 안에 어떻게 도달할 수 있을 것인가?

4 제품, 과정, 인력 중 어느 것에서 더 많이 실패하는가? 어떻게 바로잡을 수 있는가?

5 업무 중 어떤 부분을 제거하고 싶은가?[28]

한번 시도해보자. 당신만의 허를 찌르는 질문은 무엇인가?

문제 속 결함 고치기

이번 실험은 앞서 소개한 통찰들을 결합한다. 또 협력자들과 호기심 넘치는 대화를 할 수 있도록 돕는다.

- **문제 설정하기** : 고쳐야 하는 '결함'인 문제를 파악하자. 과정, 제품, 서비스 등 예상에 미치지 못하는 문제를 선택하면 된다. 예를 들면 잘 팔리지 않는 제품, 제조 과정 중 지연과 비용 증가를 초래하는 반복된 실수, 팀원 간 의사소통 문제, 알맹이 없는 회의 방식 등이다.

- **조사 집단 꾸리기** : 내부의 도전처럼 느껴질 호기심 넘치는 질문을 수용할 수 있는 사람들로 작은 집단을 구성하자. 조력자도 지명하자.

- **우선, '현재'에 대해 간단히 질문하기** : 문제를 명확히 하려면 이런 질문을 해야 한다. 할 그레거슨은 연구 끝에 '퀘스천 버스트Question Burst(질문 공세)'라고 하는 단계에서 짧고 간단한 개방형 질문을 권한다. 이는 문제를 확실히 밝힐 수 있는 기술적 질문Descriptive Question으로, 다음과 같다.
'무엇이 효과를 거두는가? 효과가 없는 것은 무엇인가? 왜 그런가? 이 현상이 얼마나 오래 지속됐는가? 언제부터인가?'

- **이후, 현 상황의 미래를 예측하기 위해 복잡한 질문하기** : 문제를 잘 이해했다면 더욱 깊고 미래 지향적인 질문으로 넘어가자. 창의적 사고와 새로운 아이디어로 이어질 것이다.
'왜 이런 방식으로 하는가? 다른 방식을 어떻게 도입할 수 있을까? 이런 방식은 어떨까? 안 될 건 뭔가?'

- 질문을 해야 호기심을 유지하고 미래 지향적으로 생각하게 된다.

- 인공지능은 이용할 수 있는 데이터를 바탕으로 심문을 잘하지만, 인간은 다음 질문을 생각할 수 있다.

- 타고난 확증 편향에 이의를 제기하고, 인공지능 필터 버블을 터뜨릴 예리한 질문을 하자.

- 질문이 부족하면 검증되지 않은 결정과 무관심으로 이어진다.

- 자신의 예상에 이의를 제기하려면 스스로를 낮춰야 한다. 타인의 예상에 반박하려면 용기가 필요하다.

- 흥미로운 문제를 탐색해 창의적 사고에 시동을 걸자.

- 혁신을 이루려면 실패를 하든 성공을 하든 계속해서 질문하자.

- 질문은 의식적으로 노력해야 하는 습관이다.

- 호기심 넘치는 질문은 흥미로운 개방형 질문이며 이후 (답을 듣기 위해) 잠자코 기다리는 시간이 필요하다.

예리한 질문하기

인스타그램 공동 창립자들은 휴렛팩커드Hewlett-Packard 전(前) 최고 기술 책임자(CTO) 필 매키니Phil Mckinney가 고안한 '킬러 질문Killer Question'을 우연히 발견했다. 매키니는 실전에서 가치를 유발하는 것으로 검증된 기업가적 질문을 적은 쪽지 수백 장을 모았다. 새로운 안목을 갖추도록 도와줄 킬러 질문 8개를 아래에 실었다. 현재 제공하거나 앞으로 제공할 제품이나 서비스를 하나 선정하자. 다음 질문에서 도출한 답을 토대로 브레인스토밍을 할 시간을 갖자. 그리고 어느 방향으로 나아가는지 살펴보자.

• 결코 예상하지 못했던 방식으로 제품을 사용하는 사람은 누구인가?
• 고객이 원한다고 자신할 수 있는 것은 무엇인가?
• 산업이 작동하는 규칙과 가정은 무엇인가?
• 정반대가 사실이라면 어떻게 할 것인가?
• 5년 후 고객의 구매 기준은 무엇일까?
• 내가 새로운 방식으로 사용할 수 있는 것은 무엇일까?
• 내가 새로운 방식으로 연결할 수 있는 것은 무엇일까?
• 디자인 또는 성능 측면에서 무엇을 바꿀 수 있을까?[29]

CONSCIOUSNESS
CURIOSITY
CREATIVITY
COLLABORATION

창의성

무궁무진한 아이디어를 완벽히 폭발시킬
최종 무기

창의성도 기술이다

영감을 끌어올리기 위해 창의적 습관 들이기

"영감은 아마추어를 위한 것이다. 우리는 그저 일어나서 할 일을 한다."

척 클로스Chuck Close, 화가[1]

● 초능력 : **창의성**

● 댄스 스텝 : **활기**

● 생각을 자극하는 질문들 :

– 어떻게 창의적 과정을 시작하는가?

– 무엇이 아이디어를 발생시키는가?

– 어떻게 난관에서 벗어나는가?[2]

● 4C 가치 : **창의적인 습관**

뉴욕 무용계의 전설 트와일라 타프Twyla Tharp는 평생을 창의적 잠재성으로 먹고살았다. 수십 년간 브로드웨이 뮤지컬 안무는 물론 최고로 손꼽히는 현대 무용의 안무 일부를 담당했다. 타프는 이런 인상적인 이력에도 불구하고 의뢰를 받을 때마다 성공을 장담하지 못한다. 그래서 불확실성을 피하기 위해 창의적인 연구를 할 때 자신의 통찰력을 적용한다. 명쾌한 질문을 던질 때 뇌가 꽤 잘 돌아간다는 사실을 알기 때문이다.

타프는 창의성을 발휘할 아이디어 재료를 의외로 보잘것없는 방식으로 마련한다. 적당한 크기의 판지 상자를 선택하는 것으로 시작한다. 무의식 상태의 뇌는 연료를 공급해야 하는 엔진이다. 그녀는 영감에 불꽃을 일으킬 것 같으면 무엇이든 상자에 넣어 프로젝트를 수행할 원료를 모은다. 버릴 게 없다. 비디오, 책, 미술 작품, 잡지, 뉴스 기사 스크랩 등 모두 상자 안에 모은다. 그녀는 경험상 장편 영화의 안무를 짜려면 '번뜩임'의 순간을 많이 마주해야 한다는 사실을 알고 있다. 타프의 상자는 상징적이고 매우 실용적이다. 또한 운처럼 느껴지는 창의성을 매일 실행할 수 있는 습관으로 바꿔준다.

타프는 오랫동안 안무가로 활약하며 창의성은 타고난 재능이 아니라 오히려 준비와 노력의 산물이라는 사실을 깨달았다. 그녀는 이렇게 밝힌다.

"모든 사람이 내 작업 습관을 적용할 수 있다는 것을 깨달았다.

나는 준비에 있어서 엄격한 사람이다. 내 일과는 일종의 거래다. 하루에 일어나는 모든 일이 세상과 나 사이의 거래다. 모든 것이 안무의 원천이고, 안무와 관련되어 있다."[3]

헝가리 출신 미국 심리학자 미하이 칙센트미하이의 발견이 타프의 철학을 뒷받침한다. 그는 창의적인 사람이 되고 싶다면 창의적인 일에 집중하지 말라고 결론지었다. 대신 아이디어 '이전의' 기초 작업에 노력을 쏟아야 한다고 조언했다.

"기초를 닦아놓으면 어떤 일을 할 때 거의 다 된 것이나 마찬가지다. 그 이후엔 창의적 에너지가 저절로 자유롭게 흐르기 시작할 것이다."[4]

이번 장에서는 자신만의 창의적 습관을 구축하는 방식에 대해 알아볼 생각이다. 창의적 습관은 호기심으로 모은 인지 연료와 결합해 일상에서 아이디어를 떠올릴 수 있도록 도와줄 것이다. 트와일라 타프가 창의성을 구하는 행동은 수십 년간 이어진 오랜 경험, 시행착오, 대단한 아이디어를 내야 한다는 압박감에서 비롯됐다. 하지만 당신은 이번 장에서 소개하는 과학적 연구와 검증된 사례를 통해 그녀보다 훨씬 더 빨리 창의적인 인물이 될 수 있다.

자신만의 아이디어 창고를 키워라

이상하게 들리겠지만, 나는 타프의 상자가 영감을 불러일으킨다고 생각한다. 누구나 상자를 마련하고 그 안에 이런저런 물건을 넣을 수 있다. 모두 창의성을 발휘할 토대를 갖출 수 있다는 의미다. '질문' 댄스 스텝을 다룬 7장에서 당신이 발견한 문제를 생각해보자. 그 문제를 해결하기 위해 자신만의 잠재적 아이디어 창고를 어떻게 지을 수 있을까? 실물일 필요는 없다. 디지털 시대 이전에 습관을 확립한 예전 세대라면 타프처럼 파일, 서랍, 벽장을 고를 수 있다.

애니메이터인 필 티페트Phil Tippett는 〈쥬라기 공원〉, 〈스타워즈〉 등의 영화에서 괴물을 제작했다. 그는 작업실 전체를 '잡동사니'로 채웠다. 해변과 중고 상점에서 발견한 물건뿐 아니라 자녀들이 만들어준 것들을 보며 영감을 얻는다. 작업실을 채운 모든 물건은 영화에 등장하는 환상적인 생명체를 구현할 때 참고한 실체를 갖춘 영감이다. 그는 '아이디어 발전소Idea Generators'라고 이름 붙인 스크랩북에 아이디어 이전 단계의 생각들을 정리한다. 페이지마다 그의 생각과 느낌이 녹아 있다. 영감이 필요할 때면 '이거야!'라는 생각이 들 때까지 스크랩북을 살핀다. [5] 스크랩북은 그의 뇌에서 일어나는 일을 시각적으로 보여준다. 또 이질적인 것들을 입력하고 분리한 다음 다른 형태로 다시 합치도록 돕는다.

온라인에서도 똑같이 할 수 있다. 내 아내 소피는 핀터레스트 Pinterest(디지털 이미지를 게시할 수 있는 웹페이지)의 '보드'를 활용해 가족 휴가 계획을 세운다. 나는 에버노트Evernote라는 메모 및 파일 보관 애플리케이션의 도움을 받아 책을 집필했다. 흥미로운 걸 발견하면 언제든 에버노트에 추가한다. 진행 중인 여러 프로젝트에 참고하기 위해 사진, 메모, 녹음 파일, 기사, 웹페이지도 저장한다. 버릴 게 없다. 읽고, 듣고, 보는 모든 것을 참고 자료로 즉시 저장할 수 있다. (게다가 내 모든 기기에 마술처럼 동기화된다.)

모은 자료가 다 유용하진 않을 것이다. 사실 그럴 필요도 없다. 놀라운 건 당신이 수집한 자료를 검토할 때 머릿속에 불현듯 뭔가 떠오른다는 것이다. 마치 과거의 자신과 브레인스토밍을 하는 것처럼 말이다. 이 기술은 창의적 과정이 진행 중일 때도 유효하다. 덴마크 시각 건축가 비야케 잉겔스는 자신이 이끄는 팀이 새로운 건물을 계획하는 과정을 이렇게 소개한다.

"저희는 설계 과정에서 최대한 구체적으로 표현하려 합니다. 커다란 보드에 여러 가지를 부착하죠. 작업할 재료가 엄청나게 많아야 어떤 걸 구현할지 상상할 수 있기 때문입니다."[6]

보물 묻기

당신이 쉽게 사용할 수 있는 창의성 상자는 무엇인가? 상자를 마련하고 창의적인 약탈품을 묻을 장소를 정하자.

지금, 당장, 이 순간 바로 시작하기

창의적인 습관을 갖추기 위해 우선 극복해야 할 정신적 장벽이 있다. 당신은 방해에 시달리고, 꾸물거리고, 실패할까 봐 두려워하고, 내면의 부정적인 속삭임('내가 이런 걸 하면 사람들이 뭐라고 생각하겠어?')에 주눅 들어 시작을 주저할 수 있다. 하지만 무엇보다 시작이 중요하다.

트와일라 타프는 지역 체육관에서 두 시간 동안 운동하기 위해 매일 택시 타는 일로 하루를 시작한다. 뉴욕 명물인 노란 택시의 뒷좌석에 앉아 오늘 하루도 창의적인 작업을 실행하자고 결심한다. 좋든 싫든 시작한다. 그러면 걱정이 사라진다. 타프는 "뭐든 첫 단계가 힘들다"고 말한다. 그녀는 어려움을 떨치기 위해 없던 일로 하거나, 겁을 먹고 물러서거나, 포기하거나, 잘못된 길로 갈 위험이 높아질 때

'습관적이지만 단호한 행동 패턴'을 따른다. 의식을 바꾸면 '내가 왜 이걸 하고 있지?'라는 의문이 사라진다.

의식은 의문을 해소하고 생각의 전환을 일으켜 당신을 매일 행동에 나서게 한다. 동시에 창의적 활동에 쏟을 에너지를 보존한다. 아인슈타인은 오래된 스웨터와 배기바지를 자주 입었다. 페이스북 창립자 마크 저커버그도 매일 똑같은 회색 티셔츠를 입고 출근한다. 나는 이 행동에 완전히 공감하지는 않지만, 이유는 알 것 같다. 에너지를 가장 가치 있는 곳, 즉 창의적 사고에 쏟기 위해 옷차림에 신경 쓰지 않는 것이다.

휴먼 엣지 살리는 습관

창의적 의식 새기기

글 쓰는 날, 나만의 성스러운 의식은 이렇다. 오전 6시에 일어나 10분간 명상을 한다. 끝나면 부엌으로 가 수란을 올린 토스트와 우유 거품이 잔뜩 올라간 네스프레소 커피를 가져와 컴퓨터 모니터 옆에 놓는다. 그때부터 워드 파일을 열고 글을 쓰기 시작한다. 작성하는 구절이 적절한지, 어울리는 위치에 있는지 가급적 따지지 않는다. 일단 계속하면 된다. 시간을 절약하고 꾸물대는 습관을 몰아내 보다 쉽게 창의적인 행동에 나서려면 어떤 의식을 발전시켜야 할까?

예상치 못한 것에 주목하라

경영의 대가 피터 드러커는 혁신적인 사람을 '예기치 못한 것, 평범하지 않은 것, 익숙하지 않은 것에 주목하는 사람'이라고 정의했다.

미국의 공학자 퍼시 스펜서Percy Spencer의 일화를 살펴보자. 1945년 그는 레이더에 장착하는 강력한 진공관을 시험하고 있었다. 간단한 간식거리를 좋아해 그날도 땅콩버터 초코바를 챙겨왔다. 허기가 느껴져 주머니에 손을 넣는 순간 끈적끈적한 물질이 느껴졌다. 땅콩버터 초코바가 녹아 있었다. 하지만 '왜 녹았지?'라는 수수께끼 같은 질문의 답을 찾을 순 없었다. 호기심이 발동한 그는 튀기지 않은 팝콘 한 봉지를 사서 진공관을 시험하느라 바로 옆에 서 있던 그 기계에 갖다 댔다. 그 순간 팝콘이 튀겨졌다. 그러나 이 기이한 현상에 흥분한 건 단 한 사람, 스펜서뿐이었다. 다음 날 스펜서는 동료들의 주목을 끌기 위해 달걀을 기계 위에 올려놨다. 동료들의 의심스러운 눈초리 속에서 달걀은 열기를 이기지 못하고 폭발했다. 동료들이 얼굴에 달걀을 뒤집어쓴 그때 스펜서는 몇 초 만에 음식을 조리하는 방법을 우연히 발견했다. 이후 그는 재직했던 레이시온Raytheon사社와 함께 '레이더레인지Radarange'라는 특허를 출원했다. 레이더레인지는 무

게 340kg에 높이가 2m 조금 안 되는 기계로, 세계 최초의 전자레인지였다.[7]

평범하지 않은 것만 알아차려도 여러 아이디어를 떠올릴 수 있다. 이와 관련된 유명한 이야기가 있다. 스코틀랜드의 미생물학자 알렉산더 플레밍Alexander Fleming은 무심코 작업대에 놓아둔 페트리 접시에서 배양된 페니실린을 발견했다. 그는 수십 년간 박테리아를 연구했기에 이 현상을 알아차릴 '준비'가 되어 있었다. 그 준비가 바로 그를 멈추고 예상치 못한 현상이 무엇인지 살펴보게 만든 것이다. 우리는 이 사실을 기억해야 한다.

조르주 드 메스트랄George de Mestral 역시 전기 공학이라는 바탕이 없었다면 중대한 순간을 놓쳤을 것이다. 그는 스위스 알프스에서 산책을 마치고 집으로 돌아가는 길에 꺼끌꺼끌한 씨앗 꼬투리가 반려견에 달라붙어 있는 걸 발견했다. 현미경으로 꼬투리를 관찰해보니 날카로운 가시마다 작은 갈고리가 달려 있다는 사실을 알았다. 그는 이 통찰을 바탕으로, '찍찍이'라고 하는 벨크로Velcro의 특허를 출원했고 백만장자가 됐다.[8]

미국의 시인 랄프 왈도 에머슨Ralph Waldo Emerson은 "사람들은 볼 준비가 된 것만 본다"고 말했다.[9] 심리학자들도 이 말에 동의한다. 그들은 어떤 문제에 봉착했을 때, 무의식 속에 '실패 지수Failure Index'라고 하는 풀리지 않는 '생각의 실'이 있다고 믿는다. 그래서 그 문제를 의식하지 않을 때도 우리의 정신은 해결책을 찾고 있다고 말한다. 즉, 답을 찾는 것은 운이 아니라 조각 퍼즐을 맞추듯 계획적이라는 것이다. 프랑스의 생물학자 루이 파스퇴르^{Louis Pasteur}도 이렇게 말했다.

"준비된 자만이 중요한 것을 관찰할 기회를 잡을 수 있다."[10]

휴먼 엣지 살리는 실험

예상치 못한 것에 질문 던지기

앞으로 예기치 못한 것, 평범하지 않은 것 또는 단순히 익숙하지 않은 것을 볼 때 플레밍, 스펜서, 메스트랄이 활용한 세 가지 질문을 던져보자. 그런 다음 신중히 조사하고 재구성해보자.

- '왜' 일어났는가?
- '어떻게' 작용하는가?
- '다른 맥락'에서 작용할 수 있는가?

창의적으로 의식하고 질문해야 최고의 아이디어를 떠올릴 수 있다.

집중 스위치를 켜라

삶은 대체로 자동조종 모드로 돌아간다. 우리는 별생각 없이 출근길에 차를 몰거나 버스를 탄다. 그동안 정신은 딴 데 가 있다. 하버드대학교 교수 엘렌 랭어^{Ellen Langer}는 자동조종 모드와 정반대의 정신 상태인 마음챙김(이미 5장에서 소개한)을 연구한다.[11] 마음챙김은 활발히 관찰하는 동시에 매 순간 온전히 집중해 살아가는 것을 말한다. 랭어는 의식을 집중하면 분명 세상을 더 창의적으로 볼 수 있다고 얘기한다.

"마음챙김은 새로운 것을 알아차리는 과정입니다. 진정한 예술가가 되려면 모든 것에 신경 써야 합니다."

창의성 분야에서 선도적인 과학 전문가로 손꼽히는 키스 소어^{Keith Sawyer}도 이에 동의한다.

"창의성을 더 많이 품으려면 삶에서 자동조종 모드를 끄고 주의를 기울여야 합니다."[12,13]

매일 창의성을 발휘하려면 비범하고 흥미로운 것을 인지할 때 당신의 레이더인 정신을 '올바른 주파수'로 맞춰야 한다. 이런 의식 상태를 잘 보여주는 인물로, 헝가리의 생화학자이자 최초로 비타민 C를 분리한 알베르트 센트죄르지^{Albert Szent-Györgyi}가 있다. 그는 '발견이란 모두가 본 것을 보면서 누구도 생각하지 않는 것을 생각해내는 것'이라고 조언한다. 한 발짝만 더 들어가면 뇌가 지금 이 순간 무엇을 하고 있는지 의식할 수 있다. 그러면 그 상황에 딱 맞는 유형의 주의를 기울일 수 있다. 미하이 칙센트미하이는 이런 능력을 '주의 통제력^{Control Attention}'이라고 부른다.[14]

주의를 통제하는 습관을 들일 수 있도록 내가 명명한 중요한 인지 유형 네 가지를 소개한다.

- 등대 : 영감을 찾는 순간을 의미한다. 당신은 등대처럼 어두운 곳을 비추며 새로운 사람, 데이터, 질문, 문제, 광경, 소리, 냄새를 찾는다. 이런 탐색 과정은 창의적인 사람이 되기 위해 노력을 기울일 때 필요한 연료다. 6장에서 '학습' 댄스 스텝을 연습한 것과 같은 유형이다.

- 레이저 : 산만한 세상에서 주의력을 집중시키는 순간을 의미한다. 당신의 주의력이 발사하는 빛줄기는 레이저처럼 좁고 강렬해 특정 질문이나 프로젝트에 수렴한다. '집중' 댄스 스텝을 다룬 5장에서 소개한 것과 같은 유형이다.

- 연 : 공상에 빠지는 순간을 의미한다. 당신의 정신은 당신의 생각과 주위 세상이 일으키는 산들바람에 연처럼 흩날린다. 이것이 뇌의 기본 상태다. 제어하지 않으면 위험할 수 있지만, 잘 길들이면 창의성의 필수 요소가 된다. 번뜩임의 순간을 맞이할 '절호의 기회'이기도 하다.

- 관찰자 : '사고방식'을 가장 잘 아는 순간을 의미한다. 이때 당신은 한발 물러나 관찰자처럼 자기 생각을 냉정히 바라본다. 깊은 자각 상태로, 메타인지 Metacognition 또는 '생각을 생각하기'로도 불린다. 이 의식 상태에서 당신은 특정 순간에 어떤 사고방식이 필요한지 선택하는 능력을 기를 수 있다.

생각을 생각하기

쇼핑을 하든, 인터넷에 접속하든, 뉴스를 보든, 요리를 하든, 하루 종일 자신이 어떤 상태에 있는지 돌아보자. 예를 들어, 넷플릭스 다큐멘터리를 보는 동안 당신의 의식은 등대 유형일 것이다. 보고서를 작성할 땐 레이저 유형으로 바뀔 것이다. 특히 흥미로운 것은 의식이 연으로 바뀌는 순간을 인지하고 무슨 일이 일어나는지 파악할 때다. 창의적 잠재성을 발휘하려면 이 모든 의식 유형을 갖춰야 한다. 모든 유형에 익숙해져야 의식을 통제하고 각 유형을 조합할 수 있다. 신경과학에 따르면, 창의적인 사람들의 의식 유형은 한 가지로 정의되지 않는다. '주의를 열어둔 채 운전에 집중하고, 공상을 하는 동시에 마음을 챙기고, 합리적인 직감을 떠올리는 등' 그들은 어울릴 것 같지 않은 유형을 직감적으로 조합한다.[15]

생각하지 말고 느껴라

제너럴일렉트릭General Electric의 수석 개발자 더그 디츠Doug Dietz는 쩔쩔매고 있었다.[16] 그가 이끄는 팀이 수백만 달러의 자기공명영상(MRI) 기기를 설계하느라 씨름을 하고 있었기 때문이다.

MRI 기기는 의사와 간호사들이 환자의 신체 내부를 들여다보기 위해 사용하는 커다란 의료기기다. 신체 내부를 보려면 기기 전면에

난 작은 원통형 터널 안으로 들어가야 한다. 그리고 그 비좁은 공간에서 가만히 있어야 한다. 기기가 작동하는 동안 어딘가에 부딪히고 갈리는 것 같은 시끄러운 소리가 나더라도 말이다. 심지어 성인에게도 이 기기 작동 소리는 이상하고 위협적이다. 그런데 디츠가 이끄는 팀은 어린아이들에게 사용할 MRI 기기를 설계하고 있었다. 의사가 신체 내부의 깨끗한 이미지를 얻으려면 아이들이 기기 안에서 가만히 누워있어야 한다. 난제 중의 난제였다. 아이들은 비좁은 공간도, 무서운 소음도 싫어하기 때문에 깨끗한 이미지를 얻을 수 없는 건 불 보듯 뻔했다. MRI 기기는 따로 일정을 잡아야 사용할 수 있을 정도로 귀한 기기였지만, 사용 예약도 무시한 채 아이들의 깨끗한 신체 내부 영상을 얻기 위해 몇 번이나 절차를 반복해야 했다. 지친 의사들은 원활한 진행을 위해 당연하다는 듯 아이들에게 진정제를 투여하기 시작했다.

돌파구를 찾고 있던 디츠는 우연히 스탠퍼드대학교에서 디자인 씽킹 수업을 들었다. 강사들은 타인의 감정을 이해하고 공유하는 인간만의 고유한 기술인 '공감 능력'을 활용하라고 조언했다. 그들의 연구에 따르면, 인간에 관한 문제를 해결하는 첫 단계는 항상 공감이다. 깨어있는 설계자는 사용자의 입장에서 창의성을 어떻게 발휘할지 직감한다. 선불교로 치면, 다른 사람의 관점에서 제품을 경험하는 겸손한 '초심'을 품는 것이다. 면밀히 관찰해야 가능한 일이다.

'이상적인 고객은 누구인가?', '그 고객은 왜 우리 제품을 원하는가?' 부터 '고객이 행복과 불행을 느낄 요인은 무엇인가?', '고객이 진정으로 신경 쓰는 것은 무엇인가?', '고객이 경험할 혜택은 무엇인가?'까지 초심을 품어야 이런 문제를 초월할 수 있다.

개발자였던 디츠는 대개 기술적인 관점에서 해결책을 도출하려는 경향이 있었다. 그러나 공감을 해보니 다른 방법이 보였다. 그는 아이들이 유치원에서 노는 모습을 관찰하고 소아과 전문의들과 이야기를 나눴다. 어린이미술관 큐레이터를 찾아가기도 했다. 그 결과 효율적이고 저렴한 동시에 평범하지 않은 방안에 도달했다. 그의 팀은 더 조용하고 빠른 기기를 만들기 위해 수백만 달러를 쓰는 대신 MRI 기기에 색칠을 했다. 명랑한 디자인을 입히자 무서운 기기가 해적선처럼 보였다. 여기에 상상력을 조금 보탰다. MRI실 간호사들에게 아이들이 기기에 들어가기 전에 모험을 떠나자고 말해달라고 부탁했다. 아이들은 해적을 피하고 보물을 찾기 위해 기기 안에 가만히 누워 있어야 했다. 기술적인 개선 없이 놀이 개념을 적용한 이 저렴한 해결책은 불쾌한 과정을 놀이로 바꿨다. 그 결과 진정제 투여 횟수가 줄었고 기기 사용량이 늘었으며, 환자의 만족도가 90%까지 올라갔다. 한 소녀는 엄마에게 또 MRI 기기에 들어가도 되냐고 묻기까지 했다.

인간은 공감의 대가

인공지능은 '온라인 구매, 클릭, 좋아요' 이력을 보고 인간의 행동을 능숙하게 해석한다. 오늘날 스트레스로 지친 부모들이 아이들의 주의를 돌리려 아이패드를 손에 쥐여주는 일은 흔하다. 이처럼 요람에서 무덤까지 인공지능은 우리와 함께한다.

인공지능 로봇은 이제 실물로 우리 곁에 있다. 하트퍼드셔대학교의 조 선더스Joe Saunders 박사는 나날이 증가하는 노년층을 위해 '돌봄' 로봇을 제공하는 신생 분야에 몸담고 있다. 그가 개발한 페퍼Pepper는 키가 약 122cm인 로봇이다. 노인들을 위해 노래를 부르고, 말벗이 되고, 춤까지 춘다. 이러한 관리 로봇에 공감 능력을 구현하는 경쟁이 시작된 건 놀라운 일이 아니다. 그러나 인공지능의 공감은 가짜라는 점을 잊지 말아야 한다. 인공지능은 디지털 사이코패스다. 사이코패스는 감정을 읽고 타인을 마음대로 조종하지만, 역설적이게도 공감 능력은 제로다. 그들의 내면에는 변화가 일지 않는다. 인공지능도 마찬가지다.[17] 선더스는 다음과 같이 인정한다.

"로봇이 다양한 방식으로 공감하고 도움을 주는 것처럼 보일 수 있습니다. 노년층이 공감 능력을 장착한 로봇과 관계를 맺을 수도 있습니다. 그러나 당연히 로봇은 그들과 어떤 관계도 맺지 않습니다. 기계니까요."[18]

나는 요양사가 로봇으로 바뀌더라도 진정한 공감의 대가는 여전히 인간일 거라고 생각한다. 타인의 말, 행동, 감정에 민감하게 잘 대응할 수 있는 사람에게 실질적인 혜택이 돌아갈 것이다. 공감은 문제를 해결하는 능력을 높이는 데다, 정서 정보를 폭넓게 활용해 사고와 행동을 유도하는 감정지능Emotional Intelligence의 핵심이기도 하다.[19] 감정지능이 여러 직업과 역할에서 성공을 예측하는 강력한 지표라고 밝힌 연구 결과도 있다. 세계적인 리더십 기관인 CCLCenter for Creative Leadership에서 38개국 6,731명의 리더들을 대상으로 실시한 설문에 따르면, 공감 수준과 업무 수행 역량은 비례했다. 게다가 정상급 비즈니스 리더들은 공감을 더 잘하는 관리자를 최고의 성과자로 여긴다는 사실도 나타났다. '감정지능'이란 신조어를 창안한 심리학자 대니얼 골먼Daniel Goleman은 감정지능이 없는 사람을 '감정을 읽지 못하는 귀머거리'라고 지적했다.

다행히 호기심과 창의성처럼 공감 역시 의식적으로 계발할 수 있다. 일단 성공한 멘토, 상담가, 심리치료사를 따라 하고 남의 말에 귀를 기울이자. 그러면 듣고 있는 내용과 정서적 여운에 온전히 집중하게 된다. 최고 경영자를 담당하는 코치는 종종 들은 내용을 정리해 말한 사람에게 들려준다. 얼마나 충실히 들었는지 다시 한번 확인하며 스스로 훈련하는 것이다. 남의 말을 복기하는 건 매우 간단하지만 강력한 기술이다. 분쟁을 해소하는 해결책을 생각해보자. 노

사분쟁이 일어났을 때 양측이 각자의 견해를 주장하기 전에 상대의 발언을 다시 한번 반복할 경우 분쟁 해결에 드는 시간이 50%나 더 빨리 줄어드는 것으로 나타났다.[20]

인간은 대부분 공감 능력을 타고나지만, 솔직히 말해 환경에 방해를 받는다. 특히 공감을 강요받는 상황도 생긴다. 그래서 끈기가 있어야 한다. 경찰 협상가는 속으로 경멸하는 인질범과도 관계 형성을 위해 공감하며 작전을 수행하도록 훈련받는다. 그런데 공감하는 척 속이며 두 시간 정도 대화하면 많은 협상가가 범인에게 진정으로 공감을 느낀다고 한다. 신경 쓰이는 것처럼 행동하면 진짜 감정으로 이어질 수 있다.[21, 22]

휴먼 엣지 살리는 습관

상대방 훤히 들여다보기[23]
눈빛, 미묘한 표정 변화, 몸짓 등 비언어적 단서를 이해하는 것은 결국 말하지 않는 것을 듣는다는 말이다. 대화할 때마다 연습할 수 있다. 이상하게 들리겠지만, 10분간 음량을 낮추고 텔레비전을 보자. 등장인물이 어떤 감정을 어떻게 전달하는지 추측할 수 있을 것이다.

새로운 영역에 몰입하라

나는 운 좋게도 자극을 받을 수 있는 여러 장소에서 리더십 프로그램을 설계하고 진행했다. 샌프란시스코에서는 번창하고 있는 푸드마켓과 혁신적인 박물관을 둘러봤고, 런던에서는 과학·디자인·역사박물관을 여행했으며, 실리콘밸리에서는 페이스북을 비롯한 기술 기업을 탐방했다. 열악한 지역에 갔을 때는 소수 민족의 창업을 지원하는 자선단체와 협업했고, 험한 동네에 갔을 때는 바람이 부는 해변에서 조용히 걷는 행사를 열었다. 상하이에서는 시내를 느긋하게 걷고, 파리에서는 〈마스터셰프MasterChef〉 촬영장을 방문했다. 로스앤젤레스의 천문대에서 하늘을 바라보고, 프랑스 중부 비엔강에서 카누를 탔으며, 뉴욕 하이라인을 따라 분주한 거리를 발아래에 두고 걸었다. 케임브리지대학교와 옥스퍼드대학교의 성스러운 공간에 머물러 보고, 테네리페 해안에서 고래를 봤으며, 샤모니 마을을 굽어보는 알프스산맥에 올랐다.

　항공사 마일리지를 쌓고 재밌는 시간을 보낸 것만은 아니다. 여행을 떠날 때 아내에게서 정말 일을 하러 가는 게 맞냐는 듯한 의심의 눈초리를 받았지만, 정말 일을 했다. 지역을 이동하는 건 학습 경험

Learning Experience의 핵심이다. 연구에 따르면 보고, 듣고, 관찰하는 환경이 사고 중에서도 특히 창의적으로 숙고하는 능력에 영향을 크게 미친다.

새로운 장소에서 단 하루만 보내도 뇌에 변화가 일어난다. 일상과 다른 장소에서 생활하면 훨씬 더 큰 이점을 챙길 수 있다. 모국 이외의 장소에서 일정 기간 생활한 사람들은 창의력 사고 테스트에서 더 높은 점수를 기록했다. 명품 패션 브랜드를 21개 시즌 동안 연구한 결과, 창의성을 인정받으며 성공한 브랜드의 배경에는 해외 근무 경험이 있는 수석 디자이너가 있었다.[24, 25, 26] 작고한 패션 아이콘 칼 라거펠트Karl Lagerfeld가 좋은 예다. 그는 스웨덴 출신의 아버지를 둔 독일인이었지만, 업무 때문에 이탈리아와 프랑스를 오갔다. 《오리지널스》의 저자 애덤 그랜트는 새로운 장소를 방문하면 놀라운 효과를 경험한다고 주장한다.

"다른 문화를 접하면 새로운 규범, 가치관, 시각까지 경험하게 된다. 무언가 문제가 생길 때 마음대로 활용할 수 있는 여분의 자원이 생기는 것이다."[27]

휴먼 엣지 살리는 습관

새로운 환경으로 바꾸기

다른 나라에서 살 기회가 없을 수 있다. 대신 다른 도시를 방문하거나, 경력을 전환하거나, 홀로 서 있는 리조트 바깥으로 모험을 떠나보자. 또 박물관에 가서 먼 옛날로 여행을 떠나거나 소설, 연극, 영화를 통해 낯선 환경을 경험해보는 것도 좋다. 나는 광고 디자인 회사에서 창의적 리더십을 연구할 때 팀원들을 미술관에 보내는 리더들의 모습을 수없이 목격했다. 새롭고 참신한 장소를 찾아다니는 것은 에너지를 충전할 수 있는 강력한 습관이다.

휴먼 엣지 살리는 습관

방식 바꾸기

당신은 참신함을 일상적인 업무에 적용할 수 있다. 단순히 일상만 바꿔도 창의적인 통찰을 얻을 수 있다. 네덜란드 네이메헌에 있는 라드바우드대학교 교수 지모네 리터Simone Ritter는 항상 먹는 샌드위치의 만드는 방법만 바꿔도 창의성 수준을 높일 수 있다는 사실을 알아냈다.[28]

수면의 위대한 힘

우리 인간은 눈을 감고 잘 때 무슨 일이 일어나는지 오랫동안 궁금해했다. 심리학과 신경학 연구에서도 이를 주목했다. 유난히 창의적인 사람들이 평균 이상으로 잔다는 사실은 이미 잘 알려져 있다. 우리 모두 낮잠을 자고 나면 창의성이 약 33% 증가한다.[29] 자는 동안 뇌가 그날 본 것을 이해하기 때문이다.

수면의 첫 단계인 비렘수면Non-REM Sleep 상태에서 뇌는 기억을 돌이켜보고 확실히 저장한다. 일반적 상징물로 세부사항을 기억하는 식이다. 생일 파티를 예로 들면, 당신의 뇌는 모든 것을 세세히 기억하는 게 아니라 풍선, 케이크, 선물을 생일이라는 개념과 연결한다.

당신이 더 깊이 잠들어 렘수면REM Sleep 상태에 돌입하면, 신경세포가 파티를 벌이는 것처럼 발화하기 시작한다. 밤중에 창의성이 폭발하는 것이다. 이때 뇌는 매우 유연한 상태라 신경세포에 이질적인 아이디어와 그날 본 사실이 '더 쉽게' 연결된다. 카디프대학교 교수 페니 루이스Penny Lewis는 렘수면과 비렘수면이 창의성에 미치는 영향을 연구했다. 그녀는 이렇게 권한다.

"어려운 문제를 붙잡고 있다면 밤에 충분히 자야 합니다. 또 색다른 사고방식이 필요한 일을 하려면 너무 서두르지 마십시오."[30]

무시할 수 없는 일화 하나가 이 조언을 뒷받침한다. 공포물 작가

스티븐 킹Stephen King은 뉴욕발 런던행 비행기에서 식은땀을 흘리며 일어났다. 사이코 팬에게 인질로 붙잡힌 유명 소설가에 대한 악몽을 꿨기 때문이다. 그는 항공사 냅킨에 꿈속에서 본 광경을 적었다. 이 메모 한 토막이 그의 성공작 중 하나인 《미저리》로 탄생했다.[31] 폴 매카트니는 꿈속에서 슬픈 선율이 들렸다고 밝혔다. 그는 잠에서 일어나 재빨리 침대 옆 피아노로 가 코드를 찾으며 아름다운 선율을 작곡했다.[32] 〈예스터데이〉의 탄생이다. 초현실주의 화가 살바도르 달리는 열쇠가 금속판에 떨어지는 소리를 듣고 깨어나 꿈에서 본 환상을 빠르게 포착해 그림으로 그렸다. 그는 자는 동안 갑자기 깨어날 수 있게 열쇠를 손에 쥐고 잠들었다. 열쇠가 손에서 떨어져 금속판에 부딪히며 나는 소리에 잠을 깨기 위해서였다. 발명가 토머스 에디슨도 같은 이유로 손에 철구슬을 쥐고 낮잠을 잤다.

무의식은 매우 창의적이지만 통제할 수 없다. 힘이 센데 고집까지 센 코끼리 같다. 잠에서 막 깨어났을 때가 무의식을 통제할 수 있는 절호의 기회다. 당신의 의식이 잠시 그 코끼리에 안장을 씌워 놀라운 아이디어를 드러내게 할 수 있다.

한숨 자면서 생각하기

문제에 봉착하면 한숨 자는 것도 좋다. 특히 막 일어났을 때 주의를 기울이자. 생각은 비몽사몽 할 때 잘 짜인 연결고리에서 벗어나 이리저리 널뛴다.[33] 생각난 것을 적어두자. 한밤중에 흥미로운 생각을 머릿속에 담고 일어날 때를 대비해 침대 밑에 공책을 놓아두자.[34]

도와줘요, 수면 위원회

잠은 자는 것만으로도 이득이다. 그런데 이때 자고 있는 뇌에 도움이 될 만한 힌트를 줄 수도 있다. 해결하고 싶은 문제를 자기 직전에 떠올려보자. 1993년 하버드대학교에서 실시한 연구에 따르면, 연구자가 실험 참가자들에게 자기 전에 한 개의 질문을 하자 그중 절반이 그 문제에 대한 꿈을 꿨고, 4분의 1은 꿈속에서 해결책을 찾았다. 무의식을 원활히 돌아가게 하려면 밤에 영감을 주는 글을 읽자. 소설이든 실화든 영감을 주고 렘수면에 돌입했을 때 새로운 정보를 제안하는 내용이 적당하다. 미국의 소설가 존 스타인벡 John Steinbeck은 "밤중에 수면 위원회를 거치고 나면 어려운 문제가 대개 해결된다"고 말했다.

일단 해 봐!

손을 들고 새로운 아이디어가 있다고 밝히는 일은 어렵다. 특히 똑똑하고 이뤄놓은 게 많거나 경험 많은 사람들과 어울릴 때 더욱 그렇다. 코미디언 에릭 아이들Eric Idle은 1960년대 후반, 영국 코미디 극단 몬티 파이선Monty Python에 들어갔을 때 자신이 한심할 정도로 수준이 떨어진다고 느꼈다. 그는 자신만의 속도로 혼자 글 쓰는 것을 좋아했지만, 극단 동료들은 작은 팀을 이뤄 글 쓰는 작업을 했다. 그들은 모두 함께 모여 당대 인기 텔레비전 프로그램이던 〈몬티 파이선 쇼〉에 어떤 아이디어를 반영할지 투표했다. 아이들은 혼자 작업했기 때문에 한 표만 얻을 게 뻔했다. 절망적이었다.

"저를 제외하고 다섯 명에게 확신을 줘야 했습니다. 게다가 그 사람들이 제 아이디어를 너그러이 수용할 수 있어야 했죠."

그는 자신의 음악적 영웅인 비틀스The Beatles의 기타리스트 조지 해리슨에게서 힘을 얻으며 견뎠다. 해리슨 역시 다른 멤버의 그늘에 가려 살았기 때문이다. 비틀스의 히트곡 다수는 존 레논과 폴 매카트니의 작품이다. 해리슨은 가장 재능 있는 멤버라고 인정받지 못했지만, 비틀스의 명곡 중 하나인 〈히어 컴즈 더 선Here comes the Sun〉을 작곡했다.[35]

위대한 아이디어조차 처음 등장할 때는 방이 떠나가라 비웃음을 당하기도 한다. 재능이 있지만 대번에 거절당했던 사람들의 정신을 장착해보자. 확신을 잃지 않는 데 도움이 된다. 베토벤의 5번 교향 곡 〈운명〉은 처음 발표했을 때 청중에게 확실한 인상을 남기지 못했다. 하지만 지금은 베토벤의 대표곡 중 하나다. 빈센트 반 고흐는 생전에 그림을 거의 팔지 못했다. 음식이나 화구를 마련하기 위해 팔아야 했던 그림이 지금은 백만 달러에 거래된다.[36]

스티브 잡스와 스티브 워즈니악은 그들의 아이디어에 대해 다른 사람들이 악담을 하자 단둘이서 애플을 시작했다. 그들은 생각에 생각을 거듭한 끝에 (잡스가 일했던) 게임회사 아타리Atari와 (워즈니악이 개발자로 일했던) 휴렛팩커드의 관리자 그리고 회로 기판 부품을 공급하는 제조회사 소유주에게 애플 지분을 넘기려 했다.[37] 그러나 모두 손사래를 쳤다. 후에 그들은 애플의 기업 가치가 산업계 최초로 1조 달러(약 1,112조 3,000억 원)에 육박하자 과거의 결정을 후회했다.

J.K. 롤링의 《해리포터》 시리즈는 자그마치 열두 곳의 유명 영국 출판사에서 퇴짜를 맞았다.[38] 그들은 해리포터 시리즈가 너무 길고 특권층이 다니는 사립학교가 배경이라 일반 독자들에게 외면받을 거라며 거절했다. 이제는 너도나도 롤링이 해리포터 시리즈로 얼마를 벌어들였을지 추측하려 하지만, 롤링이 해리포터 덕에 최초로 10억 달러(약 1조 1,123억 원)를 번 작가에 등극했다는 데에는 대체로 동의한다.

당신이 어떤 아이디어를 확신한다면 거절과 조롱을 감수해야 한다. 재능을 믿고 시도해보자. 모두 애플이나 해리포터 같은 결과를 맞이하진 않겠지만, 그래도 용기를 내어 끈기 있게 밀어붙이면 창의성 측면에서 개인적으로 작더라도 중요한 승리를 거두게 될 것이다. 예를 들어, 에릭 아이들이 직감을 따르지 않았다면 1979년 영화 〈라이프 오브 브라이언Life of Brian〉을 뮤지컬처럼 끝내자고 제안하지 못했을 것이다. 그의 제안에 감사를 전하자. 그 덕에 철학적인 동시에 웃기는 히트곡 〈인생의 밝은 면Bright Side of Life〉이 탄생했다. 이 곡은 코미디의 고전이자 영국에서 가장 많이 사용되는 장례곡이다.

창의적인 행동은 미루기 쉽다. 그 행동이 어디로 향할지, 어떤 효과를 거둘지 알 수 없기 때문이다. 미지의 세상으로 도약하려면 결단력이 필요하다. 미국의 소설가 앤 라모트Anne Lamott가 인정하듯 극소수의 작가만이 끝내는 순간까지 자신이 무엇을 하는지 안다.[39]

과정에 확신을 가지면 시작할 수 있다. 원고, 요약본, 단계 등 무엇이든 항상 '처음'이 가장 어렵다. 당신이 읽고 있는 이번 장 역시 현재 형태를 갖추기 전까지 많은 수정을 거쳤다. 글을 계속 써나가려면 페이지에 수많은 단어를 쏟아내고 좋은 결과가 있길 바라면 된다. 이 과정은 처음에 생각한 내용이 별로라는 당연한 사실 때문에 힘들다. 가공되지 않은 생각이 자신의 무능과 약점을 드러낼지도 모른다는 생각에 두려워지게 된다.

무엇이든 시작할 때 자신에게 들이댄 기준을 낮추는 게 중요하다. 나는 항상 초안이 아무리 형편없어도 세상에 내놓기 전까지는 초안을 보는 사람이 없다는 사실을 떠올린다. 스티븐 킹은 저서 《유혹하는 글쓰기》에서 이 고통스러운 시작을 '즉흥적 글쓰기'라고 부른다. 처음에는 요령 없이 즉흥적으로 마구 쓰기 때문이다.[40] 가장 기본적인 방식으로 생각을 조합하고 형편없는 초안을 견딜 수 있다면 대개 그것을 계기로 상황이 나아진다. 극작가이자 시인이며 《아티스트 웨이》의 저자인 줄리아 카메론Julia Cameron은 매일 아침 거르지 않고 '모닝 페이지Morning Pages'를 쓴다. 의식의 흐름대로 무엇이든 세 장 분량의 글을 적는다. 그녀는 "모닝 페이지를 쓸 때 새로운 아이디어가 떠오른다"고 말했다.[41]

무엇이든 창조하고 싶다면 시작해야 한다. 최초의 시도는 조잡할지언정 최소한 무엇이 효과를 거둘지 알려준다. 이후 다시 시도하면 비교적 더 나아진다. 3차 시도부터는 어떻게 해야 명쾌하게 내용을 전달할지 미세하게 다듬을 수 있다. 어려운 글, 안무, 작동 모형, 새로운 프로젝트 등 당신 앞에 놓인 게 무엇이든 반드시 불안과 공포를 떨쳐내야 한다. 노벨문학상 수상자 윌리엄 포크너William Faulkner는 이렇게 조언한다.

"해안이 시야에서 사라져도 된다는 용기가 있어야 새로운 수평선을 향해 헤엄칠 수 있습니다."

우리는 유명 화가이자 사진작가인 척 클로스의 명언으로 이번 장을 열었다. 그는 또 이렇게 말했다.

"과정을 따르면 어느 정도 해방감을 느낍니다. 매일 새로운 것을 내놓을 필요는 없어요. 적어도 작업을 하는 날이 일부 있으니까요. 꾸준히만 한다면 어딘가에 도달할 겁니다."[42]

이번 장에서 우리는 반짝이는 통찰에 활기를 더할 기초 작업에 집중했다. 다음 장에서는 창의성의 두 번째 댄스 스텝인 '발화'를 다루는 동시에 장기간 영감을 주는 독창성을 유지하는 방법에 대해 알아볼 것이다.

• 창의성은 신이 내린 재능이 아니라 준비와 노력의 산물이다.

• 창의적인 인물이 되는 것이 아니라 아이디어 '이전의' 기초 작업에 집중하자.

• 창의적 습관은 매일 발휘하는 기술 속에서 아이디어를 떠올릴 수 있도록 도와줄 것이다.

• 창의적 습관을 시작하려면
  - 자극을 주는 전리품을 실제 공간이나 온라인에 수집하자.

  - 조잡한 시작을 두려워하지 말고 재능을 믿고 시작하자.

• 더 많은 아이디어를 가지려면
  - 예기치 못한 것과 평범하지 않은 것에 주목하자.

  - 집중 스위치를 켜고 당신의 인지 유형(등대, 레이저, 연, 관찰자)을 인식하자.

  - 말하지 않는 것까지 잡아내고 감정을 관찰해 공감 능력을 계발하자.

• 난관에서 벗어나려면
  - 주위 환경과 일상적인 행동 방식을 바꾸자.

  - 수면을 통해 무의식의 놀라운 힘을 이용하자.

지금 당장 휴먼 엣지 살리는 실험

준비, 발사, 조준

경영서 작가 톰 피터스^{Tom Peters}는 "창조 과정은 '준비, 조준, 발사'가 아니라 '준비, 발사, 조준'이어야 한다"고 조언한다.**43** 창의적인 프로젝트를 시작할 때 가장 낮은 장벽은 무엇일까? 미래의 원고를 저장할 컴퓨터 폴더를 생성한 후 이름 짓기, 의도를 밝히는 문자 친구에게 보내기, 작업물 제목 정하기(내 경험상 제목은 많이 바뀔 수 있다), 공책에 필요한 것 적기 등이다. 사실 무엇이나 도움이 될 것이다.

다음 주를 대비해 매일 30분씩 일기장에 생각을 정리해보는 건 어떨까? 무슨 생각을 하든 예전에 나이키가 주장한 것처럼 '한 번 해보자!^{Just do it}'. 독일의 작가이자 정치가인 요한 볼프강 폰 괴테는 시작의 중요성을 시로 표현했다.

"무엇을 하든, 혹은 할 수 있다고 꿈꾸는 것이 무엇이든 시작하라. 대담함은 내면에 천재성, 힘 그리고 마법을 품고 있다."

창의성으로 향하는 길은 단 하나, 미지의 세계로 향하는 작은 발걸음이다.

아이디어 무한 증식시키기

더 많은 아이디어를 얻기 위해
창의적 슈퍼스타들의 비결을 훔쳐라!

"아이디어는 토끼 같다.
토끼 한 쌍을 구해다가 키울 줄 알게 되면 금방 열두 마리로 늘어난다."

존 스타인벡, 소설가[1]

● 초능력 : **창의성**

● 댄스 스텝 : **발화**

● 생각을 자극하는 질문들 :

 – 어떻게 창의적 잠재성을 구축할 수 있을까?

 – 어떻게 아이디어를 자주, 더 많이 떠올릴 수 있을까?

 – 어떻게 작은 아이디어를 큰 아이디어로 결합할 수 있을까?

● 4C 가치 : **자주 그리고 더 많이 아이디어 떠올리기**

프랑스의 한 작은 마을 쿠브레^{Coupvray}. 열한 살 소년이 분주한 마구간에 앉아 자신의 처지를 골똘히 생각하고 있었다. 그 소년은 무척이나 글을 읽고 싶었지만, 어릴 때 아버지의 작업장에서 사고를 당한 후 앞을 볼 수 없었다. 그때 친구가 그의 손에 솔방울을 쥐어줬다.[2] 깔때기 모양을 한 익숙한 목재 물체를 손가락으로 훑자 아이디어가 하나 떠올랐다. 울퉁불퉁한 솔방울처럼 글자를 페이지 위로 튀어나온 돌기와 점으로 표현할 수 있다면 글씨를 읽을 수 있지 않을까? 루이 브라유^{Louis Braille}가 소년이던 1818년 당시 떠올린 아이디어와 손에 들고 있던 솔방울을 연결한 개념은 점자법으로 이어졌다. 그 덕분에 앞이 보이지 않는 수백만 명이 혼자 힘으로 글을 읽을 수 있게 됐다.[3]

브라유는 서로 다른 두 개념을 하나의 새로운 아이디어로 융합했다. 뇌는 이런 일을 하도록 설계되어 있다. 이전 8장에서 우리는 아이디어를 떠올리고 알아차릴 수 있도록 정신적, 신체적으로 준비하는 과정인 '활기' 댄스 스텝에 대해 알아봤다. 이번 장에서는 한 가지 통찰을 여러 형태로 확장하는 경로를 살펴보자. 또 창의성을 높이기 위해 모든 형태의 통찰을 하나로 엮는 방법에 대해 알아보자.

더 좋은 것 말고 더 많이

다수의 연구 결과 건축, 해부학, 생명공학, 임상심리학, 요리 등 여러 분야에서 절반 이상의 혁신은 해당 전문 분야의 상위 10% 사람들에 의해 이루어졌다.[4] 자신의 분야에서 창의적 슈퍼스타로 알려진 사람들이다. 흥미롭게도 그들은 모두 간단하지만 매우 강력한 비법을 공유한다. 다음 목록을 보고 비법이 무엇인지 생각해보자.

- 수학자 팔 에르되시Paul Erdös는 1,500여 건 논문의 공동 저자다.
- 파블로 피카소는 그림을 20,000점 이상 그렸다.
- 공포 소설 작가 스티븐 킹은 50여 권의 장편소설과 200여 권의 단편소설을 썼다.[5]
- 요한 제바스티안 바흐는 매주 한 곡씩 작곡했다.[6]
- 알베르트 아인슈타인은 248건의 논문을 게재했다.[7]
- 토머스 에디슨은 특허를 1,000건 이상 출원했다.
- 리처드 브랜슨Richard Branson은 버진Virgin 그룹 산하의 사업을 100여 개 시작했고, 여전히 그룹을 확장하고 있다.[8]

당신은 창의적 슈퍼스타의 성공을 모방하려면 최대한 큰 가치를 품은 아이디어를 떠올려야 한다고 생각할 것이다. 문제는 그 아이디어가 그럴싸하게 보여도 안 먹힐 수 있다는 데 있다. 일류 기업가, 예술가, 과학자들이 성공하는 것은 남들보다 더 좋은 아이디어를 갖고 있어서가 아니다. '더 많은' 아이디어를 냈기 때문이다. 그들은 양이 질로 이어진다고 생각한다. 잭팟 확률을 높이기 위해 인생이라는 룰렛 테이블에 넓게 베팅하는 것이다.

프랑스 철학가이자 작가인 에밀 오귀스트 샤르티에는 "아이디어가 하나일 때 가장 위험하다"고 말했다.[9] 이 말을 들으니 노련한 도박사와 투자자의 지혜가 떠오른다. 그들은 자신의 결정이 꼭 좋은 결과로 이어지지 않는다는 사실을 잘 알기 때문에 포트폴리오를 구축한다.

위대한 예술가의 삶을 봐도 알 수 있다. 피카소는 훌륭한 작품을 여럿 그렸지만 반파시스트 흑백 그림인 〈게르니카Guernica〉를 비롯한 일부 작품으로 유명하다. 아인슈타인은 상대성이론을 다룬 논문 네 편으로 알려졌다. 에르되시의 경우 그가 내놓은 수학적 통찰 중 극소수만 영향력을 미치고 있다. 대다수 비평가는 스티븐 킹의 소설 중 《샤이닝》과 《그것It》을 최고로 꼽는 반면 다른 작품은 그저 그렇다고 평한다. 브랜슨은 열여섯 살에 학교를 중퇴하고 학생 잡지로 첫 사업을 벌였지만 금방 실패를 맛봤다. 이후 50년이란 기나긴 시간을 보내고 난 뒤 억만장자가 됐다. 그 과정에서 그는 버진 브라이드Virgin Brides, 버진 콜라Virgin Cola, 버진 카Virgin Cars 등 재앙이라고 할 만한

실패를 여러 번 겪었다.[10]

놀랍게도 창의적 우상의 시험관, 사업 계획, 악기 등에서 나온 대부분의 작업은 우리와 크게 다를 바 없다. 동시대 사람들의 작품보다 가치 있다고 볼 수도 없다. 그러나 창의적인 사람들은 성공적인 프로젝트로 이어질 수 있는 작업을 많이 하기 때문에 잭팟 가능성을 높일 수 있다. 아이디어가 차고 넘쳐야 결실을 맺고 대성공을 거둘 확률이 높아진다. 창의적 슈퍼스타는 수없이 많은 문을 밀고 들어가 비범하거나 흥미로운 것을 찾을 가능성을 높인다. 이렇게 하려면 투지가 뒷받침되어야 한다. 창의적 슈퍼스타는 실패를 예상하면서도 계속 전진한다. 조지 R.R. 마틴George R.R. Martin이 쓴 판타지 소설을 각색해 전 세계적으로 큰 성공을 거둔 드라마 〈왕좌의 게임〉의 공동 제작자이자 총책임자인 D.B. 와이스D.B. Weiss는 이렇게 인정한다.

"저는 수년간 실패를 거듭했습니다. 그 덕에 더욱 단단해졌지요."[11]

다다익선多多益善은 분야에 상관없이 효과를 거둘 수 있는 창의적 접근법이다. 영화사 픽사Pixar의 애니메이터들은 성공을 거둔 CGI 애니메이션 〈월-E〉를 제작하기 위해 스토리보드를 10만 개 이상 내놨다. 이때 등장한 장면들과 반전이 모두 애니메이션에 반영되진 않았다. 그러나 엄청난 노력을 쏟은 수많은 스토리보드 사이에서 최종 스토리라인이 등장했다.[12] 시사만화로 정평이 난 〈뉴요커The New Yorker〉에

만화를 제출하는 많은 프리랜서 역시 깔때기 같은 과정을 거친다. 매주 프리랜서 50여 명이 편집자에게 최대 10개의 스케치를 이메일로 보내 게시를 부탁한다. 이 10개는 프리랜서가 이메일의 '보내기' 버튼을 누르기 전 저마다 140여 개의 아이디어를 브레인스토밍한 끝에 선정한 결과물이다. 프리랜서들이 떠올린 7,500개의 아이디어 중 500개가 출판사에 전달되고 그중 딱 12개만 잡지에 실린다.[13] 적자생존을 주장한 다윈의 진화론을 보는 기분이다.

캘리포니아대학교 데이비스캠퍼스의 심리학 교수 딘 키스 사이먼튼Dean Keith Simonton은 과학자들이 어떻게 자신의 분야에서 정상에 올라서는지 밝히기로 결심했다. 더 알아보기 위해 세계에서 가장 저명한 연구자들을 대상으로 데이터베이스를 구축했다. 그 결과, 양이 질로 이어진다는 원리가 과학계에서도 유효하다는 사실을 똑똑히 확인했다. 그러나 흥미로운 역설 역시 발견했다. 과학계의 슈퍼스타들은 논문을 많이 쓰다 보니 일반적인 과학자들보다 '덜 중요한' 논문을 많이 게재한다는 사실이다.[14] 창의적 슈퍼스타에게도 '김빠지는 일, 아차 싶은 사례, 손 쓸 수 없는 실패'가 찾아온다. 게다가 너무 많이 창조하다 보니 우리보다 '더 자주' 실패를 경험한다. 그러니 노벨 화학상과 평화상을 수상한 라이너스 폴링Linus Pauling이 '좋은 아이디어를 얻으려면 아이디어를 많이 떠올려야 한다'고 조언할 만하다.[15]

수렴적 사고에 확산적 사고를 더해야

평생 창의성을 계발하는 사람이 있는가 하면 반대로 창의성을 잃는 사람도 있다. 그 이유는 무엇일까? 처음으로 돌아가 보자. 어릴 때는 아는 게 별로 없다. 당신의 정신은 티끌 하나 없는 유리잔 같았다. 뭔가를 배우면 새로운 지식이 유리잔 속에서 자유롭게 섞이고 결합했다. 유연한 생각 덕에 새로운 지식과 아이디어를 쉽게 받아들이고 온갖 종류의 연상과 섞어 지능을 키웠다. 이후 학교에 입학하면 그때부터 과목별 수업을 들었다. 그러면서 배운 내용을 정의하고 이름표를 붙여 영역을 분류하기 시작했다. 서서히 역사와 화학이, 경제와 체육이 분리됐다. 실제 학업에서 열정적인 취미가 떨어져 나갔다. 유리잔 속에 담겨 있던 물은 시간이 지나면서 당신이 계발한 작은 전문 분야를 담은 각얼음처럼 변했다.

이런 식으로 학문을 구분하는 것은 단 하나의 정답을 찾기 위해 주제를 나눠야 하는 분석적 사고에 적절하다. 분석적 사고를 하는 동안 당신은 합의된 해법에 도달하기 위해 특정 규칙과 논리 단계를 따른다. 동시에 의식적으로 생각과 아이디어를 판단해 비판하고 정제하거나 제거한다. 심리학자들은 이렇게 생각과 아이디어를 제거하는 과정을 '수렴적 사고Convergent Thinking'라 부른다.

이때 '어떻게 하면 알람시계를 더 좋게 만들 수 있을까?'라는 창의성을 요구하는 흥미로운 문제를 주면 무슨 일이 생길까? 이 경우 수렴적 사고는 그다지 도움이 되지 않는다. 당신의 분석적 사고는 '알람시계'라고 이름표가 붙은 얼음을 골라 꼼꼼히 조사하기 위해 '작은 유리잔'으로 옮길 것이다. 문제는 이 인지 유리잔이 알람시계와 관련된 당신의 과거 연상만 갖고 있다는 점이다. 그래서 유리잔을 아무리 많이 흔들어도 결국 아주 조금 더 나을 뿐 별반 다르지 않은 알람시계를 얻게 된다.[16]

이런 문제에는 수렴적 사고의 소란스러운 형제인 '확산적 사고 Divergent Thinking'가 필요하다. 확산적 사고는 즉흥적이고 자유로이 흐르며 비선형적 추론을 일으킨다. 여러 얼음을 데워 새로운 혼합물로 섞는다. 운이 좋다면 생김새와 기능이 완전히 다른 알람시계를 내놓을 수 있다. 확산적 사고는 여러 선택지를 제시한다. 당신은 아래 그림처럼 수렴적 사고를 발휘해 선택지를 하나씩 제거할 수 있다.

확산적-수렴적 창의적 과정

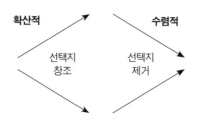

확산적   수렴적

선택지 창조   선택지 제거

일부 학교는 각얼음 모형에 이의를 제기한다. 미국 버몬트주에 있는 한 학교는 창의적 사고를 모든 과목에 적용하기 시작했다.[17] 기하학을 추상미술 관점으로 가르치는 식이다. 부장 교사에 따르면, 수학 점수가 창의적 사고 적용 이전보다 두 배 상승했다고 한다. 그러나 여전히 이런 접근은 극소수에 불과하다. 학교와 조직은 대체로 분석적 사고와 수렴적 사고를 성스럽게 떠받는다. 확산적 사고를 인식하거나 수렴적 사고에 더하지 않는다. 심지어 확산적 사고를 보고 얼굴을 찌푸리기까지 한다.

확산적 사고가 품은 힘을 인정하지 않기 때문에 세상은 의도치 않게 종종 창의성을 해친다. 이러니 배회, 탈선, 횡설수설, 갈등, 이탈, 일탈, 불일치 등 정해진 것에서 벗어나는 의미를 지닌 여러 어휘를 부정적으로 생각하는 것도 당연하다. 알람시계를 비롯한 창의적 문제를 해결하려면 확산적 사고와 수렴적 사고 모두 필요하다. 창의성을 되찾기 위해 수렴적 사고방식에 확산을 다시 합쳐야 한다. 왼쪽 그림을 보면 확산적 사고와 수렴적 사고가 직선 경로를 따라 한 번에 딱 끝나는 것 같다. 그림처럼 수렴하기 전에 확산하는 게 좋다. 그러나 현실에서 이 두 가지 사고는 자기 꼬리를 쫓는 강아지처럼 서로 쫓고 쫓긴다. 당신은 많은 아이디어를 떠올리고 후보를 좁히며 최고의 아이디어를 선택하기 전에 다시 확산으로 돌아갈 수 있다. 어떤 사고가 필요한지 인식하고 그에 따라 생각하는 게 중요하다.

사고에서 일탈하는 방법

심리학자 엘리스 폴 토런스Ellis Paul Torrance는 가장 널리 사용되는 확산적 사고 테스트를 개발했다. 이 테스트는 사고 확장을 촉진한다. 창의적인 이야기를 하게 하고, 제품을 개선하라고 요청하며, 원이나 사각형과 같은 단순한 도형으로 새로운 상품을 발명하라는 문제를 낸다. 또 '모든 학교가 폐교된다면 교육을 받기 위해 어떤 노력을 하겠는가?' 등 일상에서 접할 수 있는 문제에 확산적 응답을 요구한다. 채점 기준은 네 가지다.

- **유창성** : 유의미하고 해결책과 관련 있는 아이디어 '개수'
- **유연성** : 아이디어를 적용할 수 있는 다양한 '범주'의 양
- **독창성** : 아이디어의 통계적 '희귀성'
- **정교성** : 아이디어의 '세부적인' 수준

휴먼 엣지 살리는 실험

예외적 용도 실험

확산적 사고 테스트 중 하나인 '예외적 용도 실험Alternative Use Test'을 해보자. 익숙한 물건을 다른 시각으로 보면 된다. 집에 있는 흔한 물건 하나를 고르자. 나는 방금 집안을 둘러보다 이런 것들을 골랐다.

창의성을 널뛰게 하는 농담의 원투펀치

매년 에든버러 프린지 코미디 페스티벌Edinburgh Fringe Comedy Festival에서는 가장 재밌는 농담에 투표를 한다. 2018년 아담 로우는 짤막한 농담 하나로 우승했다.

"취업지원센터에서 일하는 건 분명 어려울 겁니다. 해고당한 다음 날에도 얼굴도장을 찍으러 가야 하니까요."

2017년 켄 쳉은 이런 농담을 던져 우승을 거머쥐었다.

"이번에 새로 나온 파운드 동전이 마음에 안 듭니다. 아 맞다, 나 원래 동전 싫어했지."

2016년에는 마사이 그레이엄이 우승했다.

"우리 존경하는 아버지께서 제게 장기기증 서약서에 서명하라고 말씀하셨습니다. 그리고 제 심장을 받으려고 대기 중이시죠."[18]

당신은 세 농담 모두 동일한 구조라는 걸 눈치챘을 것이다. 뼈대를 잡는 셋업라인Set-up Line 뒤에 결정적 구절인 펀치라인Punch Line이 등장한다. 셋업라인은 곧게 뻗은 철로를 따라 접근하는 기차 같다. 우리는 셋업라인을 듣고 다음 내용을 넘겨짚는다. 그러나 펀치라인이 기차를 탈선 시켜 완전히 예기치 못한 방향으로 이끈다.[19]

농담은 창의적 사고처럼 당신을 놀라운 곳으로 이끈다. 학자 에드워드 드 보노Edward de Bono는 수십 년간 연구 끝에 '수평적 사고Laterd Thinking'라는 기술을 개발했다. 수평적 사고는 평소와 다른 방식으로 창의적인 시각에서 문제를 보고 해결하는 개념이다.[20] 유머처럼 기존의 단계별 논리를 따르지 않는다. 유머와 수평적 사고 모두 합리성이란 곧게 뻗은 길에서 벗어나 예기치 못한 즐거운 해법을 제시한다.

과학자들은 유머와 창의성이 뇌의 같은 부위를 간질인다는 사실을 발견했다. 웃음이 신체에 미치는 영향을 연구하는 학자를 '웃음학자Gelotologist'라고 한다. 1950년대 이후 그들은 유머와 창의성 사이의 밀접한 관계를 실험을 통해 정립했다.[21] 너무 웃긴 나머지 숨이 넘어갈 듯한 사람들의 뇌를 스캔했다. 이를 통해 웃음이 창의성처럼 뇌의 모든 영역을 자극하는 매우 복잡한 인지 기능이란 사실을 발견했다. 당신의 좌뇌는 농담을 '지어내고', 우뇌는 농담을 '받아들이도록'

돕는다.[22] 재밌는 사람과 함께하면 세상을 다르게 볼 수 있다.

이 연구에서 전하는 통찰은 이렇다. 확산적이고 창의적인 사고를 너무 진지하게 받아들이지 말 것. 한 연구진이 효과적인 브레인스토밍을 하기 위해 제품 설계자들과 즉흥 코미디언들을 서로 겨루게 했다. 놀랍게도 제품 설계자들보다 코미디언들이 아이디어를 20% 더 많이 떠올렸다(유창성). 게다가 그들의 아이디어가 25% 더 창의적이었다(유연성). 이 연구에서 즉흥 코미디 훈련 방법인 웜업 게임Warm-up Game(순발력 및 기억력을 요구하는 다양한 게임-옮긴이)을 제품 설계에 효과적으로 적용할 수 있다는 사실이 확인됐다. 연상적 사고Associative Thinking를 강하게 촉진하기 때문이다. 웜업 게임을 적용하자 브레인스토밍을 하는 동안 아이디어 발생률이 37% 상승했다.[23]

휴먼 엣지 살리는 실험

코미디 웜업 게임

인터넷을 조금만 뒤지면 웜업 게임을 산더미처럼 찾을 수 있다. 최고로 꼽히는 게임 중 하나는 '자유 연상Free Association'이다. 한 사람 이상과 짝을 이뤄 '쥐', '덫', '돛', '바람', '바람둥이'와 같이 상대방이 말한 단어와 연관된 단어를 재빨리 말해야 한다. 보다 확산적으로 생각하려면 코미디언처럼 웜업 게임을 하며 웃음이 끊이지 않도록 노력하자. 도움이 될 것이다.[24]

웃긴 알고리즘?

우리는 한 줄짜리 농담에 간단한 규칙, 즉 셋업라인 뒤에 펀치라인이 있다는 사실을 발견했다. 아마 당신은 이런 규칙이 있기 때문에 인공지능이 농담을 잘 지어낼 거라고 생각할 것이다. 틀렸다. 현재 농담과 밈(SNS 등에서 유행하는 짤방 혹은 패러디물—편집자)을 제작하는 알고리즘이 여럿 있지만, 다들 심각할 정도로 안 웃기다. 농담을 제작하는 인공지능이 지어낸 '농담'을 살펴보자.

> 전구를 가는데 필요한 고양이를 뭐라고 부를까?
> 그들은 바나나를 무서워할 것이다.[25]

농담으로 보기 민망할 정도로 형편없다. 유머에는 자각, 자연스러움, 언어 구사력, 공감 그리고 창의성이 필요하다. 인공지능에게 짧막한 농담 한마디가 능력 밖의 일이라면 즐거운 일화를 들려주거나 즉흥적으로 재밌는 이야기를 하는 일은 훨씬 힘에 부칠 것이다. 튜링 테스트의 최종 단계는 인간을 웃기는 것이다. 인공지능에게 농담 정복은 가혹할 정도로 어렵다. 그러나 인간에겐 별것 아니다.

휴먼 엣지 살리는 실험

코미디를 권하는 이유

심리학자 카루나 수브라마니암Karuna Subramaniam은 실험 참가자들을 두 집
단으로 나눠 서로 다른 영화를 보게 했다. 한 집단은 코미디 영화를, 다른
집단은 무섭기로 악명 높은 공포 영화 〈샤이닝〉을 봤다. 이후 두뇌 회전이
필요한 단어 연상 퍼즐을 풀게 했더니 코미디 영화를 관람한 집단이 훨씬
더 창의적이었다. 흥미가 생긴 수브라마니암은 MRI 기기로 실험 참가자들
의 뇌를 스캔했다. 그 결과 코미디 영화를 관람한 집단의 전대상피질Anterior
Cingulate Cortex 활동이 증가했다는 사실이 밝혀졌다. 이 부위는 창의성과 연관
되어 있다.[26]

점을 연결하라

아이디어를 조합한 인물은 점자법을 만든 루이 브라유만이 아니다.
아인슈타인은 창의성을 '결합 놀이Combinatorial Play'로 분류했다. 네이선
미어볼드Nathan Myhrvold는 다작하는 발명가로 디지털 디스플레이와 3D
그래픽, 수술용 스테이플, 유전체 선발Genomic Selection에 이르기까지 여
러 특허에 이름을 올렸다. 그의 관심 분야는 이보다 훨씬 더 다양하
다. 공룡과 소행성을 연구하고, 요리책을 쓰고, 새로운 원자로를 발

명했다. 어떻게 새롭고 혁신적인 아이디어를 얻느냐는 질문에 그는 이렇게 밝혔다.

"한 분야에서 아이디어를 끄집어내 다른 분야에 적용할 때 불꽃이 튀듯 창의성이 솟아납니다. 완전히 다른 맥락에 적용하는 거지요."[27]

두 가지 아이디어를 융합해 독창적인 것을 고안하는 방법은 모든 창의성의 토대다. 1440년 독일의 대장장이이자 장인인 요하네스 구텐베르크Johannes Gutenberg는 인쇄 속도를 높인다면 큰 기회를 잡을 수 있겠다고 직감했다. 그는 기존 기술인 가동 활자에 와인 생산에 쓰는 스크루 프레스를 접목했다. 이렇게 탄생한 인쇄기는 도서 대량 생산과 유럽의 빠른 지식 보급에 힘을 실었다.[28] 그로부터 500년 후 스탠퍼드대학교에서 박사 과정을 밟던 전도유망한 두 컴퓨터 과학자 역시 정보 이용을 더욱 용이하게 만들고 싶었다. 그들은 새롭게 떠오른 인터넷이라는 기술에 호기심을 가졌고, 웹페이지끼리 연결되는 방식을 연구하는 사람이 없단 사실을 깨달았다. 그들은 하이퍼링크Hyperlink가 학계의 인용처럼 기능할 거라 생각했다. 두 젊은이는 래리 페이지Larry Page와 세르게이 브린Sergey Brin이다. 그들이 바로 구글을 세웠다.[29]

브라유, 구텐베르크, 페이지, 브린이 한 행동을 심리학 용어로 '원격 연상Remote Association'이라고 한다. 다음과 같이 별로 관련 없어 보이는 개념을 연결하는 것을 의미한다.

- 솔방울 - 눈먼 상태로 읽기
- 와인 프레스 - 인쇄
- 학계 인용 - 인터넷 링크

1964년 헝가리 출신 영국 작가 아서 쾨슬러Arthur Koestler는 모호하고 복잡한 인간의 창의성을 일반적으로 설명할 수 있는 이론으로 정립하려 했다. 그는 저서 《창조 행위The Act of Creation》에서 '이연연상Bi-association'이라는 신조어를 만들었다. 관련 없는 두 개념에서 끌어낸 요소를 통합하는 것이다. 스티브 잡스는 산업을 바쁘게 재편하는 일에서 물러난 후 혁신 과정을 강조하는 평론가로 활동했다. 그는 한때 창의성을 '점을 연결하는 것'이라 말하며 이렇게 덧붙였다.

"창조적인 사람들에게 그것을 어떻게 해냈냐고 물어보면, 그들은 뭔가를 한 게 아니라 단지 뭔가를 봤을 뿐이라고 말합니다. 진짜 그렇기 때문에 약간 죄책감을 느낄지도 모릅니다."[30]

지금까지 소개한 창의적인 관찰자들은 모두 관련 없는 두 아이디어를 통합하는 능력을 보유했다. 창의성이란 인간의 초능력만 있으면 된다. 일일 학습과 질문을 통해 익숙하지 않은 개념을 자연스레 접할 수 있다. 이때 뇌는 노력하지 않아도 그 개념을 융합하고, 조합하고, 통합한다. 그러나 당신은 두 개념을 의도적으로 연결하고 싶을 때도 있을 것이다. 그렇다면 이미 입증된 다음 전략을 참고하자.

의미 전달자, 비유 활용하기

당신의 말은 다채로운 조합으로 어지럽다. 인간의 의사소통은 원래 창의적이다. 우린 모두 무의식적으로 은유('아기는 천사야')나 직유('인생은 경주와 같다')를 사용해 요점을 전달한다. 비유(은유와 직유를 포함한 큰 범주-편집자)는 깊이와 의미를 더하고 요점을 더욱 분명히 전달하기 위해 이질적인 두 개념을 연결한다. 내가 "내 팀을 재구성하는 것은 타이타닉^{The Titanic} 호의 갑판 의자를 재배열하는 것만큼 유용하다"라고 말한다면, 당신은 내가 전달하려는 바를 정확히 알 수 있을 것이다. 이는 "팀 재구성은 표면적으로 유용한 활동이지만 완전히 논점에서 빗나갔다"고 말하는 것보다 더 큰 반향을 불러일으킬 수 있다. "이 농담을 설명하는 것은 개구리를 해부하는 것과 같아서, 당신이 이해할 때쯤 개구리는 죽고 말 것"이라고 말한다면, "마술의 세계에서는 너무 많이 아는 게 좋지 않을 때도 있다"는 말보다 더 깊은 의미를 전달할 것이다.

휴먼 엣지 살리는 습관

비유로 접근하기

인간의 뇌는 비유를 잘 받아들인다(반면 인공지능은 간접적이고 창의적인 언어를 이해하기 위해 굉장히 고군분투한다). 여간해서 풀리지 않는 문제를 해결하기 위해 타고난 언어적 창의성을 발휘해보자. 난제가 너무 익숙할 때는 비유적 사고Analogical Thinking가 정신을 느슨하게 만드는 데 도움이 된다. 다음 기술을 따라 해보자.

1 당신이 마주한 문제나 질문을 분명히 하자.
2 브레인스토밍을 통해 이와 비슷한 다른 현상을 떠올려보자.
3 가장 적절한 비유를 들자.
4 진짜 문제가 아니라 비유를 풀어보자.
5 비유를 풀어낸 해법을 진짜 문제에 도입하자.[31]

다음은 조직에 변화를 준 나의 사례다.

> **진짜 문제** : 팀원들이 성과를 엄청나게 높일 수 있는 신기술 도입을 반대하고 있다.
>
> **(그럴싸한) 비유** : 그것은 말을 잘 듣지 않는 오래된 오토바이에 시동을 거는 것과 같다.
>
> **(오토바이) 비유 해결하기** :
> A 기계공 부르기
> B 엔진을 분해해 고장 난 부품 수리하기
> C 오일 교체하기
>
> **오토바이 해법을 진짜 문제에 도입하기** :
> A 컨설턴트를 고용하거나 교육 일정 잡기
> B 반대하는 직원을 찾아 일대일로 면담하기
> C 팀원들에게 영향을 미칠 '새로운 인물' 영입하기

비유적으로 접근하면 뻑뻑해서 잘 돌아가지 않는 두뇌에 기름을 약간 쳐서 최종적으로 하나의 해결책을 도출할 수 있다.

우회 전략

데이비드 보위^{David Bowie}는 새로운 음악적 지향성을 찾느라 고생하고 있었다. 판에 박힌 사고에 갇혀 있었기 때문이다. 음악가로서 정체성을 찾기 위해 전설적인 음악 프로듀서 브라이언 이노^{Brain Eno}를 찾았다. 이노는 보위가 새로운 아이디어를 발견할 수 있게 연상의 힘을 활용했다. 이 연상은 기존의 생각을 비틀 뿐 아니라 완전히 '무작위'였다.

그는 보위의 뇌를 좋은 방향으로 탈선시키기 위해 특수 카드 팩을 제작했다.[32] 이후 녹음이 활기를 잃을 때마다 카드를 꺼내 보위에게 카드에 나온 지시대로 노래를 부르고, 악기를 연주하고, 작곡을 하라고 요구했다. 이노는 그 카드를 '우회 전략^{Oblique Strategy}'이라고 불렀다. 카드에는 '단점을 강조하라', '전체 말고 일부만', '허리를 비틀어라'부터 '악기 담당 바꾸기'까지 따르고 싶지 않은 지시가 적혀 있었다. 그것이 보위를 미치게 만들었다. 그만 그런 것은 아니었다. 1980년대 싱어송라이터 필 콜린스^{Phil Collins}도 이노가 같은 접근법을 시도하자 짜증이 날 대로 나 맥주 캔을 집어 던졌다. 그래도 이 접근법은 보위에겐 효과가 있었다. 비평가들의 호평을 받은 보위의 1970년대 앨범 중 두 개는 이노의 작품이다. 당신도 막막할 때 자신만의 무작위 개입을 즐겨보라.

훔쳐라, 아티스트처럼

앨범으로 성공을 거둔 후 보위는 자신의 취향에 맞춰 미술 작품을 구매했다. 작품 선택 기준에 대한 질문을 받자 재밌는 대답을 했다.

"제가 계속 배워나갈 유일한 예술은 훔칠 게 있는 예술입니다."[33]

그는 완벽한 독창성은 존재하지 않는다는 사실을 깨달았다. 사람들이 무언가를 보고 '독창적'이라고 말하는 이유는 대개 그것의 근원까지 거슬러 올라갈 수 없기 때문이다.[34]

피카소는 "훌륭한 예술가는 모방하고, 위대한 예술가는 훔친다"는 명언을 남겼다. 또 자아를 발견하는 여정을 "다른 사람들의 창의적인 작품 속에서 본 요소를 재배열할 수 있을 만큼 스스로 충분히 자신감을 갖게 되는 상태"라고 정의했다. 그는 마드리드에 있는 미술학교에 다니던 어린 시절, 수업을 빠지고 벨라스케스의 작품 중 높이가 3m인 〈라스 메니나스〉 앞에 몇 시간이나 앉아 그림을 정확히 모사했다. 세월이 흘러 자신만의 독특한 입체파 양식을 구축했을 때도 계속해서 집요하게 이 걸작을 해석했다. 그러나 그때는 모방이 아니라 자신만의 방식으로 소화했다. 감탄스러울 정도로 몰두했던 이 장대한 여정은 1958년 58점의 〈라스 메니나스〉 연작으로 끝을 맺었다. 현재 이 작품은 바르셀로나 피카소 미술관에 전시되어 있다. 살바도르 달리는 피카소에게 영감을 받아 "아무것도 모방하려 하지 않는 사람은 아무것도 창조하지 못한다"고 말했다.[35,36] 비틀스와 롤링스톤스도 처음에는 남의 노래를 연주했다는 사실을 잊지 말자.[37]

이 일화를 듣고 당신도 자신 있게 다른 사람의 작품을 수용하길 바란다. 옛날이야기에 자신만의 반전이나 전개를 덧붙이는 방식과 같다. 예를 들면, 구글은 검색 엔진을 최초로 만들지 않았다. 오히려 그 판에 꽤 늦게 진입했다. 그러나 기존 콘셉트에 단순하지만 독특한 인터페이스를 적용해 시장을 장악했다. 조지 루카스George Lucas 또한 〈스타워즈〉를 제작할 때 백지상태에서 시작하지 않았다. 잘 쓰인 공상과학 소설에 옛날이야기와 선과 악의 전투를 담은 우화를 결합시켰다.[38]

삭제키가 존재하는 이유

과학자이자 작가인 스티븐 울프럼Stephen Wolfram은 자신이 살아온 이력을 집요하게 수집하는 괴짜다. 그는 매년 자신이 얼마나 많은 이메일을 보내고, 회의에 참석하고, 전화 통화를 하는지 정확히 알고 있다. 2002년에서 2012년 사이에는 키보드 자판을 1,000만 번 이상 눌렀다. 이쯤 되면 그가 안 됐다고 생각할지도 모르겠다. 그러나 그가 수집한 데이터를 보면 창의성의 본질을 알 수 있다. 좋은 아이디어가 있어도 항상 수정해야 한다는 것이다. 그가 가장 자주 누른 자판은 '삭제키^{Delete}'였다. 700만 번 이상 두드렸다. 즉, 단어를 100개 입력할 때마다 7번 지운 것이다. 1년 반 동안 쓴 글을 지운 셈이다. 책을 출판하기 위해 창의적인 글을 쓸 때 가장 자주 지운 사실이 드러나기도 했다.

무언가를 단순하게 만들어 그 본질을 드러내는 일은 창의성을 발휘하는 데 가장 중요한 단계다. 셰익스피어, 모차르트, 바흐 모두 역작을 만들기 위해 수정을 거듭했다. 레오나르도 다 빈치는 '단순함이 궁극의 정교함'이라고 말했다. 스티브 잡스는 이 말을 굉장히 좋아해 애플의 미적 철학을 정의할 때 인용했다. 소설가 스티븐 킹은 자신의 편집 능력을 남다른 수준으로 끌어올렸다. 그는 현재 가장 다작하는 작가 중 한 명으로 80권 이상의 책을 냈다. 이 엄청난 결과를 위해 습관적으로 매일 2,000개의 단어를 쓴다. 1980년대 초에서 1999년 말까지 그가 펴낸 작품은 총 39권이다. 단어로 치면 500만 개 이상이다. 그러나 그 기간 동안 하루에 2,000개의 단어를 썼다면, 총 단어 수는 그보다 훨씬 많은 1,400만 개에 가까워야 한다. 분명 하나 걸러 두 단어를 지웠을 것이다. 그는 이렇게 말한다.

"삭제키가 자판에 있는 건 다 그만한 이유가 있습니다."[39]

노력이 영감을 이긴다

에디슨은 "천재는 1%의 영감과 99%의 노력으로 이루어진다"는 명언을 남겼다. 땀을 흘리며 이어나가는 노력은 창의적 여정 중 가장 어려운 동시에 가장 중요하다. 혁신적이기로 유명한 여러 전설적 인물들의 일화에서 소개하지 않은 주역이기도 하다. 알프스산맥을 산책한 후 가시가 달린 꼬투리를 보고 옷을 여미는 새로운 방식을 떠올린 메스트랄의 통찰을 기억하는가? 이후 14년간 그가 벨크로 특허를 출원하기 위해 노력을 쏟지 않았다면 아마 이 세상에 나오지 못했을 것이다. 우리는 1928년 어지러운 페트리 접시에서 페니실린을 발견한 알렉산더 플레밍도 만났다. 옥스퍼드대학교의 한 연구진이 페니실린을 정제하는 까다로운 일을 짊어지지 않았다면 그의 발견은 아무것도 아닌 일로 끝났을 것이다.

거의 신처럼 추앙받는 창의적 천재 아인슈타인조차 역사에 자신의 이름을 남기기 위해 끊임없이 연구해야만 했다. 그는 특수상대성이론을 발표한 후 시공간과 물질 사이의 관계를 정확히 나타낼 예측 가능한 수식으로 이 개념을 구현하겠다고 생각했다.[40] 하지만 쉽지 않았다. 믿거나 말거나 그는 수학에 썩 뛰어나지 않았기 때문이다. 필요한 수식을 묵묵히 세우는 동안 치명적인 실수를 저지르기도 했다. 그 탓에 존재하지도 않는 문제를 무마하기 위해 2년이란 길고도 절망적인 시간을 보냈다. 아인슈타인은 이론을 발표하고 꼬박 10년이 지나서야 마침내 세상에 'E=mc²'를 내놨다.

몹시 열띤 노동이 결실을 맺으려면 가끔 외부의 도움이 필요하다. 루이 브라유는 제3의 인물을 만나고 머릿속이 환해졌다. 19세기 초 위대한 군사 지도자 나폴레옹은 군인들이 밤에 들키지 않고 의사소통할 수 있는 체계가 필요하다고 생각했다. 참전 용사이자 대위였던 샤를 바르비에Charles Barbier는 해가 진 후 일부 군인이 지령을 읽기 위해 어쩔 수 없이 램프를 사용하다 적군의 총에 사망하는 모습을 목격했다. 그는 이 문제를 해결하기 위해 '야간 문자Night Writing'를 개발했다. 손끝으로 느낄 수 있도록 도드라진 점을 이용한 문자였다.[41] 샤를 바르비에의 일화를 학교에서 들은 브라유가 솔방울을 손끝으로 느꼈을 땐 야간 문자라는 개념을 마음속 깊이 새긴 뒤였다. 이후 아이디어를 발전시키면서 바르비에가 개발한 야간 문자 체계의 사소한 문제를 해결했다. 야간 문자의 경우 한 번 만져서는 '모든' 점을 느낄 수 없었지만, 브라유가 고안한 방법은 가능했다. 모든 혁신가는 '거인의 어깨 위에 서 있다'고 인지한다. 뉴턴부터 니체까지 창의적 선구자들이 사용한 표현이다. 사실이라 진부하기까지 하다. 그 무엇도 무無에서 창조되지 않는다. 혁신이란 이전 혁신 위에 새로운 벽돌 하나를 얹는 것이다.

이번 장에서 우리는 확산적 사고와 아이디어 조합에 집중했다. 서로 다른 아이디어 사이, 두 기술의 경계, 예술과 과학 사이의 회색 지대, 다른 문화 사이의 경계, 할 수 있는 일과 불가능해 보이는 일 사이에 난 숨이 턱 막히는 틈, 옛것과 새로운 것을 구분하는 문턱에서 새로운 아이디어가 탄생한다. 우리도 한때는 부모님에게 물려받은 DNA가 모인 궁극의 조합이었다.

이제 마지막으로 10장과 11장에서는 이전과 달리 인간 대 인간의 만남에 주의를 기울일 것이다. 네 번째 C인 협업에서 우리는 인간과 인간의 연결이 어떤 가치를 갖는지 알아볼 생각이다. 또 이 가치를 아이디어 실험에 적용할 방법에 대해 살펴볼 계획이다.

지금 당장 휴먼 엣지 살리는 실험

창의성 계보 오르기

당신의 창의적 롤모델은 누구인가? 예술가이자 작가인 오스틴 클레온은 당신에게 영향력을 미친 인물을 기릴 한 가지 흥미로운 방법을 제안한다. 바로 가계도를 거슬러 올라가는 것이다. 당신에게 영향을 준 한 사람을 선정해보자. 이어 누가 그에게 영향을 줬는지 알아보자. 클레온은 이렇게 말한다. "자신에게 영향을 준 사람을 이해하기 위해 모든 것을 공부하라. 이후 그 사람이 존경한 세 사람을 찾아 그들에 대해서도 공부하라. 이 과정을 여러 번 반복해야 한다. 당신이 갈 수 있는 한 더 멀리 과거로 거슬러 올라가는 것이다. 이렇게 계보를 오르고 나면 당신 자신의 가지를 뻗을 차례다."[42]

그가 제안하는 방법은 표절이 아니라 훈련이다. 직관과 달리 자신의 목소리를 듣는 첫 단계는 롤모델의 말을 모방하는 것이다.

- 창의적 슈퍼스타는 다른 사람보다 아이디어를 더 많이 갖고 있다. 그들은 양이 질로 이어진다고 생각한다.

- 확산적 사고와 수렴적 사고 모두 필요하다. 학교나 회사에서는 확산적 사고의 중요성을 무시하거나 간과하는 실수를 저지른다.

- 아이디어를 융합하는 것은 모든 창의성의 토대다. 융합 방법은 다음과 같다.
  - 창의성을 최대한 발휘하기 위해 좋은 분위기에서 웃기

  - 새로운 것을 학습하고 경험하기

  - 비유와 무작위 자극 사용하기

  - 이전에 등장한 혁신을 발판으로 활용하기

- '아티스트처럼 훔치는' 동시에 아이디어의 원천을 제공한 인물을 참고하고 존경해야 한다.

CONSCIOUSNESS
CURIOSITY
CREATIVITY
COLLABORATION

협업

잠재력을 터트릴 아이디어 하나로 모으는 기술

10

못난 아이디어에
날개를 달아라

아이디어에 아이디어를 더할 강력한 인간 네트워크 만드는 법

"오랜 역사 동안 가장 효과적으로 협력하고
임기응변할 줄 아는 인간(그리고 동물)이 우세했다."

찰스 다윈Charles Darwin, 생물학자

"인류의 위대한 성취는 대화에서, 최악의 실패는 침묵에서 탄생했다."

스티븐 호킹Stephen Hawking, 물리학자이자 우주학자이며 작가[1]

● 초능력 : **협업**

● 댄스 스텝 : **연결**

● 생각을 자극하는 질문들 :

– 언제 협력해야 할까?

– 어떻게 협력해야 할까?

– 누구와 협력해야 할까?

● 4C 가치 : **인맥**

픽사의 공동 창립자 에드윈 캣멀Edwin Catmull은 스튜디오에서 제작하는 애니메이션에 대해 충격적인 고백을 했다.

"저희 작품은 처음엔 모두 별로였습니다."

픽사가 걸어온 길을 돌이켜보면, 초기 작품 20편으로 아카데미 시상식 후보에 45회 지명됐고 그중 14회 수상했다. 〈토이 스토리〉, 〈니모를 찾아서〉, 〈인크레더블〉 등 상징적인 작품이 적지 않다. 또 대부분의 작품이 박스오피스를 강타했고, 역사상 가장 수익을 많이 거둔 애니메이션 상위 40편에 이름을 올렸다. 전 세계에서 약 140억 달러(약 15조 6,310억 원)를 벌었다.[2]

캣멀과 동료들은 업계 정상급 인사다. 그러니 자신들의 작품이 처음엔 별로였다는 말은 겸손이 아니다. 날카로운 통찰이다. 대다수 아이디어는 꽤 괜찮아 보여도 눈을 깜빡이며 거친 세상에 처음 나올 때 정말 별로다. 그래서 캣멀은 초기 아이디어를 '못생긴 아기Ugly Baby' 라고 부른다.

이번 장에서는 인공지능 세상에서 강력한 차별화 요인인 '인간 대 인간의 관계'를 어떻게 형성하고 추진할지 살펴볼 것이다. 인간은 인간과 관계를 맺어야 협업할 수 있고, 협업을 통해 못생긴 아기를 매력 넘치는 어른으로 키울 수 있다. 무엇보다 당신은 협업을 통해 인간 동료에 접근해서 설득하는 등 자신의 영향력을 행사할 준비를 갖출 수 있다.

또 협업 네트워크를 구축해 우연한 만남을 최대한 활용하고, 협업하기 적당한 때를 파악하며, 유머와 스토리텔링 등으로 인맥을 공고히 다질 수 있는 여러 경로에 대해 알아볼 것이다. 잠재력을 모두 터뜨릴 때까지 아이디어를 계발하려면 여러 사람의 피드백과 창의적 연료를 모아야 한다. 복잡하고 급변하는 세상에선 '만약'이 아니라 '어떻게' 협력하느냐가 문제다.

고독한 천재를 둘러싼 속설

당신의 귀중한 아이디어를 캣멀이 말한 '별로'인 상태에서 벗어나도록 이끄는 일은 꽤 어렵다. 최대한 많은 도움이 필요하다. 아무 도움 없이 뭔가를 척척 내놓는 고독한 천재 이미지는 묘한 매력이 있지만 오류가 존재한다. 영국 스코틀랜드의 철학자이자 수필가 토머스 칼라일Thomas Carlyle은 "한 개인에게 번개처럼 발생하는 생각의 불꽃은 다른 이의 정신을 일깨운다"고 말했다. 즉, 아이디어는 한 사람에게서 나오지만 다른 사람의 눈에 비친 모습을 통해 더 발전한다.

학계의 고독한 무법자 아인슈타인 역시 다른 사람에게서 영감을 얻었다. 그는 전 세계 경쟁자들과 교류하며 연구했다. 특히 스위스 베른의 특허청 직원이자 동료 물리학자인 친한 친구 미셸 베소Michele

Besso와 산책을 하고 나서 매우 가치 있는 돌파구(자신의 이론에서 시간이 상대적이란 것)를 찾기도 했다. 레오나르도 다 빈치는 제자 양성을 위한 작업실을 연 뒤 상업 작품을 이전보다 훨씬 많이 내놓았다. 그 탓에 예술 비평가들 사이에서는 그의 작품이 위작인지 아닌지 의견이 분분하다.[3] 왕성한 발명 활동을 한 벤자민 프랭클린은 얽히고설킨 다양한 문제를 같이 숙고할 집단을 꾸리기 위해 전미철학협회를 세웠다. 런던왕립학회도 같은 이유로 설립됐다.[4]

작가 메리 셸리가 제네바 근처 별장에 머물지 않았다면 《프랑켄슈타인》은 세상에 나오지 못했을 것이다. 비가 내리던 어느 날, 친구 바이런 경Lord Byron이 시간도 때울 겸 무서운 이야기를 쓰자고 제안한 덕에 책으로 나올 수 있었다. 지그문트 프로이트는 정신분석학Psychoanalysis을 창안했다고 인정받지만, 사실 그 아이디어는 동료와의 네트워크에서 비롯됐다. 프랑스 표현주의 화가 클로드 모네와 피에르 오귀스트 르누아르 역시 파리 미술계와 밀접하게 교류하지 않았다면 오늘날까지 전해지는 경지에 다다르지 못했을 것이다.

급변하는 현대 사회에서는 분야에 상관없이 협력하지 않고는 혁신을 이룩하기 어렵다. 협업은 창의적 과정에서 언제나 중요하다. 우리는 현대 사회가 상상도 못할 만큼 복잡하다는 사실을 쉽게 잊는다. 영국 테스코Tesco나 미국 월마트Walmart의 진열장 사이에 있는 통로를 따라 걸으면 선반에 진열된 제품 10만 개를 볼 수 있다. 아마존은 책, 미디어, 와인, 서비스를 제외하고도 1,200만 개 이상의 제품을 판매한다. 아마존 셀러까지 더하면 취급하는 제품의 수는 자그마치 3억 5,300만 개까지 치솟는다.[5] 런던 같은 주요 경제 대도시는 100억 종 이상의 제품을 취급할 것이다.[6]

우리의 선택에 끝이 없듯 제품 역시 복잡하긴 마찬가지다. 전 세계 그 누구도 스마트폰 속 복잡한 부품 전부를 제작하기는커녕 설명할 수도 없다. 그러나 단순한 토스트기라면 어떨까? 토머스 트웨이츠Thomas Thwaites는 런던 영국왕립예술학교에서 디자인을 전공하던 시절, 가장 기초적인 것을 의미하는 '제일원리First Principles'에 입각해 토스트기를 통째로 제작하기로 했다. 토스트기를 분해하자마자 빵을 굽는 이 현대적 기기에 400개 이상의 부품과 하위 부품이 있다는 사실을 발견했다. 부품 제작 방식뿐 아니라 구리, 니켈, 운모, 플라스틱 등 기본 재료를 만드는 방식까지 알아야 한다는 사실도 깨달았다. 그러자 작업의 규모가 눈에 보였다. 그는 '완전히 처음부터 시작한다면 토스트기 하나를 만드는 데 평생을 다 바쳐야 할 수도 있겠다'는 생각이 들었다. 아예 맨손으로 시작하자니 토스트기를 제작할 수 없어 도움을 받아야 했다. 그러나 그렇게 만든 토스트기조차 플러그를 꽂자 폭발했다.[7]

협업을 해야 다양한 필수 전문지식과 21세기를 항해하는 데 필요한 지식을 통합할 수 있다. 과학 부문 노벨상 수상자들의 시대별 변

천사를 보면 분명히 알 수 있다. MIT 명예교수 라이너 바이스Rainer Weiss는 노벨상 수상에 이의를 제기했다. 그는 두 동료와 함께 중력파를 관찰할 수 있었던 건 40년 동안 과학자 수천 명이 노력한 결과라고 지적했다.[8] 핵심을 꿰뚫는 말이다. 1900년에서 1950년까지 노벨상이 개인에게 돌아간 건 총 39회다. 같은 시기 팀에게 돌아간 상이 4개인 것에 비하면 압도적이다. 이후 50년간 급격한 변화가 일어났다. 69개의 상 중 절반 이상이 협동 연구를 한 팀에게 돌아갔다.[9, 10] 50년간 논문 1,990만 건과 특허 2,100만 건을 분석한 연구 결과에서도 같은 경향이 나타났다. 일부 이공학 분야에선 모든 발견이 팀 안에서만 나올 것으로 보인다.

나의 뇌는 열려 있다네!

헝가리 수학자 팔 에르되시는 냉전이 절정이던 때 소련 영공을 가로질렀다. 공항에 도착하자 동료 사상가들이 그를 반겼다. 그는 이렇게 외쳤다.

"나의 뇌는 열려 있다네!"

다소 거만해 보일 수 있는 말이지만 진실이다. 그는 과학사에서 위대한 창의적 협력자다. 수십 년간 전 세계적으로 창의적 협업망을 뻗었다. 자그마치 500명과 공동 저자로 논문에 이름을 올렸다.[11] 나이는 숫자일 뿐임을 증명했다. 협업에 정점을 찍은 1987년 당시 그는 74세였다. 약 10일 간격으로 새로운 인물과 생각을 공유했다. 그의 좌우명은 '다른 지붕 아래에선 다른 증명을Another roof, another proof'이다.

에르되시는 심리학자들이 '느슨한 연대Weak Ties(끈끈하지 않아도 충분한 관계-편집자)'의 힘을 연구할 때 탁월한 사례연구 대상이었다.[12] 그를 모방하려면 진화의 결과로 생긴 본능적인 한계를 뛰어넘어야 한다.

영국의 진화 인류학자 로빈 던바Robin Dunbar는 한 개인이 얼마나 많은 사람과 안정적으로 사회관계를 유지할 수 있는지 최초로 추정한 인물이다. 그는 뇌 크기와 사회적 교류 집단의 상관관계를 파악했다. 그 결과 진정한 관계를 맺는 사람의 수를 의미하는 '던바의 수Dunbar's Number'는 대략 150명으로 나타났다.[13] 이들은 당신과 '강력한 연대Strong Ties'를 맺는 친한 친구와 지인이다. 먼 옛날 수렵채집인들에겐 이 정도면 충분했다. 그러나 복잡한 현대 사회에서 우리는 훨씬 더 많은 사람과 접촉하고 다소 사무적인 관계를 맺는다. 그리고 이 느슨한 연대 속에서 창의적 잠재성을 키워나간다.

언뜻 이상해 보이지만 곰곰이 생각해보면 이해할 수 있다. 사무실 파티에 참석했다고 가정해보자. 익숙하다는 이유로 별생각 없이 친한 사람과 어울려봐야 그들은 이미 당신에 대한 소문과 평가를 들었을 테고, 당신에게 '새로운 아이디어'가 있다는 말을 듣는다면 지루해할 것이다. 오히려 정반대가 당신에게 도움이 된다. 먼 사이일수록 앞으로 나아갈 독창적인 방식을 발견하게 도와주거나 새로운 인물을 소개해준다. 아니면 기발한 정보 한 토막을 흘릴 수도 있다. 느슨한 연대는 하마터면 접근할 수 없었을 정보와 당신을 이어주는 다리와 같다.

휴먼 엣지 살리는 실험

인맥 다리 놓기

팔 에르되시를 모방하려면 노력이 필요하다. 옛날부터 전해 내려온 본능을 밀어내야 하기 때문이다.[14] 어렵지만 그럴 만한 가치가 있다.

매달 온라인 또는 현실에서 새로운 사람들을 만나보자. 친목 사교 행사에 참석해 가볍게 인사를 건네보자. 스포츠를 관람하러 가서 누군가와 대화를 시작해보자. 노숙자에게 잔돈을 주고 그의 인생 이야기를 들어도 좋다. 동료에게 주말을 어떻게 보냈는지, 무엇을 읽거나 보고 생각에 잠기는지 물어보자. 별 의미 없는 대화일 것이다. 그렇지만 분명 당신의 뇌에 새로운 아이디어가 뿌리내릴 것이다.

우연한 만남의 효과

느슨한 연대를 확장할 수 있는 효과적인 방법은 우연한 만남의 빈도를 늘리는 것이다. 역사상 가장 혁신적인 건물을 보면 우연한 만남이 지닌 힘을 알 수 있다.

20세기 내내 뉴욕의 벨 연구소^{Bell Lab}는 전 세계를 선도하는 과학 연구소였다. 세계 최초로 트랜지스터와 레이저를 생산했고, 광섬유 케이블을 발명했다. 물리학, 화학, 천문학, 수학 등 다양한 분야의 연구자가 모인 곳이기도 하다. 건물 설계상 기묘한 특징이 이들의 상호작용을 유도했다. 벨 연구소의 복도는 굉장히 길다. 너무 긴 나머지 복도 끝이 곧 있으면 사라질 것 같은 점처럼 보인다. 이 구조 때문에 사람들은 복도를 지나며 거의 매번 지인과 마주쳤고, 주의를 환기할 주제나 아이디어와 마주했다. 작가 존 거트너^{Jon Gertner}는 벨 연구소의 창의적인 문화를 연구하면서 "점심을 먹으러 구내식당에 가는 물리학자는 철가루 사이를 지나는 자석과 같다"고 말했다.[15]

미국 MIT의 20동 건물 역시 전 세계 협업의 중심이라는 명성을 얻었다. 멋진 별칭도 없는 수수한 건물이지만, 1940년대 노벨상 수상자를 무려 9명이나 배출했다. 세계 최초의 원자시계, 초기 형태의 입자 가속기, 총알이 사과를 지나는 유명한 스톱 모션 사진, 최초의 아케이드 게임 그리고 노암 촘스키^{Noam Chomsky}가 개척한 언어학 혁명의 고향이기도 하다.[16] 구조상 쾌적하기 때문일까? 아니, 오히려 연구하기에 너무 고되고 불편하다. 그렇지만 벨 연구소처럼 우연한 만남이라는 마술 같은 재료를 갖고 있었다. 20동 건물은 이정표와 층수 체계가 너무 복잡해 MIT를 속속들이 아는 사람도 쉽게 길을 찾지 못했다. 이 때문에 계속해서 길을 잃다 우연히 다양한 사람들과 만날 수 있었다.

이렇듯 행운을 가져다주는 우연한 만남은 스티브 잡스가 픽사에 뛰어들었을 때도 긍정적인 효과를 미쳤다. 그는 샌프란시스코 베이 지역 바로 맞은편에 있는 픽사 본사를 직접 설계했다. 모든 사무실은 중앙에 있는 안뜰로 연결된다. 사람들이 서로 마주칠 수 있도록 말이다. 그는 주장했다.

"창의성은 우연한 만남, 다시 말해 준비하지 않은 토론에서 탄생합니다. 당신은 누군가와 마주치고 무엇을 하는지 물어본 후 '와우' 하며 곧 온갖 아이디어를 즉흥적으로 떠올릴 것입니다."[17]

휴먼 엣지 살리는 실험

우연을 위한 계획 세우기
우연한 만남이 어디에서 발생하는가? 어떻게 하면 더 자주 우연한 만남을 가질 수 있을까? 다음 세 가지 제안을 살펴보자.

- **현재에 충실하기**

혼자 앉아 고개를 푹 숙이고 스마트폰 화면만 보지 말고, 고개를 들어 다른 사람들과 눈을 마주치자. 물론 이상한 사람이라는 인상을 줘선 안 된다.

- **일상 바꾸기**

출근길을 바꿔보자. 새로운 카페에 가서 처음 보는 사람과 이야기를 나눠도 좋다.

- **긍정적으로 생각하기**

연구 결과 '도달할 수 있는 최고의 미래'를 1분 동안 상상하고 느낀 점을 적으면 긍정적인 생각과 감정이 눈에 띄게 증가한다고 한다. 즉, 당신이 미래의 우연한 만남을 낙관적으로 생각할 때 그 만남에서 긍정적인 결과를 훨씬 잘 이끌어낼 수 있다.

혼자만의 공간도 필요하다

협업이 항상 옳은 것은 아니다. 벨 연구소, MIT의 20동 건물, 픽사 본사의 미묘한 설계를 보면 협업에 어떻게 접근해야 하는지 알 수 있는 단서가 있다. 앞서 소개한 곳 모두 공동 공간을 마련해 우연한 만남을 자주 일으킨다. 그러나 동시에 홀로 작업할 수 있는 외딴 공간도 갖추고 있다. 균형이 중요하다. 현대 조직은 대체로 단독 작업의 중요성을 정확히 알지 못한 채 협업이 좋다고 생각한다. 모두 언제나 협업이 가치 있다고 강조하며, '좋은 사람들이 하는 것'이라고 생각한다. 통통 튀는 유머 감각이나 만족스러운 위생 기준 등 공동체를 살아가는 선한 시민들이 따르는 도덕적 가치처럼 말이다. 그러나 '집중' 댄스 스텝에서 살펴봤듯 목적 없는 협업은 당신의 귀중한 시간만 뺏어갈 뿐이다. 너무 많은 사람 혹은 작업에 어울리지 않는 사람들과의 협업은 결국 아무것도 얻지 못할 뿐 아니라 고통스럽고 울퉁불퉁한 여정이다.

당신은 너그러이 우연한 만남을 맞이해야 한다. 종종 흥미로운 통찰을 선사하기 때문이다. 그때 누구와 더 깊은 협력 관계를 맺을지 체계적이고 전략적으로 판단하자. 협력해야 할 때와 문을 걸어 잠그고 혼자 일해야 할 때를 선택하는 것은 굉장히 많은 사람과 접촉하는 이 시대에 특히 중요한 기술이다.

휴먼 엣지 살리는 습관

협업해야 하는 이유 생각하기

협업에 나설 때는 반드시 '이 일을 하는 이유'에 대해 답을 할 수 있어야 한다. 간단해 보이지만 종종 지나치는 단계다. 현재의 협력자를 떠올려 보자. 그들과 협력하는 게 유용한 이유를 적을 수 있는가? 도움이 될 게 없다면 협업을 그만두거나, 협업 상대나 시기를 다시 생각해야 한다.

못생긴 아기 키우기

에드윈 캣멀과 픽사 직원들은 인간이 초기 아이디어를 최종 결과와 연결 짓는 경향이 있기 때문에 창의적 협업이 잘못될 수 있다는 사실을 알고 있다. 초기 아이디어를 도달하기 힘든 결과와 비교하다 결국 지나치게 엄격한 잣대를 들이대는 것이다. '못생긴 아기', 즉 초기 아이디어를 무사히 키우려면 감독과 제작자가 건설적인 피드백을 주고받을 수 있는 토론의 장을 마련해야 한다. 그들은 이런 자리를 '브레인 트러스트Brain Trust'라고 부른다.[18] 캣멀은 이렇게 밝혔다.

"독창성은 연약하다. 초기 아이디어는 예쁘지 않고 장차 발전할 모습의 축소판도 아니다. 정말 못생겼다. 어색하고 생기다 말았으며 약하고 불완전하다. 성장시키려면 인내를 갖고 오래 길러야 한다."

브레인 트러스트에는 경험 많고 유용한 조언을 할 수 있는 사람들만 참석한다. 캣멀은 '브레인 트러스트 참석자들은 못생긴 아기가 너무 빨리 평가당하지 않도록 지켜주는 존재이며, 그들의 임무는 새로운 것을 보호하는 것'이라 생각한다.[19]

브레인 트러스트에 합류 제안을 받은 사람들은 성과뿐 아니라 대인 관계 능력도 갖추고 있다. 그들은 공감할 줄 알아야 한다. 피드백을 추구하며 다른 사람의 입장에서 생각할 줄 알아야 한다는 말이다. 그렇다고 해서 이 사람들이 무작정 따뜻하고 푸근한 건 아니다.

발명가이자 폴라로이드의 공동 창립자인 에드윈 랜드Edwin Land는 "협업에서 공손함은 독"이라고 말했다. 캣멀은 이렇게 주장한다.

"참가자들은 눈에 보이지 않는 안건이 아니라 현재 작업하고 있는 영화에 집중한다. 언성이 높아질 때도 있지만 항상 진행 중인 영화를 주제로 논쟁을 벌인다. 그들은 아이디어를 낸 일로 인정받고, 상사를 기쁘게 하고, 상대방의 잘못을 들춰 이기는 등 겉으로 드러나지 않는 동기로 움직이는 사람들이 아니다."[20]

협업에 숨은 통찰

교육심리학 부교수인 키스 소여는 1980년대 아타리에서 비디오게임을 설계하는 일로 사회생활을 시작했다. 이후 지금껏 창의적 협업이 작동하는 방식을 알아내기 위해 노력을 기울였다. 그는 워싱턴대학교에서 '상호작용 분석Interaction Analysis'이라는 기술을 사용해 협업 집단의 영상을 찍었다. 그리고 협업 집단 내 역학을 철저히 파헤쳤다. 재즈 밴드와 즉흥 코미디 극단의 영상을 10년 이상 분석했다. 그 결과 세 가지 통찰을 도출해냈다.

1 협력해야 더 많은 것을 이룬다

집단이 진정으로 협력할 때 개인적으로 결코 도달할 수 없는 결과를 만들어낸다. 혼자서는 전체 아이디어를 끌어갈 수 없다.

2 협력자들을 매우 신중히 관찰한다

코미디언, 배우, 재즈 음악가들 모두 협력하기 전에 다른 사람의 말을 경청하고 그들을 관찰하는 데 매우 집중한다. 우리는 대개 우리가 다음에 전달할 내용을 너무 오래 생각한다. 반면 다른 사람의 행동과 말에는 충분히 시간을 쏟지 않는다.

3 협력자들은 흥미로운 문제를 찾는다

오래된 문제를 규정하는 새로운 방법을 생각하거나 누구도 생각하지 못한 새로운 질문을 할 때 가장 혁신적인 창의성이 발생한다. 소여는 이렇게 밝혔다. "가장 창의적인 집단은 오래된 문제를 풀기만 하는 것보다 새로운 문제를 찾는 데 능하다."[21]

앞으로 협업에 나설 때 이 간단한 원리를 적용해보자. 현재 협업 집단이 세 가지 규칙 중 하나에서 10점 만점에 8점 미만을 기록한다면 다른 협력자를 물색하거나 협업 규칙을 다시 논의하는 게 최선일 수 있다.

더 나은 아이디어를 위한 협업

1939년 뉴욕의 한 광고사 사장이던 알렉스 오스본Alex Osborn은 창의적인 팀을 관리하며 알아낸 사실을 농축해 브레인스토밍을 고안했다. 그는 이 기술을 사용하면 어떤 집단에서든 아이디어의 양을 두 배로 늘릴 수 있다고 자신했다. 당시 그가 정한 규칙은 다음과 같다.

- 아이디어 비판하지 않기
- 가능한 한 아이디어 많이 떠올리기
- 다른 사람의 아이디어에 무임승차하기
- 자유분방한 아이디어 환영하기

80년이 지난 지금, 브레인스토밍은 여전히 가장 인기 있는 집단 창의성 기술이다. 그러나 문제가 하나 있다. 오스본이 틀렸다. 브레인스토밍은 기대만큼 효과를 거두지 못했다. 1958년에 시행한 한 유명한 실험 결과, 혼자 일하는 사람이 실제로는 '양' 측면에서 2배나 더 많은 아이디어를 떠올렸다. 게다가 그들의 해법은 '질'적으로도 더 나았다. 대체로 더욱 독창적이었다. 또 최근에는 오스본이 제안한 것처럼 비판이 없을 때보다 명백한 기준이 있을 때 더 나은 아이디어를 떠올린다는 연구 결과도 나왔다.[22]

브레인스토밍 2.0

창의성을 위한 가장 오래된 협업 수단인 브레인스토밍에 문제가 있다고 하니 안타깝다. 다행히 개선의 여지는 있다. 개선안을 '브레인스토밍 2.0'이라고 하자. 완전히 바꿀 필요는 없다. 규칙을 조금만 수정하면 된다. 최신 연구에서 드러난 통찰이 담긴 세 가지 제안을 참고해보자.

1 분명한 성공 기준 세우기

'다른 아이디어를 적용해도 된다면, 우리의 아이디어로는 무엇을 성취해야 하는가?' 성공 기준을 세우면 이 질문에 답할 수 있다. 성공적인 아이디어 전개를 위해서는 1~3가지의 명확한 기준이 필요하다. 한 예로, 여러 분야(언어학, 심리학, 생물학, 경영학 등)의 출신이 모인 IDEO 디자이너 팀은 쇼핑 카트의 디자인 개선을 앞두고 명확한 업무 규칙을 정립했다. 우선 사용하지 않을 때는 공간을 차지하지 않도록 카트를 '포개야' 한다는 데 동의했다. 게다가 매년 많은 어린이가 카트에서 놀거나 타다 다친다는 연구가 있어 어떤 디자인이든 안전을 보장하기로 했다.

2 '우선' 혼자 작업할 시간 갖기

1958년 연구에서 지적한 브레인스토밍의 문제를 가뿐히 해결할 수 있는 제안이다. 우선 협력자 모두에게 혼자 생각할 시간을 갖자고 요청하자. 5분 정도면 충분하다. 이 핵심 단계가 없으면 첫 번째 제안자나 자기주장이 센 사람 때문에 브레인스토밍이 급속히 정체된다.

3 진행자 지정하기

모두의 아이디어를 고려하고 브레인스토밍 참가자들의 확산적 사고와 수렴적 사고의 원칙을 두루 따르게 할 인물이 필요하다.

웃음이 참여와 신뢰를 불러일으킨다

인간에게 웃음은 매우 중요하다. 너나 할 것 없이 즐거움을 추구한다. 못 믿겠다면 구글에 '웃긴 고양이 밈'을 검색해보자. 연구에 따르면, 직장 내 유머가 생산성을 뒷받침하고 스트레스를 낮추며 의사 결정을 돕는다고 한다. 의견도 더욱 설득력 있게 만든다. 이렇듯 웃음이 주는 이점이 명백하지만, 우리는 대개 오랜 업무 시간 동안 극단적으로 다이어트를 하듯 웃음기를 싹 뺀다. 하루 평균 아기가 웃는 횟수는 400회다. 그러나 성인이 되면 15회로 줄어든다.[23]

웃음은 창의성을 증진하는 분명한 신체적, 인지적 이점을 갖고 있다. 게다가 사람들을 사회적으로 끈끈하게 연결하기 때문에 협업을 더욱 생산적으로 만든다.[24] 누군가를 웃게 하는 것은 관계가 깊어지고 더욱 친밀해진다는 의미다. 웃음은 신뢰를 구축하며, 신뢰는 협업에 중요하다.[25] 《유머의 이점The Humor Advantage》의 저자 마이클 커 Michael Kerr는 "재치는 종종 직업인이라는 가면 아래 도사리고 있는 그 사람의 진짜 얼굴을 드러낸다"고 주장한다. 웃음은 우리를 하나로 이어주고 관계를 단단하게 만들기 때문에 전염성이 있다. 문화 인류학자들은 최초의 웃음이 위험을 지나 안도했을 때 발생했을 것으로 추정한다.[26,27] 자기 자신을 간질이는 게 불가능한 이유와 같다. 간지럼은 사회적인 행위이기 때문이다.[28]

휴먼 엣지 살리는 실험

관계를 깊게 만드는 웃음

유머에는 위험이 도사리고 있다. 가끔 농담이 완전히 실패할 때도 있다. 그래도 위험을 감수할 가치가 있다. 유머를 시도하면 인간미와 진실성을 보여줄 수 있기 때문이다. 게다가 일이 심각하게 돌아갈 때 당신이 인생의 부조리를 이해한다는 사실을 보여준다. 배꼽 빠질 만큼 남을 웃기느냐가 아니라 유머에 열려 있다는 것이 중요하다. 얄궂게도 혼자 심각한 사람은 종종 의도치 않게 농담의 대상이 된다.[29]

유머가 넘쳤던 작가 오스카 와일드Oscar Wilde는 풍자를 '가장 저급한 재치'라고 했다. 그렇지만 다소 신랄한 괴롭힘조차 도움이 될 수 있다. 행동과학자들은 이상한 점을 발견했다. 실험 참가자들이 랩 배틀처럼 서로를 비꼴 때, 갈등을 빚긴 하지만 결과적으로 훨씬 더 창의적이기도 했다.[30] 원래 의도와 말 사이의 모순을 능수능란하게 다룰 줄 알아야 비꼴 수 있기 때문이다. 와일드가 풍자를 가장 저급한 재치라고 비난했지만, 뒤이어 '풍자는 가장 높은 수준의 지능'이라는 펀치라인으로 결론 낸 것을 기억하는 사람은 별로 없다. 농담 한마디로 사람들은 창의적인 위험을 함께 무릅쓸 모의를 시작한다.

유머 감각을 보이면 승진도 할 수 있다. 설문조사에 따르면, 임원 10명 중 8명은 유머 감각이 있는 사람이 일을 더 잘하는 것 같다고 대답했다. 또 임원 중 90%가 유머 감각이 경력 발전에 중요하다고 생각했다. 다른 연구에선 리더가 갖춰야 하는 특성 중 하나로 유머 감각이 꼽혔다.[31] 영향력 있는 인물이 농담을 더 자주 한다는 사실도 밝혀졌다. 한 연구에 따르면, 뛰어난 리더가 평범한 리더에 비해 유머를 두 배 이상 사용한다고 한다. 게다가 유머를 사용할수록 월급 봉투가 두둑해진다는 유의미한 상관관계 역시 확인됐다.

스티브 잡스는 농담의 가치를 알았다. 그는 잘 알려진 것처럼 제품을 시연할 때 전문 코미디언보다 더 많이 청중을 웃겼다. 인류학자 에드워드 홀Edward Hall은 이렇게 말한다.

"만약 여러분이 사람들의 유머를 학습하고 진짜로 장악할 수 있다면, 거의 모든 것을 장악할 수 있다고 느낄 것입니다."[32]

뭐가 먼저인지 알아내기는 어렵다. 재밌는 사람이라 창의적인가, 아니면 창의적이라 재밌는 사람인가? 미국의 물리학자이자 노벨상 수상자인 리처드 파인만Richard Feynman은 꽤 기이하고 자유로운 영혼의 소유자다. 봉고를 연주하지 않으면 짓궂은 장난을 치는 것을 좋아했다.[33] 솔직히 뭐가 먼저인지 알 게 뭔가? 철학과 뇌 화학은 분명 밀접하게 배열되어 있다. 사실이 아니라 해도 유머와 창의성 모두 살아갈 가치를 부여하고 우리가 지닌 인간성을 표현하도록 도와준다.

휴먼 엣지 살리는 실험

나쁜 아이디어 브레인스토밍

IDEO의 설립자 데이비드 켈리David Kelly는 "어떤 조직에 몸담기 시작했는데 꽉 막힌 사람들만 가득 있다면 무엇도 발명하기 어렵다"고 장담했다.[34] 그가 고용한 디자이너들은 우선 '나쁜 아이디어' 브레인스토밍을 재빨리 실시해 창의적인 작업에 나설 준비를 한다. 이 브레인스토밍의 목표는 직면한 문제에 대해 가장 기이하고 실행 불가능한 답을 뽑아내는 것이다. 가장 어리석은 해결책은 웃음을 유발해 유대감을 높인다.

휴먼 엣지 살리는 실험

'그래요, 그리고…' 화법 시도하기

"그래요, 그런데… 전에 해봤거든요. 비용이 너무 많이 들고, 이 문제에는 안 맞고, 위험할 것 같고, 비웃음을 살 것 같아서…."

이런 즉각적인 반응에 얼마나 많은 아이디어가 눈 깜짝할 새에 묵사발이 될까? 창의적 협업을 증진하는 한 방법은 즉흥 코미디의 '그래요, 그리고…'라는 강력한 기술을 빌리는 것이다. 실패를 생각하지 않기 때문에 어떤 집단에서든 창의성을 이끌어낼 수 있다.

한 가지 규칙만 지키면 된다. 정해진 시간 동안 모든 아이디어에 긍정적으로 반응해야 한다. 이후 '그래요, 그리고…'라고 말하면서 다른 사람의 아이디어에 살을 붙이고 가치를 한층 더하자. 기발할수록 더 좋다. 호평받는 미국 코미디언 티나 페이Tina Fey는 이렇게 말했다.

"언제나 '그래요, 그리고…'라고 말하는 것은 항상 동의하고 토론에 무언가를

'옛날 옛적에' 이야기의 힘

영향력을 행사하고 다른 사람과 어울리고 싶다면 농담은 물론 이야
기도 할 줄 알아야 한다. 신경과학에 따르면, 감정과 다채로운 비유
가 담긴 인물 중심의 이야기를 들으면 뇌에서 옥시토신Oxytocin이라는
신경화학물질Neurochemical을 방출한다고 한다.[36] 신뢰나 친절을 경험할
때도 이와 같은 일이 발생한다. 두 경우 모두 옥시토신이 공감을 증
진시킨다. 협력하고 싶게 동기부여를 하는 것이다. 주의를 끄는 이
야기를 들으면 정보가 그 속에 얌전히 잠들어 있어도 우리는 요점을
이해하고 기억할 수 있다. 게다가 들은 내용을 바탕으로 행동에 나
서기도 더 쉽다.

창의적 협업을 효과적으로 해내려면 주위 사람이 위험을 무릅쓰
고 새로운 것을 시도하도록 설득해야 한다. 설득하기 전에 당연히

자신에게 어떤 패가 있는지 확인해야 한다. 통계 자료와 데이터가 필요할 것이다. 그러나 사람들은 데이터에만 영향을 받진 않는다. 데이터가 '자신'에게 와 닿는 의미에 확신을 갖는다. 의미를 전달하기 위한 가장 효과적인 방법은 데이터를 이야기로 감싸는 것이다.[37]

스토리텔링은 원래 창의적인 활동이다. 다들 사용할 수 있는 기술이지만 상상력에 제약을 받는다. 의사소통을 할 때 유머, 등장인물, 심상, 긴장감, 비유 등을 이야기에 곁들이는 데 집중하자. 우리 모두 좋아하는 책과 영화뿐 아니라 유년 시절의 경험을 바탕으로 좋은 이야기가 무엇인지 알고 있으니 말이다.

휴먼 엣지 살리는 실험

사람들과 어울리기 위해 이야기 들려주기

설득하고, 영향력을 행사하고, 사람들과 어울릴 때 창의적인 이야기를 어떻게 사용할 수 있을까? 동화 속 인물처럼 '행복하게 살았답니다'를 원한다면, 옛날이야기를 들려주는 방법을 배워야 한다. 말솜씨가 돋보이는 일화는 참여와 신뢰를 불러일으킨다. 그리고 뇌를 먼저 자극해 듣는 이의 마음을 사로잡는다.

- '인간 대 인간의 관계'를 형성하고 추진하는 기술은 인공지능 세계에서 강력한 차별화 요인이다.

- 협업은 창의적 과정에서 항상 가치가 있다. 오늘날 급변하는 환경 속 여러 분야에서 협력하지 않고는 혁신을 이뤄낼 수 없다.

- 도움 없이 최고의 결과를 내는 '고독한 천재'라는 속설은 묘한 매력이 있지만 오류가 존재한다.

- 협업을 시작하려면
  - 느슨한 연대를 구축하자. 연대를 맺지 않았다면 접근하지 못했을 지식에 연결해준다.

  - 우연한 만남을 많이 만들자.

  - 협력해야 하는 이유를 분명히 알자. 협업은 매우 신중히 내리는 선택이다. 잘못된 사람, 올바르지 않은 역학과 함께라면 귀중한 시간을 낭비하는 것이다.

  - 브레인스토밍 2.0 기술을 사용하자.

  - 협력자가 '정정당당'하게 임할 수 있도록 그들의 행동을 평가하자.

  - 즐기는 것을 목표로 삼자. 인간 사이의 강력한 사회적 유대감을 형성하게 하고, 협업을 더욱 생산성 있게 만들어준다.

  - 집단에 영향력을 행사하려면 당신의 통찰과 데이터를 좋은 이야기로 감싸자.

브레인 트러스트 구축하기

에드윈 캣멀은 스티브 잡스를 포함해 재능 넘치는 창의적 인물을 많이 만났다. 흥미롭게도 그는 '처음에 성취하려고 한 것을 분명히 표현할 수 있는 사람'을 단 한 명도 만나지 못했다. 당신과 나도 다르지 않을 것이다. 그러니 창의적 비전을 분명히 표현할 수 있도록 자신만의 브레인 트러스트를 구축해야 한다. 귀중한 피드백을 제공할 수 있는 인간 협력자 집단을 모으기 위한 원칙이 몇 가지 있다.

- **명단 작성** : 6명 정도가 시작하기 적당하다.
- **전문가 선정** : 브레인 트러스트 일원에게는 올바른 노하우가 필요하다. 모두 중요한 존재지만 모두의 의견이 다 중요한 것은 아니라는 기본 원칙을 적용하자.
- **태도 설정** : 브레인 트러스트 일원은 올바른 사고방식을 지녀야 한다. 모두가 '못생긴 아기'의 성장을 도울 상상력을 갖고 있는 것은 아니다. 최고의 집단 구성원들은 공감과 무모한 솔직함 사이에서 균형을 잡는다. 프로젝트 진행을 돕지 않는 사람은 빠르게 제거하자.
- **유연한 자세** : 어떤 집단을 같은 방에 몰아넣는 식으로는 제대로 된 팀을 만들 수 없다. 더 작은 집단으로 나눠 가상으로 연결할 준비를 하자.
- **부모의 마음으로 '못생긴 아기' 수용** : 당신이 듣고 싶은 긍정적인 피드백의 종류를 정하기 위해 기본 원칙을 설정하자. 그러나 이후 피드백을 흡수하는 것은 당신의 몫이다. 의견을 요구하고 트집을 잡는 사람보다 더 나쁜 것은 없다. 그러니 피드백을 받기 껄끄럽더라도 분명한 질문만 하자. 피드백에 동의하지 않는다면 피드백 시간이 아니라 나중에 다뤄야 할 문제다.

실험하고, 또 실험하라

실험을 통해 끊임없이 아이디어를 시험하고
선별해야 하는 이유

"뭔가 되는지 보려고 시도하는 게 인생이다."

레이 브래드버리Ray Bradbury, 작가

● 초능력 : **협업**

● 댄스 스텝 : **실험**

● 생각을 자극하는 질문들 :

 – 무엇이 효과가 있을지 모를 때 어떻게 해야 할까?

 – 아이디어를 어떻게 시험할까?

 – 어떤 아이디어를 계속 진행해야 할까?

● 4C 가치 : **효과가 있는 것과 없는 것은 무엇인가?**

전구를 발명한 사람이 토머스 에디슨이라는 사실은 누구나 알고 있다. 그러나 이 진부한 이야기 속에 사소한 문제가 하나 있다. 사실이 아니라는 것이다. 1870년대 후반 여러 발명가들이 가스등을 대체할 광원을 개발하고 있었다. 가스등은 수천 건의 질식, 화재, 폭발 사고를 일으킨 데다 깜빡이기까지 했다. 에디슨이 발명에 나서기 전에 23종의 전구가 개발됐다. 성능이 좋은 일부는 이미 길과 건물을 비추고 있었다.

이때 전구를 설계하는 사람들에겐 피할 수 없는 기술 문제가 있었다. 불을 내지 않고 전구를 빛내면서 충분히 강력한 전류를 흐르게 할 재료 한 가닥이 필요했다. 즉 오래가는 필라멘트에 제격인 물질을 찾아야 했다. 에디슨은 동료들과 함께 6,000종 이상의 식물성 재료뿐 아니라 후보 물질 수천 가지를 시험했다. 적정 비용으로 전구를 오래가게 해야 한다는 상업적 문제 역시 어렵긴 마찬가지였다. 마침내 에디슨은 탄화된 목화실이 최적의 물질이란 사실을 알아냈다. 전구가 13시간 이상 빛을 발했다. 그는 1880년 1월 27일 성공적으로 특허를 출원했다.

보다시피 에디슨은 최초로 전구를 발명한 인물이 아니지만, 매우 체계적인 시행착오를 거쳐 최고의 전구를 세상에 내놨다. 즉 전구는 그가 이룩한 위대한 업적이 아니다. 전기, 영화, 통신, 배터리, 녹음 분야에서 선구자로서 보여준 진보도 사실 그의 업적이 아니다. 그는 모든 발명을 '이런 식'으로 했다. 인상적인 것은 그의 발명품이 아니라, 작지만 섬세한 실험 수천 건을 관리한 뉴저지 멘로파크 연구소의 발명 과정이다. 에디슨에게 회사는 가장 중요한 '실험 공장'이었다. 그는 이런 명언을 남겼다.

"나는 1,000번 실패한 게 아니다. 1,000번의 단계를 거쳐 전구를 발명한 것이다."

당신은 실험을 실생활에서 사용할 수 있는 기술이라기보다 과학자의 전유물로 생각할 수 있다. 이번 장에서는 어떻게 하면 그 반대도 가능한지 알아볼 것이다. 세상사를 예측할 수 없고 행동의 결과를 알 수 없을 때 실험이 가장 적절한 대응법인 이유도 살펴볼 생각이다. 실험은 미래를 예상할 수 없을 때 유용하다.

'연결' 댄스 스텝을 다룬 10장에서는 협업과 피드백을 거쳐 사고를 향상시킬 수 있는 방식을 소개했다. 언제든 아이디어를 실험해야 할 때가 오기 때문에 마지막 댄스 스텝으로 '실험'을 선정했다. 실험을 하면 아이디어가 하늘 높이 날지 땅으로 고꾸라질지 알 수 있다. 게다가 명성을 잃고, 시간을 버리고, 금전적 타격을 입기 전에 가장 안전한 방식을 손에 쥐고 전진할 수 있다.

누구에게나 예측은 어렵다

인공지능의 예지력에도 불구하고 우리는 여전히 최신 아이디어와 제품 중 어느 것이 날아오를지 또는 추락해서 불에 탈지 모른다. 할리우드 시나리오 작가 윌리엄 골드먼^{William Goldman}은 회고록에서 영화산업에 대해 이야기하며 어떤 영화가 성공할지, 아니면 흔적도 없이 사라질지는 '누구도 모른다'고 결론 내렸다. 창의성을 연구하는 학자 딘 키스 사이먼튼은 연구에서 이렇게 밝혔다. "흥미롭게도 창의적인 사람 역시 경험이나 축적된 전문지식으로 자신의 성공률을 높일 수 없다. 심지어 천재라고 불리는 사람도 자신의 지적, 미적 창작물 중 어떤 것이 찬사를 받을지 예측조차 하지 못한다."[1] 즉, 재능이 넘치는 사람도 자신의 아이디어 중 어떤 게 도움이 될지 모른다는 얘기다. 시험해보지 않으면 많은 아이디어의 강점과 유효성을 예측할 수 없기 때문이다. 그래서 실험이 필요하다.

예측하는 건 매우 어렵다. 그러나 우리는 미래를 예측할 수 없을 때도 예측할 수 있다고 생각하는 편이다. 실험은 이런 가짜 가능성이 만들어낸 거품을 콕 찌른다. 심리학자 필립 E. 테틀록^{Philip E. Tetlock}이 20년간 연구를 이어가며 우리의 '자기기만^{Self-deception} 경향'을 증명했다. 1984년 그는 미국국립과학원의 최연소 회원으로 활동했다. 그가 맡은 업무는 냉전 시대 때 소련의 전략적 움직임에 레이건 정부가 어떻게 대응해야 하는지 알아내는 일이었다. 전문가들의 예측을 연구했지만 공통점을 뽑아낼 수 없었다. 모두 의견이 달랐기 때문이다. 그는 정·재계 전문가 300여 명의 예측을 분석하기로 했다. 전문가들에게 미래 예측을 요청하고 그대로 실현되는지 보기 위해 잠자코 기다렸다. 당신도 예상했겠지만, 전문가들은 대조군으로 설정한 전문지식이 없는 대학생보다는 나았다. 그러나 한 분야에 통달했어도 적중률은 형편없었다. 한 예로 러시아 내에서 발생한 사건을 예측할 때 캐나다 전문가들이 진짜 러시아 전문가들보다 적중률이 높게 나타났다.[2]

오늘날 그 어느 때보다도 미래를 예측하기 어렵다. 우리는 기술, 비즈니스, 정치에서 놀라운 사건을 끊임없이 마주한다. 예를 들어, 금융 전문가 대다수는 2008년에 몰아친 파괴력 있는 신용 경색(미국 서브프라임 모기지Sub-prime Mortage 사태)을 예측하지 못했다. 8년 후인 2016년 베테랑 정치 전문가 중 영국의 유럽연합(EU) 탈퇴 투표를 예상한 사람은 별로 없다. 같은 해 경험 많은 여론 조사원들조차 미국 대선에서 도널드 트럼프가 승리할 거라고 예측하지 못했다.

그런데도 많은 사람들은 여전히 원하는 것만 보여주는 가짜 가능성 거품 속에 있길 바란다. 앞날을 예측하는 능력에 대한 잘못된 믿음을 고수한다. 아일랜드의 시인 윌리엄 버틀러 예이츠William Butler Yeats는 자신의 시 〈재림The Second Coming〉에서 명쾌한 묘사로 정곡을 찔렀다.

"선한 자에게는 확신이 없고, 악한 자에게는 격정이 가득하다." 확신이 없는 사람은 실험을 선호한다. 현실에서 무엇이 효과를 거둘지 알 수 있기 때문이다.

생각은 크게, 시작은 작게, 학습은 빠르게

실험은 행동이다. 어떤 아이디어나 사실에 대해 가정을 입증하고, 창의적 프로젝트에 'Go'와 'Stop' 중 뭐라 외칠지 결정하는 게 목표다. 이는 효과를 거두리라 예상되는 것을 최대한 알아내기 위해 시간, 돈, 노력을 최소한으로 소진하는 행위다. 프랑스 철학가 드니 디드로Denis Diderot는 이렇게 말했다.

"지식을 획득하는 주요 수단은 세 가지가 있다. 자연 관찰, 성찰, 실험. 관찰은 사실을 수집한다. 성찰은 수집된 사실을 조합한다. 실험은 조합의 결과를 입증한다."

실험은 호기심, 창의성과 마찬가지로 세상에 대한 철학이다. '생각은 크게, 시작은 작게, 학습은 빠르게!'라는 슬로건으로 요약할 수 있다. 격언을 바꾸기도 한다. 실험은 "돌다리도 두들겨 보고 건너라!"를 이렇게 대체한다. "조금 디뎌보고 무슨 일이 일어날지 조심스레 관찰하라." 실험이라 하면 시험관이 예기치 않게 폭발해 얼굴이 새까매지는 일을 생각할 수 있다. 그러나 올바르게 설계하면 위험할 리 없다. 실험은 전반적인 위험을 최소한으로 줄이는 행위다. 절벽에서 떨어지는 위험을 최소화하고 흥미로운 주제를 훤히 내려다볼 수 있는 경로, 즉 진실로 향하는 가장 빠른 길을 발견하는 시도다.

실험은 곧 무지를 인정한다는 의미다. 영국의 역사가 아놀드 토인비Arnold Toynbee는 왕성한 출판, 연설, 발표 활동으로 유명하다. 사람들은 그가 어떻게 그렇게 많은 일을 해내는지 이해할 수 없었다. 질문을 받자 그는 "매일 다음 날 할 일을 위해 알아야 할 것을 학습한다"고 말했다.[3] 전(前) 중국 주석 덩샤오핑은 불확실한 흐름이 주위에서 소용돌이칠 때 "발아래 돌을 느끼며 강을 건너라"고 조언했다. 실리콘밸리 기업가 에릭 리스는 저서 《린 스타트업》에서 실험을 '유효한 학습Validated Learning을 위한 도구'라고 깔끔하게 정의했다.

실험은 현실 감각을 유지시켜주며 손으로 더듬어 조금씩 앞으로 나아가게 한다.[4] 다음 단계로 나아갈 만큼 아는 것을 말한다. 그래서 일이 어떻게 될지 모른다는 사실을 받아들일 용기가 필요하다. 아마 그 탓에 전부 알고 있는 척하는 관리자들은 실험을 널리 활용하지 않는 것 같다. 오스트리아의 물리학자이자 노벨상 수상자인 에르빈 슈뢰딩거Erwin Schrödinger는 이렇게 인정했다.

"순수하게 지식을 탐구하면서 얼마일지 모를 기간 동안 무지를 감수해야 하는 일이 있다."[5]

대언론 공식 발표

실험은 복잡할 필요가 없다. 아마존 CEO 제프 베이조스는 직원들에게 대언론 공식 발표를 써서 아이디어를 입증하라고 격려한다. 발표를 앞둔 제품보다 잠재력 있는 제품에 대해 최초로 내부 토론을 할 때 사용하는 방법이다. 수개월간 거액을 들여 개발과 마케팅 활동을 하기 전에 고객의 시각에서 새로운 아이디어를 바라보는 것이 목표다.

잠시 시간을 들여 가치를 더하는 아이디어 중 가장 좋아하는 것을 선정한 뒤 반쪽짜리 공식 발표를 써보자. 형식을 갖춘 이런 글을 쓰면 다음과 같은 효과를 거둘 수 있다. 첫째, 생각을 확실히 정리할 수 있다. 둘째, 자신의 아이디어가 다른 사람에게 얼마나 혜택을 주는지 빠르고 분명히 알 수 있다. 셋째, 잠재적 제품 사용자의 입장에서 생각할 수 있다.

계획 vs 즉흥

두 친구가 점심 약속을 잡는다고 가정해보자. 두 명 모두 1980년 이전 태어났다면 '디지털 이민자Digital Immigrant'다. 1980년은 컴퓨터가 널리 퍼진 원년으로, 그 이전에 태어난 사람은 살면서 외국어를 배우는 것처럼 제한된 디지털 능력을 획득했다. 이 친구들은 문자나 전화 통화 이전에 점심 식사 시간, 장소, 날짜를 미리 계획할 것이다.

그러나 1980년 이후에 태어났다면 '디지털 네이티브^{Digital Native}'일 것이다. 일상에서 컴퓨터 없이는 시간을 기억할 수 없다. 집에서도 인터넷 창을 계속 본다. 이들은 매우 다른 방식으로 점심 약속을 잡을 확률이 꽤 높다. 우선 엄청 허기가 지면 스마트폰 위치 기반 서비스를 이용해 가장 가까운 식당을 찾는다. 그런 다음 어떤 친구가 식사를 같이 할 수 있는지 보기 위해 SNS로 자신의 위치를 알린다. 젊은이들은 계획을 세우지 않고 즉흥적으로 행동한다.[6] 통찰력 있는 동료이자 세대 간 차이를 연구하는 태미 에릭슨은 이렇게 농담한다.

"계획을 세우면 나이가 들었다는 거예요!"

실험은 즉흥의 가까운 사촌이다. 가능성 스펙트럼에서 실험은 계획의 정반대에 있다. 계획은 특정 시간과 장소를 정하는 점심 약속이나 달까지 로켓을 발사하는 것처럼 정해진 결과가 있는 프로젝트에 유용하다. 달에 로켓을 쏘아 올리려면 달의 위치를 확인하고, 세부 행동 계획을 세워 달로 향하는 방법을 알아내야 한다. 예전만 해도 삶을 계획대로 처리할 수 있었다. 금세기 초 전략 컨설턴트로 활동하던 시절, 나는 투자 시간 지평^{Time horizon}(투자 후 현금화하기까지의 기간)을 3년에서 5년 사이로 예상했다. 하지만 얼마나 시대가 빠르게 변하는지 지금은 터무니없어 보이는 값이다.

실험은 달로 가는 임무와 다르다. 자동차 운전에 가깝다. 당신은 현재 달리는 길을 알고 어디로 가는지 안다. 실험은 경로를 유지한 채 운전대를 약간씩 조정하며 차선과 지속적으로 이어나가는 피드백 루프Feedback Loop다.[7] 실험은 미래의 어떤 지점이 아니라 지금 당장 관찰할 수 있는 것에 달려 있다. 급변하는 세상에선 불확실한 미래를 계획하기보다 무언가를 시도했을 때 어떻게 나타나는지 관찰하는 게 더 유용하다. 그래서 실험을 해야 한다.

실험이 가치를 더하는 순간

실험이 모든 사람에게 권장할 만한 일은 아니다. 당신이 수술대 위에 올라 마취되기 직전이라고 생각해보자. 수술을 집도할 심장외과 의사가 마취에 빠지고 있는 당신 쪽으로 몸을 숙여 곧 시도할 흥미롭지만 위험한 절차에 대해 신나게 안내한다. 당신은 소방관이 화재를 진압할 새로운 방법을 갖고 있다고 말할 때 느낄 법한 불안함을 느낄 것이다. 실험은 실패 확률을 낮출 수 있기 때문에 신제품, 발명, 입증되지 않은 아이디어에 가장 잘 어울린다. 반면 원자력발전소 야간 근무 중 실험은 절대 금물이다.

우리 삶에는 실험이 가치를 더할 수 있는 거대한 영역이 여전히 남아 있다. 미국의 비행사 오빌 라이트와 윌버 라이트는 자신들이 개발한 선구자격 비행 기계를 시험하기 위해 매일 다섯 세트의 부품을 챙겼다. 날아올랐다 추락한 후 문제가 무엇인지 파악했고, 미리 챙겨둔 부품으로 고쳐 다시 이륙했다.[8]

1928년 미국 백화점 시어스Sears의 CEO였던 로버트 E. 우드는 시카고에 두 개의 지점을 열어 경쟁을 붙였다. 왜냐는 질문에 그는 "좋은 위치와 뛰어난 점장을 고를 수 있는 방법"이라고 답했다.[9]

1960년대 리처드 맥도날드와 모리스 맥도날드는 '스피디 서비스 시스템Speedee Service System'이라는 혁신적인 조리 시설을 구현할 최적의 디자인을 찾고 있었다.[10] 기업가인 그들은 돈을 들여 모형을 만들지 않았다. 대신 분필 조각을 가지고 지역 테니스장에 가서 패티 굽는 팬, 튀김기, 마요네즈 통 등을 그리며 다양하게 배열했다. 어느 날 오후에는 조리 담당 직원들이 이 시스템에서 어떻게 움직일지 미리 보기 위해 동네 아이들을 데려다 버거와 프렌치프라이를 만드는 척을 해달라고 요청했다.[11] 이 보잘것없는 실험에서 글로벌 패스트푸드 프랜차이즈 맥도날드가 탄생했다.

1988년 리처드 페어뱅크Richard Fairbank는 흥미로운 실험을 할 수 있는 확실한 기회라고 생각해 대출과 신용카드 사업을 목표로 삼았다. 그는 이 사업이 '제품 디자인, 마케팅, 커뮤니케이션 통로, 신용한도, 고객 선정, 추심 정책, 교차 판매 등 모든 결정에 대해 수천 건의 실험을 체계적으로 할 수 있는 실험실' 역할을 할 수 있다는 이유로[12] 신용카드 회사 캐피털 원Capital One을 공동 설립했다. 캐피털 원에서는 이제 매년 그런 실험을 8만 건 진행해 페어뱅크의 '정보 기반 전략'을 뒷받침한다. 그 결과 캐피털 원은 미국에서 다섯 번째로 큰 신용카드 회사가 됐다.[13] 실리콘밸리의 혁신적인 기술 기업들은 실험의 철학을 가지고 성공을 이끌어냈다. 소프트웨어 '베타 테스트Beta Test'는 고객이 새로운 기능을 시험해보도록 권장하는 최신 유행 애플리케이션이다. 구글, 아마존, 넷플릭스와 같은 기업은 정기적으로 경쟁사의 허를 찌르는 방법으로 실험을 실시한다.

페이스북은 심지어 자사 직원을 대상으로 실험을 한다. 경영진은 직원들이 무료로 제공하지만 몸에는 안 좋은 엠앤엠즈M&M's를 먹는 모습을 보고 행동과학자 팀을 구성했다. 연구팀은 직원들의 간식 먹는 패턴을 관찰한 후 식품 심리학 논문과 상호 참조했다. 그리고 엠앤엠즈를 불투명한 통에 숨겨놓고 말린 무화과, 피스타치오 등 몸에 좋은 간식을 잘 보이게 진열하면 문제를 줄일 수 있다고 가정했다. 그 결과 7주간 뉴욕 사무실 직원 2,000명의 칼로리 섭취량은 엠앤엠즈를 먹을 때보다 31만 칼로리 줄었다. 한 사람당 엠앤엠즈 9봉지를 줄인 것이다.[14]

여러 주요 글로벌 기업들은 이제 기업 문화를 더 발전시키기 위한 시도로 실험을 수용하고 있다. 내가 몸담고 있는 런던경영대학원은 지난 5년간 석유, 자동차, 제조, 채용, 화학, 은행업, 보험 등 여러 분야에서 비즈니스 실험을 실시했다.

혁신인가 아니면 소멸인가?

'혁신이냐 소멸이냐!Innovate or die!'라는 게임을 만들어보자. 게임판은 체스판과 비슷하지만 더 크다. 가로 세로 각각 10칸씩 총 100칸의 사각형으로 구성해보자. 각 칸은 어떤 문제라도 풀 수 있는 100가지 방식을 나타낸다. 칸에 베팅할 수 있는 칩은 10개다. 승리 칸은 100개의 슬롯이 있는 룰렛 휠로 결정된다. 이 게임은 계획과 실험의 차이를 이해할 수 있는 완벽한 수단이다.

기존의 계획 방식을 따르면 당신은 분석, 과거 경험, 정보를 바탕으로 추측해 100칸 중 가장 좋아 보이는 칸을 고른다. 나는 이것을 '예지력을 발휘한 의사결정'이라고 부른다. 당신은 칩 10개를 한 칸에 몰아두고 올바른 선택이었길 바란다. 한 바구니에 달걀을 몽땅 담은 것이다. 판단이 맞는다면 완벽한 접근이다. 이런 방식은 신속하고 효율적이며, 성공적일 경우 놀라운 예지력에 어마어마하고 즉각적인 보상을 선사한다. 틀리면 굉장히 큰 대가가 따르지만 말이다.

실험 방식을 따르면 접근이 꽤 달라진다. 당신은 어떤 칸이 승리할지 모른다고 순순히 인정한다. 게임을 할 논리적인 방법은 한 칸에 칩을 하나 두는 식으로 칩을 분산하는 것뿐이다. 당신은 이길지 보려고 칩 하나를 100칸 중 한 곳에 둔다. 이렇게 하면 좀 오래 걸린다. 10칸을 시험하기 위해 10번을 시도해야 하기 때문이다. 느리긴

하지만 매우 적은 대가로 무엇이 효과가 있는지 가려낼 수 있다는 장점이 있다. 실험을 하면 실패를 재정의한다. 당신은 실패에 맞서고, 그 속에서 매력적인 부분을 찾지도 않는다. 실패해도 생존할 수 있다는 사실을 발견할 뿐이다. 실험 방식에서 실패는 두 가지 모습으로 나타난다. 해결책을 찾는 데 너무 많은 시간을 쓰거나 칸 몇 개만 시험해보고 우승 칸을 알기 전에 포기하는 것이다.

상상 속 게임을 현실로 옮기기 위해 칩을 1개씩 놓는 접근을 '최소 기능 실험Minimum Viable Experiment(MVE)'이라고 생각해보자. 그러면 최신 아이디어의 유효성을 시험할 수 있다. MVE에 '4S'를 적용해야 하는데 방법은 간단하다. 더 큰 학습으로 이어지도록 가장 짧고Smallest, 신속하고Speediest, 간단하며Simplest, 안전Safest한 경로를 만들면 된다.[15] 실험은 실패의 대가가 학습의 가치를 넘어설 때만 실패한다. 지오데식돔Geodesic Dome(삼각형의 구면 격자로 이루어진 다면체로 분할된 돔-옮긴이)을 창안한 혁신적 건축가 버크민스터 폴러Buckminster Fuller도 "예기치 못한 결과가 나오는 실험 외에 실패한 실험은 없다"고 말했다. 이런 관점에서 볼 때 재앙으로 향하는 유일한 경로는 실험을 형편없이 설계하는 것이다. 우리는 이제 그 불운을 피하는 방법에 대해 알아보자.

휴먼 엣지 살리는 실험

최소 기능 실험(MVE) 설계하기
살면서 단시간 내에 최소한의 노력을 들여 가장 안전하게 실험하고 싶은 아이디어 하나를 떠올려보자. '4S(최단, 신속, 간단, 안전)'를 사용해 MVE 형태로 실험을 생각해보자.

실험은 간단하게 하라

실험은 체계적인 계획과 함께하는 시행착오다.[16] 그래서 실험은 최대한 간단하게 설계하는 게 좋다. 기본적인 프로토타입Prototype이나 실물 크기의 모형 또는 인체 모형을 제작하는 것처럼 별것 아닐 수 있다. 캐피털 원의 마케팅 담당자들은 어떤 버전의 이메일과 글씨체, 브랜드 컬러가 고객의 반응을 이끌어내는 데 가장 효과적인지 알고 싶을 때, 'A/B 테스트'라는 소규모 실험을 실시한다.[17] 마케팅팀은 같은 이메일을 두 개의 버전으로 전송하고 어떤 이메일이 답장을 많이 받는지 알아본다.

소프트웨어 산업에서 창업팀은 제품을 전혀 만들지 않을 때도 있다. 그들은 제품의 혜택만 설명하고 사용해보라며 링크를 건넨다.

이것이 바로 앞서 소개한 아마존의 대언론 공식 발표를 작성하기 전 단계다. 이후 소프트웨어 개발자들은 얼마나 많은 사람이 링크를 클릭해 제품의 잠재적 구매자로 자신의 이름을 남겼는지 확인한다.

휴먼 엣지 살리는 실험

빠르게 프로토타입 만들기

'씽커링Thinkering'은 사고Thinking와 땜질Tinkering을 합친 말이다. 마이클 온다체 Michael Ondaatje가 저서 《잉글리시 페이션트The English Patient》에서 지어낸 용어다. 당신은 어떻게 '씽커링'으로 여러 아이디어 중 하나를 실체가 있는 프로토타입으로 개발할 수 있을까? 이것은 IDEO 디자이너들이 '머릿속에서 나가기Getting out of your head'라고 부르는 결정적인 행동 기반 단계다. 어떻게 보면 우리의 사고방식을 인공지능과 차별화하는 방법이다. 우리에게는 생각을 물리적으로 구현할 수 있게 도와주는 솜씨 좋은 손이 있다.

당신은 마분지, 테이프, 발포 거품, 레고 블록, 키친타월 심 등 수중에 있는 물건으로 값싸고 간단한 프로토타입을 만들 수 있다. 디자인 씽킹 과정에서 제품의 장단점을 빠르게 테스트할 때 프로토타입을 신속하게 제작한다. 사실 그대로 보여주는 3D 모형일 필요는 없다. 당신과 협력자들이 현실에서 해답을 그려볼 수 있는 정도면 충분하다. 나는 산업계 종사자들이 서비스 제품을 개발할 때 역할극을 통해 잠재 고객과의 상호작용을 파악하는 모습을 봐왔다. 그들은 이런 방식으로 사소한 문제를 모두 제거하고 우연히 기회를 발견했다. 언제나 신속한 데모 테스트는 이론적인 사업 계획보다 확실하다.

신나는 문제

앞서 나는 풀고 싶은 난제와 사소한 문제에서 오류의 정체를 밝히는 '킬러 질문'을 찾으라고 권했다. 실험은 이런 흥미로운 문제를 해결할 방안을 시험하기 위해 '호기심-창의성 사고 회로'를 가동한다. 아마 당신은 살면서 실험을 여러 번 해봤겠지만, 막상 실험이라고 부른 적은 없을 것이다. 내 일상에서 간단하고 현실적인 사례를 선정해봤다. 어제 나는 사무실 스위치를 켰지만 전구에 불이 들어오지 않았다.

- **문제** : 불이 들어오지 않았다.

- **질문** : 전구가 다 됐나?

- **아이디어** : 전구를 교체하자.

- **가설/가정** : 전구를 교체하면 조명 기구는 자신의 기능대로 작동할 것이다.

- **실험** : 새 전구를 찾아 설치하자.

- **증명** : 전구가 켜질까, 그대로일까?

- **결과** :

  A 전구가 켜진다. (가설 입증)

  B 변화가 없다. (가설이 유효하지 않으므로 무언가 잘못된 부분이 분명 있을 것이다. 전선일까 아니면 퓨즈일까?)

이건 아주 어려운 문제는 아니다. 전구를 교체하겠다는 내 어마어마한 통찰력이 세기의 아이디어가 아니라는 점을 인정한다. 그러나 이 사소한 예에서 거의 모든 상황에 적용할 수 있는 실험적 사고 과정(아래 그림)을 분명하게 엿볼 수 있다.

실험적 사고 과정

1. 문제	2. 질문	3. 아이디어
• 이 문제를 나타낼 가장 분명한 방법은 무엇인가?	• 킬러 질문은 무엇인가?	• 확산적, 수렴적 사고를 하라. • 이 문제를 풀 유망한 방법은 무엇인가?

6. 증명	5. 실험	4. 가설
• 실험이 내 가설을 증명할지 어떻게 알 수 있을까?	• 내 가설을 최단 시간 내에 신속하고 간단하며 안전하게 시험할 방식은 무엇인가? • 누가 도와줄 수 있을까? • 어떤 자원과 어느 정도의 시간이 필요한가?	• 무슨 일이 일어날 거라고 생각하는가? • 내 '가정과 결과' 진술은 무엇인가?

실험적 사고 과정에는 두 가지 특성이 있다. 첫째, 이 책의 중추를 구성하는 댄스 스텝의 결과를 입증하는 데 유용하다. 가설을 세우고 실험한 후 결과를 확인하는 세부 단계는 '실험' 댄스 스텝을 드릴처럼 뚫고 들어가 조금 더 많은 구조를 만들어낸다. 둘째, 탄탄한 실험이라면 무엇이든 세심하게 계획된 가설로 시작한다. 앞서 소개한 예에서 가설을 바탕으로 세운 가정은 정전이나 배선 문제가 아닌 전구 자체가 나갔다는 것이다. 좋은 가설은 어림짐작보다 낫지만 확고한 이론만 못하다. 과학자들은 가설에 이론이라는 이름표를 붙이기 전에 다각도로 시험한다.

삶은 무언의 가설들로 가득 차 있다. 예를 들어 탐정은 범죄에 대해, 어머니는 카펫에 주스를 쏟은 사람이 누구일지 가설을 갖고 있을 것이다. 다음 예를 살펴보자.

- 만약 자전거에 흙받이를 설치한다면(가정), 비 오는 날 자전거 등에 흙탕물이 덜 튈 것이다(결과).
- 만약 재소자가 교도소에서 기술을 배운다면(가정), 출소 후 범죄를 저지를 확률이 줄어들 것이다(결과).
- 만약 인사팀에 재택근무를 도입한다면(가정), 직장 분위기가 더욱 생산적이고 유연하며 즐거울 것이다(결과).

휴먼 엣지 살리는 실험

가설 쓰기

실험은 근본 가정이 진실인지 알기 위해 더욱 분명하게 진술하는 방법이다. 그래서 분명하고 정확한 언어를 사용해야 한다. 당신은 앞의 예시를 보고 가설이 항상 특정 형태를 갖춘다는 사실을 파악했을 것이다.

'만약 x를 한다면, y일 것이다.'[18]

당신이 이전에 설계한 MVE로 돌아가보자. 이제 그 잠재적 실험의 중심 가설을 다시 진술해보자. 논리적인 언어 덕분에 작은 실험을 훨씬 더 쉽게 시험할 수 있다는 사실을 깨닫게 될 것이다.

나는 《휴먼 엣지》 전반에 걸쳐 당신에게 실험을 권했다. 당신이 시행착오라는 더 직관적인 방식과 내가 설명한 체계적인 실험 중 어느 것을 선호하든 한 가지는 확실하다. 급변하는 세상에서 인내심을 과대평가한다는 것이다. 자신이 미래를 충분히 예측할 수 있다는 가정도 마찬가지다. 작은 학습 단계를 밟아나가는 게 훨씬 더 낫다. 실험은 실패를 보증하지도 권하지도 않는다. 실패 후에도 다시 일어날 힘을 주고 교훈을 깨닫게 할 뿐이다. 에디슨은 "성공의 진정한 척도는 꼬박 하루 동안 행했던 실험의 횟수"라고 말했다.[19] 실험은 당신의 베팅이 초래할 대가를 줄여준다. 그 결과 상황이 잘 돌아가지 않더라도 당신은 한 번 더 베팅할 돈을 계좌에 더 많이 보유하게 될 것이다.

- 실험의 철학은 '생각은 크게, 시작은 작게, 학습은 빠르게'다.

- 실험은 모든 사람에게 권장할 만한 것은 아니지만 잘 맞는 분야가 있다.

  – 호기심 넘치고 창의적인 사고를 입증할 때

  – 21세기의 불확실성

  – 예측이 어려워지고 어떤 일을 진행할 때 즉흥이 최고의 방법인 상황

- 잘 설계된 실험은 가능한 한 적은 시간, 돈, 노력을 투입한다.

- 실험은 실패해도 일어설 힘을 주고 심지어 가치를 더해준다.

- 가설을 시험하는 경로는 간단한 그림, 역할극 또는 더 공들인 실물 프로토타입부터 극도의 협동 실험까지 여러 가지가 있다.

- 가장 효과적인 실험은 간단하고, 짧고, 신속하고, 안전하다.

지금 당장 **휴먼 엣지 살리는 실험**

실험하는 삶 시작하기

실제 실험에 나서보자. 아이디어를 떠올려 여러 개의 실험을 해보자.

- 책을 읽는 동안 발전시킨 하나 또는 그 이상의 아이디어를 떠올려보자.
- 실험적으로 접근하자. 실험이 순조롭게 진행된다 해도 만족스러운 가설을 쓰고 통찰을 선사할 실험을 설계하려면 사고 회로를 몇 번이고 돌려야 한다.

| 맺는말 |

우리의 미래는?

이 책을 읽으며 인공지능과 겨루기보다 차별화할 준비를 했길 바란다. 아니면 적어도 미래에 마주할 약인공지능(ANI)과 다른 면모를 보여줄 준비라도 했으면 한다. 그러나 그다음엔 무엇이 등장할까?

초인공지능(ASI)에 종말론적으로 접근하는 머리기사가 숱했다. 인간을 넘어서는 초인공지능이 나타나는 순간을 '기술적 특이점 Technological Singularity'이라 한다. 이 시나리오에서 인공지능은 자기계발 학습 사이클에 들어선다. 번개 같은 속도로 더욱 새롭고 지적인 존재로 발전한다. 기계가 초인공지능 수준에 도달하면 상대적으로 인간은 약간 미련해 보일 것이다. 우리가 소, 개, 고양이를 어떻게 보는지 생각해보자. 귀엽고 힘이 되지만, 많은 결정을 내려야 하는 존재는 아니다. 그러나 경악스럽게도 지각이 있는 초인공지능은 인간만이 가진 목표를 추구할 수 있다. 또는 우리가 부여한 목표를 오해해 치명적인 결과를 낳을 수도 있다. 암 근절? 이 목표를 빨리 달성하려면 모든 인간을 말살하면 된다. 어디서 들어본 것 같은가? 〈터미네이터〉 속 스카이넷Skynet과 〈매트릭스〉의 구현이다.

실리콘밸리 기업가 일론 머스크, 작고한 영국의 물리학자 스티븐 호킹 등 여러 걸출한 기술자와 과학자들은 기술적 특이점의 전망을 입증해왔다. 그러나 아직 조바심 낼 필요는 없다. 이유는 다음과 같다.

첫째, 초인공지능이 등장하려면 시간이 꽤 걸릴 것이다. 인공지능 분야를 이끄는 연구자들에게 "인간 수준의 초인공지능까지 도달하는 데 몇 년이 걸릴까?"를 물어본 설문이 다수 있다. 결과는 항상 같다. 저마다 의견이 다르다. 글로벌 인공지능 콘퍼런스에서 실시한 설문에 따르면, 평균적으로 2055년이면 초인공지능이 등장한다고 예측했다. 하지만 일부 연구자들은 수백 년 이후로 추정했다.[1] 《제2의 기계 시대》, 《기계와의 전쟁》의 공동 저자인 MIT 경제학자 앤드루 맥아피는 "가장 큰 오해는 기술적 특이점(또는 초인공지능에 대한 공포심)이 등장하기 직전이라고 믿는 것"이라고 주장한다.[2] 구글과 바이두에 몸담았던 머신러닝 전문가 앤드루 응Andrew Ng은 이렇게 장담한다.

"오늘날 초인공지능과 사악한 인공지능을 걱정하는 것은 화성 인구가 차고 넘칠까 봐 걱정하는 것과 같습니다."[3]

둘째, (초인공지능은커녕) 자각하는 강인공지능은 결코 등장하지 않을 것이다. 많은 과학자 역시 회의적이다. 임페리얼 칼리지 런던은 미래학자 리처드 왓슨이 초고를 작성한 '와해성 기술 주기율표 Table of Disruptive Technologies'를 고안했다. 인식하는 인공지능은 인간 머리이식, 소행성 채굴, 우주 엘리베이터와 같은 범주에 있다. 이 범주는 비주류 과학 및 기술로 등장할 확률이 희박하지만, 실제 불가능한 것은 아니다.[4] 앨런 튜링 연구소의 관리 책임자 크리스틴 포스터 Christine Foster는 이런 농담을 던졌다.

"프린트기가 노트북에 말을 걸 수 있을 때가 오면 기술적 특이점을 걱정하려고요!"[5]

인공지능이 굉장히 복잡하고 강력해지면 강인공지능이 등장할 수도 있다. 이어서 초인공지능으로 발전할 수도 있다. 누가 알겠는가? 과학자들과 정부가 생각하고 준비해야 할 일이지, 내가 밤잠을 설칠 문제는 아니다.

인간 + 인공지능

앞서 소개한 문제보다 당분간 인공지능이 우리를 위해 무엇을 할 수 있는지 생각해봐야 한다. 분명 인공지능은 우리의 능력을 증강시켜줄 것이다.[6] 나는 "인공지능이 삶을 더 생산적이고 창의적으로 만들 것"이라고 예언한 빌 게이츠의 말에 동의한다.[7] 현재 하고 있는 성가신 일을 인공지능으로 자동화하면 인지적 부담Cognitive Burden이 줄어 우리는 자유시간을 더 누릴 수 있다.[8] 예를 들어 영업 사원은 업무 시간 중 최대 80%를 리드Lead(기업의 제품이나 서비스에 관심이 있는 개인이나 조직-옮긴이) 검증에 할애하고, 나머지 20% 시간 동안 계약을 체결한다. 이때 인공지능은 잠재적 기회(리드 발굴 후 실제 계약까지 이어질 가능성이 높은 경우-옮긴이)를 자동으로 검증할 수 있어 영업 사원이 일상적인 업무가 아니라 더 높은 가치를 지닌 활동에 집중할 수 있게 돕는다.

인공지능은 직장에서 잠재적 창의성이라는 배당금을 안겨줄 수도 있다. 2장에서 소개한 획기적인 챗봇 아멜리아를 기억하는가? 아멜리아처럼 지칠 줄 모르는 고객 서비스 인공지능이 수백만 시간 동안 일상적이고 자주 묻는 질문을 처리할 때 인간 직원은 수평적 사고, 공감 능력, 심지어 기발한 유머 감각을 뽐내며 좌절한 고객을 도울 수 있다. 강매가 아니다. 최근 설문조사에 따르면, 사람들은 일상적 질문에는 대개 준비된 대본을 (이상하게도) 로봇처럼 읽는 사람보다 챗봇을 선호한다고 한다.[9]

악몽 같은 미래에 사로잡히지 말고 다음 식의 답을 알아내자.

인간 + 인공지능 = ?

　액센츄어Accenture의 인공지능 대가 폴 도허티Paul Daugherty와 제임스 윌
슨James Wilson은 저서 《휴먼 + 머신》에서 인간과 기계가 협력하면 다음
과 같은 세 가지 분야를 창출해낼 거라고 예측했다. [10]

1 휴먼(인간)만의 활동
2 휴먼과 머신이 서로 보완하는 '소외된 중간지대Missing Middle'
3 인공지능이 더 잘하는 머신(기계)만의 활동

　글로벌 IT 기업 코그니전트는 위에서 소개한 주제를 바탕으로 '최
고 신용 책임자', '건강 전담 상담사', '인간-기계 협업 관리자' 등 앞으
로 10년간 새로 등장할 직업을 예측했다. 게다가 장기적으로 '개인
기억 큐레이터', '온라인 상점 길잡이', '증강현실 여행 설계자'까지 상
상한다. 그들은 보고서를 이렇게 마무리 지었다.
　"기계가 자기 자신을 창조해 시장에 내놓고 스스로 판매하고 배달
할 수 있을까? 스스로 먹고, 썼고, 수리할 수 있을까? 기계는 도구이
고, 도구라면 사람에게 쓸모가 있어야 한다. 쓸모없는 것을 상상하
는 건 공상과학 영역으로 진입하는 것이다." [11]
　전(前) 세계 체스 챔피언 가리 카스파로프는 새로운 길을 열었다.

딥블루에 장렬히 패배한 후 '켄타우로스Centarus'라고 이름 붙인 것에 흠뻑 빠졌다. 켄타우로스는 인간과 인공지능이 짝을 이룬 팀으로, 그리스 신화에 등장하는 반인반수의 이름에서 따왔다. 카스파로프는 켄타우로스 팀끼리 겨루는 프리스타일 체스 토너먼트를 시작했다. 이 경기는 인간의 직관과 창의성에 컴퓨터에겐 너무 쉬운 수읽기 능력을 결합한 형태다. 켄타우로스를 보면 우리 모두 희망을 품을 수 있다. 인공지능을 능숙히 사용하는 아마추어 체스 선수들이 여러 경기에서 마찬가지로 인공지능의 지원을 받는 체스 그랜드마스터에 승리했기 때문이다. 아마추어 체스 선수가 컴퓨터와 능숙하게 협력하는 방법을 터득한 덕분에 우위에 올라 승리를 거둔 것이다.[12] 기계와 함께 플레이하는 인간은 이제 가장 강력한 체스 플레이어다.

인지과학 교수이자 인공지능 전문가인 마거릿 보든Margaret Boden은 별난 인물이다. 영국 서식스대학교를 본진 삼아 인간 그리고 '깡통'이라 즐겨 부르는 컴퓨터에 창의성과 관련한 아이디어를 적용했다. 그녀는 인공지능이 인간을 돕고 스스로 창조하기 위해 무엇을 할 수 있는지 분명히 밝히고자 세 가지 유형의 창의성을 파악했다.

먼저 '탐구적 창의성Exploratory Creativity'은 규칙대로 경계를 유지하며 그 안의 영역을 파악한 후 바깥을 탐험하는 것이다.[13] 예를 들어 블루스 음악은 항상 같은 화음 전개를 따르지만 음악가들은 정해진 틀

속에서 가능한 방향으로 확장할 수 있다. 종종 수학자들은 수십 년간 증거를 찾으려 할 때도 있지만 법칙을 엄격히 준수해야 한다는 사실을 이해한다. 보든은 이것이 인간 창의성의 대부분을 설명하는 동시에 인공지능이 가장 많이 기여할 수 있는 영역이라고 주장한다. 컴퓨터는 특정 규칙에 들어맞는 대안을 수백만 개 떠올릴 수 있기 때문이다.

두 번째 '접목적 창의성Combinatory Creativity'은 완전히 다른 두 아이디어를 조합해 새로운 것을 만들어내는 것이다. 우리는 이 강력한 방법을 '발화' 댄스 스텝을 다룬 9장에서 다소 깊게 알아봤다. 이 창의성의 대표 인물로 자하 하디드Zaha Hadid가 있다. 그녀는 자신의 건축 지식에 아방가르드 러시아 화가 카지미르 말레비치Kazimir Malevich가 그린 순수 형태에 애정을 더해 익살스럽고 곡선미가 돋보이는 독특한 건축물을 창조했다. 인공지능은 탐구적 창의성과 접목적 창의성 모두를 갖고 우리를 도울 수 있다. 인공지능은 특정 지침을 준수하면서 고를 수 있는 선택지를 수없이 내놓을 수 있다. 인간은 어떤 탐험에 나설지, 어떤 별종을 사용할지 고르기만 하면 된다.

마지막 '변혁적 창의성Transformational Creativity'은 영국의 수학자이자 《창조력 코드》의 저자 마커스 드 사토이Marcus du Sautoy가 잘 설명한다.

"변혁적 순간은 게임의 규칙을 바꾸거나 이전 세대가 따랐던 가정을 버릴 때 나타난다. 어떤 수든 제곱을 하면 양수가 된다. 모든 분

자는 사슬이 아니라 기다란 끈 형태다. 음악가는 화성 음계에 맞춰 작곡해야 한다. 얼굴에서 눈은 코 양옆에 있다."[14]

피카소가 입체주의로 게임의 법칙을 뒤바꾼 것을 생각해보자. 기계가 변혁적 창의성 영역에서 어떻게 도움을 줄지 당장 떠올릴 순 없지만 이론적으로는 가능하다. 당신은 인공지능에게 특정 문제를 둘러싼 일부 제약을 제외하고 무엇이 등장할지 예측해달라고 요청할 수 있다. 분명 인공지능은 창의적 노력을 기울이며 언제나 인간 곁에서 일할 것이다. 이런 신세계가 펼쳐질 때 의식, 호기심, 창의성, 협업이라는 인간의 초능력이 보다 더 중요해질 것이다. 인간뿐 아니라 인공지능과 협력할 때도 하위 기술인 댄스 스텝을 가끔씩 조정해야 할 것이다.

우리는 어쩌면 생각 외로 '로봇 지배자'를 두려워할 필요가 없지 않을까? 분명히 인공지능 덕에 우리는 이전과 다른 존재가 될 것이다. 창의성 그리고 동료 인간과의 관계 속에서 '더욱 인간다운 감성High-touch'을 보여줄 수 있도록 첨단 기술인 인공지능이 우리를 해방시켜주길 바란다. 어느 쪽이든 기술 변화가 펼쳐질 때 휴먼 엣지를 면도날처럼 날카롭게 유지하도록 돕는 4C를 연습할 방안을 터득했으면 좋겠다. 사방이 인공지능으로 시끄러울 때 우리가 함께할 미래를 향해 탱고를 추려면 당신은 어떤 댄스 스텝이 선택해야 할까?

참고문헌

1장_ 더욱더 '인간다운' 인간 되기

1   Chace, Calum (2015) *Surviving AI: The Promise and Peril of Artificial Intelligence.* Three Cs. Kindle Edition, p. 45.

2   https://spectrum.mit.edu/continuum/entering-the-second-machine-age-bring-a-hammer/.

3   Indebted for this excellent analogy to Chace, Calum (2015) *Surviving AI: The Promise and Peril of Artificial Intelligence.* Three Cs. Kindle Edition, p. 153.

4   Such as Bloomberg, which uses AI, among others.

5   The global consumer goods company, Unilever, is using this technology to great effect.

6   https://www.washingtonpost.com/news/the-switch/wp/2018/02/06/algorithms-just-made-a-couple-crazy-trading-days-that-muchcrazier/?noredirect=on&utm_term=.54e70b2b197d.

7   Ping An, the largest insurance firm in the world, headquartered in Shenzhen, China, uses AI to detect human dishonesty via AI analysis of video interviews.

8   'GrAIt expectations' special report (source: PitchBook), *The Economist,* 31 March 2018, p. 5.

9   The Singapore government is trialing AI to scan crowds for signs of terrorism.

10 'The tech giant everyone is watching', *The Economist,* 30 June 2018, p. 11.

11 https://www.politico.eu/article/denmark-silicon-valley-techambassador-casper-klynge/.

12 https://qz.com/1177465/forget-bat-chinas-next-generation-tech-giants-are-tmd/.

13 https://www.cbinsights.com/research/china-baidu-alibaba-tencent-artificial-intelligence-dominance/.

14 Chace, Calum (2015) Surviving AI: *The Promise and Peril of Artificial Intelligence.* Three Cs. Kindle Edition, p. 85.

15 By digital analyst Benedict Evans at the Silicon Valley venture capital firm Andreessen Horowitz.

16 AI-related acquisitions were a staggering 26 times greater in 2017 than just two years earlier. 'AI-Spy Leader' article (p. 15), linked to 'GrAIt expectations' special report (source: PitchBook), *The Economist*, 31 March 2018, p. 5.

17 According to a report by *MIT's Sloan Management Review.*

18 According to the McKinsey Global Institute, which predicts there'll be a king's ransom in economic value for those who win the race to figure out AI. In the next twenty years, they argue the top three biggest impacts will come in the transformation of marketing and sales ($1.4 trillion), supply chain management ($1.3 trillion) and the management of risk ($0.5 trillion).

19 https://www.youtube.com/watch?v=SCGV1tNBoeU.

20 https://www.bbc.co.uk/news/science-environment-48193866.

21 Kasparov, Garry (2017) *Deep Thinking: Where Machine Intelligence Ends and Human Creativity Begins.* John Murray, p. 7.

22 In 1930, the British economist John Maynard Keynes was the first to give this human vs machine struggle a name. He identified a 'new disease': 'technological unemployment. due to our discovery of means of economising the use of labour outrunning the pace at which we can find new uses for labour'. In other words, technology means more prosperity overall in the long run, and different jobs for many in the short.

23 A phrase coined by Andrew Ng, formerly of Google and Baidu.

24 Newport, Cal (2016) *Deep Work: Rules for Focused Success in a Distracted World.* Piatkus, Little, Brown Book Group. Kindle Edition, pp. 22–23.

25 In the UK, for example, 35 per cent of current jobs are at high risk of computerisation within 20 years; with automation likely for 70–80 per cent of 'scripted' jobs. But machines will also beat humans where mastery of data leads to better judgements: auditing, pitching for large contracts and even the diagnosis of cancer. In other words, accountants, some sales people and even surgeons need to work out where they add value, and where machines should step in. From a study by researchers at Oxford Martin School, Oxford University and Deloitte, 2017.

26 A study by researchers at Oxford Martin School, Oxford University and Deloitte 2017.

27 The Oxford University report has been criticised for being overly gloomy but, as I say, even at the lower estimates of job losses we're looking at a huge impact on the way humans exist in the workplace: https://www.telegraph.co.uk/news/2017/09/27/jobs-risk-automation-according-oxford-university-one/.

28 Daugherty, Paul R. and Wilson, H. James (2018) *Human+Machine: Reimagining Work in the Age of AI.* Harvard Business Review Press, Chapter 5.

29 https://www.tothepointatwork.com/article/vuca-world/.

30 In business, this experience is often referred to the 'VUCA World' because it's more volatile, uncertain, complex and ambiguous than the experience of previous generations.

31 'Future of Jobs'. World Economic Forum. A global survey of top leaders of 13 million employees across nine industry sectors.

32 Susskind, Richard and Susskind, Daniel (2015) *The Future of the Professions: How Technology Will Transform the Work of Human Experts.* Oxford University Press, p. 37.

33 Susskind, Richard and Susskind, Daniel (2015) *The Future of the Professions: How Technology Will Transform the Work of Human Experts.* Oxford University Press, p. 2.

34 'Diligence Disrupted'. *The Economist.* 14–20 July 2018, p. 61.

35 https://www.bbc.co.uk/news/technology-44635134.

36 I owe huge thanks as always to the insights of the globally-renowned thought leader on organisations of the future, Tammy Erickson. This diagram is developed from a similar one she has presented when discussing the emerging role of humans vs AI.

37 Leslie, Ian (2014) Curious: *The Desire to Know and Why Your Future Depends on It.* Quercus. Kindle Edition, location 141–143.

38 Leslie, Ian (2014) Curious: *The Desire to Know and Why Your Future Depends on It.* Quercus. Kindle Edition, location 148–150.

39 Some researchers even argue creativity and curiosity aren't discrete steps as I have described here, but synonymous. As I'll explain as the book progresses, none of the steps in creative thinking is truly discrete. They all work together in a 'messy' way. But, it's easier to understand them individually prior to using them together.

40 Chace, Calum (2015) *Surviving AI: The Promise and Peril of Artificial Intelligence.* Three Cs. Kindle Edition, p. 83.

41 If you'd like to do a little more research, go to: https://www.mckinsey.com/business-functions/digital-mckinsey/our-insights/where-machines-could-replace-humans-and-where-they-cant-yet.

42 These questions are developed from those posed in: https://www.forbes.com/sites/forbescoachescouncil/2017/02/13/how-to-beat-automation-and-not-lose-your-job/#5826d5852caf.

2장_ 프랑켄슈타인에게 인사하라

1   Daugherty, Paul R. and Wilson, H. James (2018) *Human+Machine: Reimagining Work in the Age of AI.* Harvard Business Review Press, p. 55.

2   She was built by IPsoft Inc. for SEB in 2017.

3   For the rest of this book, unless I state otherwise, when I refer to 'AI', I mean 'ANI'.

4   https://metro.co.uk/2018/10/10/ancient-greek-myths-foretold-of-modern-technology-including-ai-driverless-cars-and-even-alexa-8023013/.

5   https://www.computerhistory.org/babbage/.

6   https://www.bbc.co.uk/news/technology-27762088.

7   https://www.bbc.co.uk/news/technology-44045424.

8   Chace, Calum (2015) *Surviving AI: The Promise and Peril of Artificial Intelligence.* Three Cs. Kindle Edition, p. 16.

9   I borrowed this excellent metaphor from Ford, Martin (2016) *The Rise of the Robots: Technology and the Threat of Mass Unemployment.* Basic Books. Kindle Edition, location 127.

10 In 1965, Gordon Moore noticed that the number of transistors per square inch on integrated circuits had doubled every year since their invention. Moore's Law predicts that this trend will continue into the foreseeable future.

11 Chace, Calum (2015) *Surviving AI: The Promise and Peril of Artificial Intelligence.* Three Cs. Kindle Edition, p. 69.

12 Chace, Calum (2015) *Surviving AI: The Promise and Peril of Artificial Intelligence.* Three Cs. Kindle Edition, p. 28.

13 Chace, Calum (2015) *Surviving AI: The Promise and Peril of Artificial Intelligence.* Three Cs. Kindle Edition, p. 63.

14 This is different from a computer program, which offers precise, step-by-step instructions on how to handle a very specific situation, such as adding up a column of figures.

15 Both programs and algorithms are called software.

16 https://www.forbes.com/sites/gilpress/2018/02/07/the-brute-force-of-deep-blue-and-deep-learning/#130a40e849e3.

17 Kasparov, Garry (2017) *Deep Thinking: Where Machine Intelligence Ends and Human Creativity Begins.* John Murray. Kindle Edition, p. 5.

18 Daugherty, Paul R. and Wilson, H. James (2018) *Human+Machine: Reimagining Work*

in the Age of AI. Harvard Business Review Press, p. 60.

19   It's used in fraud detection and price prediction. And it's how Amazon's Alexa, Apple's Siri and Google Assistant manage to understand what you say (sometimes!).

20   This is known as 'reinforcement' or 'deep learning'.

21   Your brain contains about as many neurons as there are stars in our Galaxy: in the ballpark of a hundred billion. Each of these neurons is connected to about a thousand others via junctions called synapses. It's the strengths of these roughly hundred trillion synapse connections that encode the information in your brain. These computers learn in a similar way to humans.

22   Watching the AI improve in this video is incredible: https://www.youtube.com/watch?v=V1eYniJ0Rnk.

23   OK, hands up, this is an old-school Eurythmics pop song reference. I was a teenager in the 1980s!

24   Which, of course, it will soon feature prominently in, as autonomous driving takes off.

25   For eagle-eyed grammarians: I do realise data is a plural (datum being the singular). But as it is not used by anyone I know in this way, I use it as a singular noun. Apologies!

26   Another excellent analogy borrowed from the peerless Chace, Calum (2015) *Surviving AI: The Promise and Peril of Artificial Intelligence.* Three Cs. Kindle Edition, p. 60.

27   I've made this rough conversion based on 1 terabyte=1,000 gigabytes. The IBM 3380 cost between $81,000 and $142,400 in 1980: https://royal.pingdom.com/the-history-of-computer-data-storage-in-pictures/.

28   Chace, Calum (2015) *Surviving AI: The Promise and Peril of Artificial Intelligence.* Three Cs. Kindle Edition, pp. 63–64.

29   Chace, Calum (2015) *Surviving AI: The Promise and Peril of Artificial Intelligence.* Three Cs. Kindle Edition, pp. 173–174.

30   According to an IBM Marketing Cloud study: https://public.dhe.ibm.com/common/ssi/ecm/wr/en/wrl12345usen/watson-customer-engagement-watson-marketing-wr-other-papers-and-reports-wrl12345usen-20170719.pdf

31   Tegmark, Max (2017) *Life 3.0: Being Human in the Age of Artificial Intelligence.* Penguin Books Ltd.

32   This was seen as 'women's work', so NASA's human computers in the 1940s and 50s were female and often black, too. They were called 'computers in skirts'. Ironic, then, that it was a brilliant band of pioneer black women who figured out how to propel a white male into orbit. Immortalised in the 2016 film, Hidden Figures, this is an inspiring story for any young woman at all nervous about launching themselves into the

still male-dominated sciences.

33 Cognizant (2018) '21 Jobs of The Future', Center for the Future of Work.

34 Tegmark, Max (2017) *Life 3.0: Being Human in the Age of Artificial Intelligence.* Penguin Books Ltd. Kindle Edition, location 899–910.

35 https://www.news.com.au/technology/innovation/inventions/how-a-confused-ai-may-have-fought-pilots-attempting-to-save-boeing-737-max8s/news-story/bf0d102f699905 e5aa8d1f6d65f4c27e.

36 Tegmark, Max (2017) *Life 3.0: Being Human in the Age of Artificial Intelligence.* Penguin Books Ltd. Kindle Edition, location 876.

3장_ 당신의 상상력을 훔친 이는 누구인가?

1 This probably apocryphal story appears in a number of places, and was used most famously in Sir Ken Robinson's now iconic TED talk 'Do schools kill creativity?'. If you haven't already watched it, I highly recommend you do.

2 Kelley, David and Kelley, Tom (2013) *Creative Confidence: Unleashing the Creative Potential Within Us All.* William Collins.

3 Adapted from Dyer, Jeff, Gregersen, Hal and Christensen, Clayton M. (2012) 'Crush the "I'm Not Creative" Barrier', *Harvard Business Review.*

4 These questions are adapted from Dyer, Jeffrey H., Gregersen, Hal and Christensen, Clayton M. (2009) 'The Innovator's DNA', *Harvard Business Review.* They undertook a six-year study to uncover the origins of creative–and often disruptive–business strategies in particularly innovative companies. They came up with a list of things that they called the 'innovator's DNA': questioning, observing, associating and experimenting, which I've developed here.

5 The study was carried out by Strategy One for Adobe's global-benchmark study 'State of create study'. The research was fielded in March and April 2012. The team conducted surveys of 5,000 adults; a 1,000 per country were interviewed in the USA, UK, Germany, France and Japan.

6 https://hbr.org/2012/05/crush-the-im-not-creative-barr.

7 Ashton, Kevin (2015) *How To Fly A Horse.* Cornerstone Digital. Kindle Edition, location 53.

8 Ashton, Kevin (2015) *How To Fly A Horse.* Cornerstone Digital. Kindle Edition, location 69.

9   https://www.entrepreneur.com/article/241853.

10 https://www.verywellmind.com/what-is-the-average-iq-2795284.

11 https://www.opencolleges.edu.au/informed/features/the-value-of-connecting-the-dots-to-create-real-learning/.

12 https://www.psychologytoday.com/gb/blog/finding-the-next-einstein/201104/if-you-are-creative-are-you-also-intelligent.

13 Fry, Hannah (2018) *Hello World: How to Be Human in the Age of the Machine*. Transworld Digital. Kindle Edition, location 2,930.

14 Du Sautoy, Marcus (2019) *The Creativity Code: How AI is Learning to Write, Paint and Think*. Fourth Estate. Kindle Edition, location 44–45.

15 https://www.forbes.com/sites/falonfatemi/2018/08/17/how-ai-will-augment-human-creativity/#7523edbd711b.

16 https://www.independent.co.uk/life-style/gadgets-and-tech/news/ai-robots-artificial-intelligence-racism-sexism-prejudice-bias-language-learn-from-humans-a7683161.html

17 https://www.businesslive.co.za/redzone/news-insights/2018-07-30-does-ai-mean-the-end-of-creativity.

18 https://www.ibm.com/watson/advantage-reports/future-of-artificial-intelligence/ai-creativity.html

19 https://www.forbes.com/sites/annapowers/2018/04/30/creativity-is-the-skill-of-the-future/#12a946944fd4.

20 George Land had, three years earlier, established a research and consulting institute to study the enhancement of creative performance. He drew on the pioneering creativity research of the early 1960s by Joy Guilford and Ellis Paul Torrance: https://worldbusiness.org/fellows/george-land-ph-d/.

21 https://www.youtube.com/watch?time_continue=12&v=ZfKMq-rYtnc.

22 https://marginalrevolution.com/marginalrevolution/2011/12/teachers-dont-like-creative-students.html

23 MacLeod, Hugh (2009) *Ignore Everybody: And 39 Other Keys to Creativity*. Portfolio. Kindle Edition.

24 2019 Netflix documentary The Creative Brain: https://www.netflix.com/gb/title/81090128.

25 https://www.forbes.com/sites/augustturak/2011/01/09/its-not-what-we-think-but-how-we-think-3-leadership-lessons-from-the-ibm-executiveschool/#1ad96e4d631f.

26 https://www.forbes.com/sites/augustturak/2011/05/22/can-creativity-be-taught/

#537aec241abb.

27 From his 1991 lecture: https://www.youtube.com/watch?time_continue=8&v=Gg-6LtfB5JA.

28 Duncan, Jody and Fitzpatrick, Lisa (2010) The Making of Avatar. Abrams.

29 http://www.innovationmanagement.se/imtool-articles/the-difference-between-big-c-and-small-c-creativity/.

30 Sir Ken Robinson video 'Can creativity be taught?': https://www.youtube.com/watch?v=vIBpDggX3iE&feature=share.

31 Taken from a video within the IDEO 'Unlocking creativity' course.

4장_ 목적의 힘

1 Bronnie Ware's full blog at: https://bronnieware.com/blog/regrets-of-the-dying/.

2 Dalai Lama (2002) Advice On Dying: And Living Well by Taming the Mind. Rider, p. 39.

3 From Steve Jobs' 2005 Stanford Commencement address (transcript and video): https://news.stanford.edu/2005/06/14/jobs-061505/.

4 Harare, Yuval Noah (2018) 21 Lessons for the 21st Century. Jonathan Cape.

5 Since 2005.

6 https://hbr.org/2018/11/9-out-of-10-people-are-willing-to-earn-less-money-to-do-more-meaningful-work.

7 Psychologists call these external motivators 'extrinsic' motivators.

8 Pink, H. Daniel (2009) Drive: The Surprising Truth About What Motivates Us. Cannongate, p. 143.

9 Slightly adapted from a quiz in Cable, Dan (2018) Alive at Work. Harvard Business Review Press, p. 25.

10 Psychologists call this hedonic happiness.

11 Psychologists call this eudonic happiness.

12 In case you were wondering, not that many people score high on both types of happiness—maybe you can be one of the lucky ones?

13 Thanks to my London Business School colleague—this is inspired by Cable, Dan (2018) Alive at Work. Harvard Business Review Press, p. 17.

14 https://www.ted.com/talks/angela_lee_duckworth_grit_the_power_of_passion_and_

perseverance.

15 Duckworth, Angela (2016). *Grit*. Ebury Publishing. Kindle Edition, location 243–245.

16 Csikszentmihalyi, Mihaly (2002) *Flow*. Rider, p. 4.

17 https://www.bbc.co.uk/news/business-46793506.

18 From a video teaching case by the Center for Positive Organizations: 'Having a Calling and Crafting a Job: The Case of Candice Billups'.

19 Psychologists call this 'levels of construal'. We'll call it levels of meaning, because that's what it is, and life is way too short to try to keep in mind words like construal when meaning fits so much better.

20 I'm grateful to Ena Inesi at London Business School for introducing me to the video case of Candice Billups. You can have the privilege of meeting Candice yourself at: https://www.youtube.com/watch?v=r6JtlhhdjBw&feature=youtu.be.

21 Psychological healing through meaning is known as logotherapy.

22 https://www.theguardian.com/film/2015/jun/09/viktor-frankls-book-on-the-psychology-of-the-holocaust-to-be-made-into-a-film.

23 Frankl, Viktor E. (1959) *Man's Search for Meaning*. Rider.

24 https://www.ted.com/talks/shawn_achor_the_happy_secret_to_better_work/transcript?language=en.

25 https://www.huffingtonpost.com/entry/we-see-them-as-we-are_us_590cab8ae4b056aa2363d461.

26 Aurelius, Marcus. (2006) *Meditations*. Penguin Classics.

27 Cable, Dan (2018) Alive at Work. Harvard Business Review Press, p. 147.

28 Cable, Dan (2018) Alive at Work. Harvard Business Review Press, p. 155.

29 With a little imagination you can also apply these exercises to a job you would like to do.

5장_ 레이저 쏘기

1 Newport, Cal (2016) *Deep Work: Rules for Focused Success in a Distracted World*. Piatkus, Little, Brown Book Group. Kindle Edition, p. 119.

2 https://www.thecoachingtoolscompany.com/coaching-tools-101-what-is-the-urgent-important-matrix/.

3 Dr Stephen Covey (author of The 7 Habits of Highly Effective People) adapted these

concepts into 'The Urgent Important Matrix' in his famous book.

4   Newport, Cal (2016) *Deep Work: Rules for Focused Success in a Distracted World.* Piatkus, Little, Brown Book Group. Kindle Edition, p. 6.

5   A 2012 McKinsey study found it was 30 per cent, and this was reiterated by a Canadian University in 2017: https://globalnews.ca/news/3395457/this-is-how-much-time-you-spend-on-work-emails-every-day-according-to-a-canadian-survey/.

6   http://humanorigins.si.edu/education/introduction-human-evolution.

7   According to Pew, a research outfit.

8   http://www.dailymail.co.uk/health/article-3310195/Rise-Smartphone-injuries-43-people-walked-glued-screen-60-dropped-phone-face-reading.html

9   https://www.huffingtonpost.co.uk/entry/why-you-should-not-use-phone-on-toilet-germs_uk_58a6c97ee4b045cd34c07433.

10 According to the UK's communications watchdog, Ofcom, the average Briton checks their phone every two minutes: https://www.telegraph.co.uk/news/2018/08/01/decade-smartphones-now-spend-entire-day-every-week-online/.

11 https://www.economist.com/special-report/2017/02/09/smartphones-are-strongly-addictive.

12 https://www.bbc.co.uk/news/uk-44546360.

13 https://www.theguardian.com/society/2018/sep/11/mental-health-issues-in-young-people-up-sixfold-in-england-since-1995.

14 Newport, Cal (2016) *Deep Work: Rules for Focused Success in a Distracted World.* Piatkus, Little, Brown Book Group. Kindle Edition, p. 229.

15 Newport, Cal (2016) *Deep Work: Rules for Focused Success in a Distracted World.* Piatkus, Little, Brown Book Group. Kindle Edition, p. 6.

16 Newport, Cal (2016) *Deep Work: Rules for Focused Success in a Distracted World.* Piatkus, Little, Brown Book Group. Kindle Edition, p. 13.

17 https://www.economist.com/leaders/2019/01/12/the-maturing-of-the-smartphone-industry-is-cause-for-celebration.

18 These alerts are often coloured red, for a good reason: for humans, red is a trigger colour normally used as a warning or alarm signal.

19 https://www.theguardian.com/technology/2017/may/01/facebook-advertising-data-insecure-teens.

20 https://www.journals.uchicago.edu/doi/10.1086/691462.

21 https://www.theguardian.com/technology/2017/oct/05/smartphone-addiction-silicon-valley-dystopia.

22 https://www.theguardian.com/technology/2017/nov/09/facebook-sean-parker-vulnerability-brain-psychology.

23 https://www.theguardian.com/technology/2017/oct/05/smartphone-addiction-silicon-valley-dystopia.

24 One-in-five adults spends as much as 40 hours a week on the web.

25 Study by Microsoft: http://time.com/3858309/attention-spans-goldfish/.

26 From an article entitled 'Is Google Making Us Stupid?': https://www.theatlantic.com/magazine/archive/2008/07/is-google-making-us-stupid/306868/.

27 The response to this article was huge, with many identifying with this intuitive feeling. It led to Carr's book *The Shallows: How the Internet Is Changing the Way We Think, Read and Remember*.

28 From my speech to the London Business School global alumni reunion in February 2018.

29 http://www.bbc.com/future/story/20160909-why-you-feel-busy-all-the-time-when-youre-actually-not.

30 https://www.theatlantic.com/business/archive/2014/05/the-myth-that-americans-are-busier-than-ever/371350/.

31 Goh, Joel, Pfeffer, Jeffrey and Zenios, Stefanos A. (2015) 'Workplace stressors & health outcomes: Health policy for the workplace', *Behavioral Science and Policy*.

32 http://www.bbc.com/capital/story/20180502-how-your-workplace-is-killing-you.

33 And, in the USA, not having health insurance.

34 US study: https://www.sciencedirect.com/science/article/pii/S0272494413000340.

35 A 2013 article summarising the research: https://www.bloomberg.com/news/articles/2013-07-01/ending-the-tyranny-of-the-open-plan-office.

36 https://www.inc.com/geoffrey-james/science-just-proved-that-open-plan-offices-destroy-productivity.html

37 https://globalnews.ca/news/3395457/this-is-how-much-time-you-spend-on-work-emails-every-day-according-to-a-canadian-survey/.

38 Crabbe, Tony (2015) *Busy: How to Thrive in a World of Too Much*. Piatkus.

39 http://fortune.com/2015/02/04/busy-hurry-work-stress/.

40 Once again it was the hyperactive American-Hungarian psychologist, Mihaly Csikszentmihalyi.

41   Ashton, Kevin (2015) How To Fly A Horse: The Secret History of Creation, Invention, and Discovery. Cornerstone Digital. Kindle Edition, p. 70.

42   Csikszentmihalyi, Mihaly (2013) *Creativity: The Psychology of Discovery and Invention.* Harper Perennial.

43   https://www.campaignmonitor.com/blog/email-marketing/2019/05/shocking-truth-about-how-many-emails-sent/.

44   Newport, Cal (2016) *Deep Work: Rules for Focused Success in a Distracted World.* Piatkus, Little, Brown Book Group. Kindle Edition, p. 242.

45   Thanks to YPOer Darren Holland, CEO of Aventus Group, for this phrase 'Action ASAP', as well as his enthusiastic endorsement of the content in this chapter.

46   The 'CC' when you add another recipient to an email stands for 'Carbon Copy'. Before the development of photographic copiers, a carbon copy was the under-copy of a typed or written document placed over carbon paper and the under-copy sheet itself. It was customary to use the acronym 'CC' or 'cc' before a colon and below the writer's signature, to inform the principal recipient that carbon copies had been made and distributed to the parties listed after the colon.

47   https://www.entrepreneur.com/article/278302.

48   Newport, Cal (2016) *Deep Work: Rules for Focused Success in a Distracted World.* Piatkus, Little, Brown Book Group. Kindle Edition, p. 247.

49   https://www.independent.co.uk/life-style/multitasking-productivity-levels-research-psychology-david-meyer-a8254416.html

50   https://ideas.ted.com/why-we-need-a-secular-sabbath/.

51   Newport, Cal (2016) *Deep Work: Rules for Focused Success in a Distracted World.* Piatkus, Little, Brown Book Group. Kindle Edition, p. 158.

52   Bakewell, Sarah (2011) *How to Live: A Life of Montaigne in One Question and Twenty Attempts at an Answer.* Vintage.

53   Newport, Cal (2016) *Deep Work: Rules for Focused Success in a Distracted World.* Piatkus, Little, Brown Book Group. Kindle Edition, p. 2.

54   He had a good reason for making a space for periods of intense concentration. In 1921 he published Psychological Types, which clarified the growing difference between his ideas and the thinking of his one-time friend and mentor, Sigmund Freud.

55   Check it out: https://www.google.co.uk/search?q=the+freud+museum+london&source=lnms&tbm=isch&sa=X&ved=0ahUKEwiy2O7g1YfdAhWMAMAKHSBVDccQ_AUICygC&biw=1535&bih=758#imgrc=Qa1uLKHObCfjaM.

56   Bakewell, Sarah (2011) *How to Live: A Life of Montaigne in One Question and Twenty*

Attempts at an Answer. Vintage.

57 Csikszentmihalyi, Mihaly (2013) *Creativity: The Psychology of Discovery and Invention.* Harper Perennial, p. 58.

58 Newport, Cal (2016) *Deep Work: Rules for Focused Success in a Distracted World.* Piatkus Little, Brown Book Group. Kindle Edition, p. 159.

59 In 2010 and 2011.

60 Research by Matthew Killingsworth and Daniel Gilbert: it's fascinating to note the researchers concluded the subjects' mind-wandering was generally the cause, not the consequence, of their unhappiness.

61 https://www.hs-neu-ulm.de/fileadmin/user_upload/Über_uns/Familie_und_Soziales/BIZEPS/Mindfullness_meditation_improves_cognition.pdf

62 Newport, Cal (2016) *Deep Work: Rules for Focused Success in a* Distracted *World.* Piatkus, Little, Brown Book Group. Kindle Edition, pp. 33–34.

6장_ 호기심 근육 키우기

1 Leslie, Ian (2014) *Curious: The Desire to Know and Why Your Future Depends on It.* Quercus. Kindle Edition, location 243–244.

2 IDEO, 'Unlocking creativity' course.

3 The founder of the Young Entrepreneurs' Organization, Verne Harnish, asserts that Bill Gates learned this technique from his mentor, Warren Buffett.

4 https://www.cnbc.com/2019/07/26/bill-gates-took-solo-think-weeks-in-a-cabin-in-the-woods.html

5 Leslie, Ian (2014) *Curious: The Desire to Know and Why Your Future Depends on It.* Quercus. Kindle Edition, location 1,313.

6 A little curious, I recently had my DNA tested through the genomics and biotechnology company 23andme (www.23andme.com), revealing that I am 67.5 per cent British and Irish, 21.5 per cent French and German and 10.8 per cent broadly North-Western European.

7 https://quatr.us/greeks/pandoras-box-greek-mythology.html

8 Nesta, Oxford Martin School and Pearson (2017) 'The future of skills employment in 2030'.

9 Gratton, Lynda 'Human resource strategy in transforming companies'.

10 Professor Gratton recounted this incident at the HR Strategy Forum at London Business School in 2018: https://events.streamgo.co.uk/paving-the-way-for-the-next-decade/events/lifelong-learning-your-competitive-advantage.

11 https://www.edutopia.org/blog/why-curiosity-enhances-learning-marianne-stenger.

12 https://www.cell.com/neuron/abstract/S0896-6273(14)00804-6.

13 Rowson, Jonathan Dr (2012) 'The power of curiosity: How linking inquisitiveness to innovation could help to address our energy challenges', RSA Social Brain Centre, p. 11, referencing the work of psychologist Daniel Berlyne.

14 https://www.cbsnews.com/news/ohio-teen-hospitalized-after-playing-video-games-for-at-least-4-straight-days/.

15 https://www.bbc.co.uk/news/world-asia-pacific-1254176.

16 https://www.wired.com/2015/12/psychology-of-clickbait/.

17 Rowson, Jonathan Dr (2012) 'The power of curiosity: How linking inquisitiveness to innovation could help to address our energy challenges', RSA Social Brain Centre, p. 11, referencing the work of Professor George Lowenstein of the University of Pennsylvania. An economist by training, his work brings psychological considerations to bear on models and problems that are central to economics.

18 Rowson, Jonathan Dr (2012) 'The power of curiosity: How linking inquisitiveness to innovation could help to address our energy challenges', RSA Social Brain Centre, p. 11.

19 Academics call this epistemic curiosity.

20 Rowson, Jonathan Dr (2012) 'The power of curiosity: How linking inquisitiveness to innovation could help to address our energy challenges', RSA Social Brain Centre. This diagram is based on the work by the British and Canadian exploratory psychologist, Daniel Berlyne (1924–1976), reproduced in the RSA report into curiosity. I have altered some of the labelling and invented the Roam, Surf, Sample and Focus labels.

21 Rowson, Jonathan Dr (2012) 'The power of curiosity: How linking inquisitiveness to innovation could help to address our energy challenges', RSA Social Brain Centre, p. 21.

22 https://www.technologyreview.com/s/607886/curiosity-may-be-vital-for-truly-smart-ai/.

23 Chamorro-Premuzic, Tomas (2014) 'Managing yourself: Curiosity is as important as intelligence', Harvard Business Review.

24 In an interview in The New York Times: https://www.inc.com/empact/bill-gates-warren-buffett-and-oprah-all-use-the-5-hour-rule.html

25 http://www.theceugroup.com/9-famous-people-who-embrace-lifelong-learning/.

26 https://www.nytimes.com/2017/01/16/books/obamas-secret-to-surviving-the-white-

house-years-books.html

27 As far as I know, the five-hour rule was coined by Michael Simmons, founder of Empact, a US company devoted to encouraging entrepreneurs.

28 https://www.entrepreneur.com/article/317602.

29 https://science.howstuffworks.com/innovation/famous-inventors/10-ben-franklin-inventions9.html

30 Isaacson, Walter (2017) *Leonardo Da Vinci*. Simon & Schuster UK. Kindle Edition, location 175.

31 Livio, Mario (2017) *Why? What Makes Us Curious*. Simon & Schuster. Kindle Edition, location 982.

32 https://study.com/academy/lesson/reticular-activating-system-definition-function.html

33 https://www.wired.com/2010/08/the-itch-of-curiosity/.

34 https://blog.bufferapp.com/connections-in-the-brain-understanding-creativity-and-intelligenceconnections.

35 http://uk.businessinsider.com/robert-palladino-calligraphy-class-inspired-steve-jobs-2016-3?r=US&IR=T.

36 https://www.businessinsider.com/the-full-text-of-steve-jobs-stanford-commencement-speech-2011-10?IR=T.

37 https://blog.bufferapp.com/connections-in-the-brain-understanding-creativity-and-intelligenceconnections.

38 Kleon, Austin (2012) Steal Like an Artist: 10 Things Nobody Told You About Being Creative. Workman Publishing Company. Kindle Edition, location 98.

39 Isaacson, Walter (2017) *Leonardo Da Vinci*. Simon & Schuster UK. Kindle Edition, location 196–197.

40 Leslie, Ian (2014) *Curious: The Desire to Know and Why Your Future Depends on It*. Quercus. Kindle Edition, location 537–541.

41 Adapted from Leslie, Ian (2014) *Curious: The Desire to Know and Why Your Future Depends on It*. Quercus. Kindle Edition, location 228–229.

42 Sutherland, Rory (2019). Alchemy. Ebury Publishing. Kindle Edition, location 1309.

43 Leslie, Ian (2014) *Curious: The Desire to Know and Why Your Future Depends on It*. Quercus. Kindle Edition, location 591–593.

44 Isaacson, Walter (2017) *Leonardo Da Vinci*. Simon & Schuster UK. Kindle Edition, location 198–201.

45 Stone, Brad (2013) *The Everything Store: Jeff Bezos and the Age of Amazon.* Transworld Digital. Kindle Edition, location 255.

46 https://www.youtube.com/watch?v=MUPHNQkBdVw.

47 This quote is taken from an interview Grazer gave: 'Brian Grazer: A Career in Curiosity' – Talks at Google. The ideas are from his book: Grazer, Brian and Fishman, Charles (2015) *A Curious Mind: The Secret to a Bigger Life.* Simon & Schuster.

48 This idea was introduced to me by a South African colleague of mine, Keith Coats, co-founder of the global futurist firm TomorrowToday, who regularly arranges 'curiosity conversations' with people who'll push him out of his comfort zone. Over the last few years he's spoken to a world champion big wave surfer, a PhD fellow exploring the frontiers of virtual reality and a double lung and heart transplant patient, to mention but three.

49 Kasparov, Garry (2017) *Deep Thinking: Where Machine Intelligence Ends and Human Creativity Begins.* John Murray. Kindle Edition, p. 61.

7장_ 흥미로운 문제를 찾아라

1 http://news.bbc.co.uk/1/hi/england/bradford/7962212.stm.

2 Fry, Hannah (2018) *Hello World: How to be Human in the Age of the Machine.* Transworld Digital. Kindle Edition, location 238.

3 https://www.theguardian.com/technology/2016/jun/25/gps-horror-stories-driving-satnav-greg-milner.

4 Livio, Mario (2017) *Why?: What Makes Us Curious.* Simon & Schuster. Kindle Edition, location 181.

5 Sadly, over time this luminosity has dimmed thanks to some unwise subsequent treatments of the painting, which have made it look darker.

6 https://www.telegraph.co.uk/news/2019/08/13/chaos-louvre-visitors-given-just-minute-mona-lisa/.

7 Maxwell, John C. (2014) *Good Leaders Ask Great Questions: Your Foundation for Successful Leadership.* Center Street. Kindle Edition, p. 7.

8 Psychologist Michelle Chouinard from 2007, in Leslie, Ian (2014) *Curious: The Desire to Know and Why Your Future Depends On It.* Quercus. Kindle Edition, location 558.

9 https://www.psychologytoday.com/us/blog/darwin-eternity/201306/human-herding-how-people-are-guppies.

10 The term 'filter bubble' was coined by Internet activist Eli Pariser in his 2011 book, *The Filter Bubble: What the Internet Is Hiding from You.* Penguin Press.

11 https://www.theatlantic.com/technology/archive/2018/03/largest-study-ever-fake-news-mit-twitter/555104/.

12 Fry, Hannah (2018) *Hello World: How to be Human in the Age of the Machine.* Transworld Digital. Kindle Edition, location 254.

13 With thanks to my London Business School colleague Graeme Codrington and TomorrowToday for this excellent phrase.

14 Goddard, Jules and Eccles, Tony (2013) *Uncommon Sense, Common Nonsense.* Profile Books.

15 Taken from various conversations with Tammy Erickson, during our leadership programme breaks at London Business School, 2016–2019.

16 Sawyer, Keith (2013) Zig Zag: *The Surprising Path to Greater Creativity.* Jossey-Bass. Kindle Edition, location 530–532.

17 Sawyer, Keith (2013) Zig Zag: *The Surprising Path to Greater Creativity.* Jossey-Bass. Kindle Edition, location 533–535.

18 https://www.london.edu/faculty-and-research/lbsr/innovation-hacks-straight-out-of-silicon-valley#.WryacojwZPZ.

19 I would advise, if you choose this well-known technique, to dig a little deeper into the prescribed method. There's a great description of it here: https://www.mindtools.com/pages/article/newTMC_5W.html

20 Sawyer, Keith (2013) Zig Zag: *The Surprising Path to Greater Creativity.* Jossey-Bass. Kindle Edition, location 472.

21 https://www.inc.com/eric-markowitz/life-and-times-of-instagram-the-complete-original-story.html

22 https://www.statista.com/statistics/253577/number-of-monthly-active-instagram-users/.

23 Maxwell, John C. (2014) *Good Leaders Ask Great Questions: Your Foundation for Successful Leadership.* Center Street. Kindle Edition, p. 15.

24 Gregersen, Hal (2018) 'Better Brainstorming', Harvard Business Review.

25 https://www.mindtools.com/pages/article/newTMC_88.html

26 https://www.forbes.com/sites/jeffboss/2016/08/03/the-power-of-questions/#5ac99be462a5.

27 https://www.forbes.com/sites/groupthink/2013/10/04/10-disruptive-questions-for-

instant-innovation/#532949506dab.

28 These questions are taken from the workshops of Lisa Bodell, CEO of Future Think, a New York City based innovation research and training firm.

29 Questions adapted from: McKinney, Phil (2012) Beyond the Obvious: *Killer Questions That Spark Game-Changing Innovation*. Hachette Books. Kindle Edition.

8장_ 창의성도 기술이다

1 https://lifehacker.com/5972825/inspiration-is-for-amateurs--the-rest-of-us-just-show-up-and-get-to-work.

2 From IDEO's 'Unlocking Creativity' course.

3 Tharp, Twyla (2008) *The Creative Habit: Learn It and Use It for Life*. Simon & Schuster.

4 Csikszentmihalyi, Mihaly (2013, reprint from 1997) Creativity: The Psychology of Discovery and Invention. Harper Collins, p. 363.

5 2019 Netflix documentary The Creative Brain: https://www.netflix.com/gb/title/81090128.

6 2019 Netflix documentary The Creative Brain: https://www.netflix.com/gb/title/81090128.

7 A lesser-known story of unintended consequences of a particular invention is the discovery of LSD by Albert Hofmann, although that wasn't a mistake.

8 A portmanteau of the French words *velours* (velvet) and *crochet* (hook).

9 Sawyer, Keith (2013) Zig Zag: *The Surprising Path to Greater Creativity*. Jossey-Bass. Kindle Edition, location 1,339–1,341.

10 Louis Pasteur discovered the process, which became known as pasteurisation, that kills germs.

11 https://psychology.fas.harvard.edu/people/ellen-langer.

12 http://keithsawyer.com/.

13 Sawyer, Keith (2013) Zig Zag: *The Surprising Path to Greater Creativity*. Jossey-Bass. Kindle Edition, location 1,464.

14 Csikszentmihalyi, Mihaly (2013) *Creativity: The Psychology of Discovery and Invention*. Harper Perennial, p. 352.

15 https://www.opencolleges.edu.au/informed/features/the-value-of-connecting-the-dots-to-create-real-learning/.

16 Kelley, David and Kelley, Tom (2013) *Creative Confidence: Unleashing the Creative Potential Within Us All*. William Collins. Kindle Edition, p. 13.

17 Simon Baron-Cohen, the director of the Autism Research Centre at Cambridge University, has shown this: https://www.theguardian.com/science/2013/jan/04/barack-obama-empathy-deficit.

18 https://www.youtube.com/watch?v=XuwP5iOB-gs.

19 The term 'emotional intelligence' is now part of our everyday language, mostly due to the 1995 best-seller Emotional Intelligence by the psychologist Daniel Goleman.

20 According to Marshall Rosenberg, psychologist and founder of Nonviolent Communication: https://www.bbc.co.uk/news/magazine-33287727.

21 https://www.theguardian.com/science/2013/jan/04/barack-obama-empathy-deficit.

22 https://www.psychologytoday.com/gb/blog/threat-management/201303/i-dont-feel-your-pain-overcoming-roadblocks-empathy.

23 Thanks to Judy Rees, my old colleague from journalism, for introducing me to this phrase.

24 2014 study: https://journals.aom.org/doi/abs/10.5465/amj.2012.0575.

25 'Creatively successful firms' as rated by critics.

26 https://www.businessinsider.com/adam-grant-living-abroad-makes-you-more-creative-2016-2?r=US&IR=T.

27 Grant, Adam (2016) *Originals: How Non-Conformists Change the World*. Virgin Digital. Kindle Edition (audible version).

28 https://www.bbc.co.uk/programmes/articles/1nS2GZDqHjPn5VQBYwfHRXK/seven-simple-ways-to-boost-your-creativity.

29 Harvard researcher Jeffrey Ellenbogen found that after sleep, people are 33 per cent more creative, taken from Sawyer, Keith (2013) *Zig Zag: The Surprising Path to Greater Creativity*. Jossey-Bass. Kindle Edition.

30 Yong, Ed (15 May 2018) 'A new theory linking sleep and creativity: The two main phases of sleep might work together to boost creative problem-solving', The Atlantic. https://www.theatlantic.com/science/archive/2018/05/sleep-creativity-theory/560399/.

31 https://www.psychologytoday.com/us/blog/the-social-thinker/201712/sleep-it-boost-your-creativity.

32 https://www.youtube.com/watch?v=P3UpuGnYKA.

33 'Hypnopompic' is the state just after waking; the 'hypnagogic' state is that just before you fall asleep.

34 https://www.psychologytoday.com/us/blog/the-social-thinker/201712/sleep-it-boost-your-creativity.

35 From an interview on Saturday Live, Radio 4, 15 December 2018 on the publication of Idle's autobiography Always Look on the Bright Side of Life for the troupe's controversial 1979 film, Life of Brian.

36 Du Sautoy, Marcus (2019) The Creativity Code: How AI is Learning to Write, Paint and Think. Fourth Estate. Kindle Edition, location 607–608.

37 Isaacson, Walter (2011) Steve Jobs: The Exclusive Biography. Little, Brown Book Group. Kindle Edition, p. 61.

38 https://www.huffingtonpost.co.uk/entry/harry-potter-synopsis-jk-rowling_us_59f1e294e4b043885915a95c.

39 https://medium.com/@jeffgoins/dont-waste-your-words-how-to-write-a-first-draft-that-is-crappy-but-usable-c5dbf977f5a5.

40 https://medium.com/@jeffgoins/dont-waste-your-words-how-to-write-a-first-draft-that-is-crappy-but-usable-c5dbf977f5a5.

41 Sawyer, Keith (2013) Zig Zag: The Surprising Path to Greater Creativity. Jossey-Bass. Kindle Edition.

42 Fig, Joe (2009) Inside the Painter's Studio. Princeton Architectural Press, p. 42.

43 This advice from Tom Peters in his 1991 article 'The Pursuit of Luck', which listed 50 strategies: https://tompeters.com/columns/the-pursuit-of-luck/.

9장_ 아이디어 무한 증식시키기

1 https://www.inc.com/annabel-acton/10-pieces-of-killer-advice-from-famous-creative-ge.html

2 http://creativethinking.net/a-simple-way-to-get-ideas/#sthash.NCFYhh33.v9ULOf5m.dpbs.

3 https://brailleworks.com/braille-resources/history-of-braille/.

4 https://medium.com/the-0mission/forget-about-the-10-000-hour-rule-7b7a39343523.

5 https://www.barnesandnoble.com/blog/every-single-stephen-king-book-ranked/.

6   Sawyer, Keith (2013) Zig Zag: *The Surprising Path to Greater Creativity.* Jossey-Bass. Kindle Edition.

7   https://www.linkedin.com/pulse/thinking-strategies-used-creative-geniuses-michael-michalko/.

8   https://www.businessinsider.com/richard-branson-fails-virgin-companies-that-went-bust-2016-5?r=US&IR=T.

9   Sawyer, Keith (2013) Zig Zag: *The Surprising Path to Greater Creativity.* Jossey-Bass. Kindle Edition.

10 https://www.entrepreneur.com/article/295312.

11 2019 Netflix documentary *The Creative Brain*: https://www.netflix.com/gb/title/81090128.

12 https://editorial.rottentomatoes.com/article/exclusive-the-storyboards-of-walle/.

13 http://99u.com/articles/52154/idea-sex-how-new-yorker-cartoonists-generate-500-ideas-a-week.

14 Sawyer, Keith (2013) Zig Zag: *The Surprising Path to Greater Creativity.* Jossey-Bass. Kindle Edition, location 2,294.

15 Sawyer, Keith (2013) Zig Zag: *The Surprising Path to Greater Creativity.* Jossey-Bass. Kindle Edition.

16 I'm indebted to Michael Michalko, author of *ThinkerToys: A Handbook of Creative-Thinking Techniques,* for this metaphor: http://creativethinking.net/combine-what-exists-into-something-that-has-never-existed-before/#sthash.jeEBSktP.dpbs.

17 2019 Netflix documentary *The Creative Brain*: https://www.netflix.com/gb/title/81090128.

18 https://www.theguardian.com/stage/2016/aug/23/masai-graham-organ-donor-funniest-joke-edinburgh-fringe-2016.

19 https://www.streetdirectory.com/travel_guide/155647/motivation/a_sense_of_humor_increases_creativity.html

20 https://www.edwddebono.com/lateral-thinking.

21 https://www.laughterremedy.com/article_pdfs/Creativity.pdf

22 https://www.inc.com/yoram-solomon/humor-and-sarcasm-can-make-you-creative-science-says.html

23 https://www.psychologytoday.com/us/blog/the-tao-innovation/201406/the-power-humor-in-ideation-and-creativity.

24 Here's a good list of comedy warm-ups: https://learnimprov.com/warm-ups/.

25 https://www.iflscience.com/technology/ais-attempts-at-oneliner-jokes-are-unintentionally-hilarious/.

26 https://www.psychologytoday.com/us/blog/the-tao-innovation/201406/the-power-humor-in-ideation-and-creativity.

27 Taken from the 2019 Netflix documentary *The Creative Brain:* https://www.netflix.com/gb/title/81090128.

28 https://www.livescience.com/43639-who-invented-the-printing-press.html

29 https://www.cnbc.com/2018/09/04/8-surprising-facts-you-might-not-know-about-googles-early-days.html

30 https://www.brainpickings.org/2011/10/20/i-steve-steve-jobs-in-his-own-words/.

31 I'm endebted to the video explanation of this technique, which I've tweaked a bit: https://www.youtube.com/watch?v=kptxOsZitRs.

32 Harford, Tim (2016) Messy: *How to be Creative and Resilient in a Tidy-Minded World.* Little, Brown, p. 9.

33 Kleon, Austin (2012) *Steal Like an Artist: 10 Things Nobody Told You About Being Creative.* Workman Publishing Company. Kindle Edition, location 44.

34 Kleon, Austin (2012) *Steal Like an Artist: 10 Things Nobody Told You About Being Creative.* Workman Publishing Company. Kindle Edition, location 49.

35 https://www.pablopicasso.org/picasso-and-dali.jsp

36 Kleon, Austin (2012) *Steal Like an Artist: 10 Things Nobody Told You About Being Creative.* Workman Publishing Company. Kindle Edition, p. 167.

37 https://www.bbc.co.uk/programmes/articles/38rJrt2ZVRlXCzXCZbBGTlH/ten-huge-bands-who-started-out-as-tribute-or-covers-acts.

38 https://www.creativethinkinghub.com/creative-thinking-and-stealing-like-an-artist/.

39 I'm indebted to entrepreneur and creativity writer Kevin Ashton for this example: Ashton, Kevin (2015) *How To Fly A Horse.* Cornerstone Digital. Kindle Edition, pp. 66–67.

40 https://www.smithsonianmag.com/innovation/theory-of-relativity-then-and-now-180956622/.

41 https://brailleworks.com/braille-resources/history-of-braille/.

42 Kleon, Austin (2012) *Steal Like an Artist: 10 Things Nobody Told You About Being Creative.* Workman Publishing Company. Kindle Edition, location 87.

10장_ 못난 아이디어에 날개를 달아라

1   https://www.inc.com/annabel-acton/10-pieces-of-killer-advice-from-famous-creative-ge.html

2   https://www.filmsite.org/pixaranimations.html

3   Isaacson, Walter (2017) Leonardo Da Vinci. Simon & Schuster.

4   https://medium.com/the-aspen-institute/the-myth-of-the-lone-genius-6a5146c7da10.

5   https://www.nchannel.com/blog/amazon-statistics/.

6   Harford, Tim (2011) *Adapt: Why Success Always Starts With Failure*. Little Brown, p. 3.

7   Harford, Tim (2011) *Adapt: Why Success Always Starts With Failure*. Little Brown, p. 2.

8   https://www.theguardian.com/science/occams-corner/2017/oct/04/myth-lone-genius-nobel-gravitational-waves-ligo.

9   The 50 years in question were 1951–2001.

10 Nobel Prizes awarded to individuals–33; Nobel Prizes awarded to team–36.

11 He became so renowned for what's now known as 'networking' that the scientific community have invented a special unit of measurement for people who jointly wrote papers with him. If your name appeared alongside Erdős on an article you are said to have an Erdős number of one. If you wrote a paper with one of these collaborators you have a number of two, and so on. There are 40,000 people with a number of three or lower.

12 In 1973 the sociologist Mark Granovetter published a paper entitled 'The Strength of Weak Ties', in which he talks about and explains their value. Granovetter analogises weak ties to being like bridges that allow us to disseminate and get access to information that we might not otherwise have access to.

13 https://theguardian.com/technology/2010/mar/14/my-bright-idea-robin-dunbar.

14 This behaviour is in the same category as the 'curious conversations' introduced earlier in this book.

15 https://www.nytimes.com/2012/02/26/opinion/sunday/innovation-and-the-bell-labs-miracle.html

16 Harford, Tim (2016) *Messy: How to be Creative and Resilient in a Tidy-Minded World*. Little Brown, pp. 80–82.

17 Isaacson, Walter (2012) 'The Real Leadership Lessons from Steve Jobs', Harvard Business Review.

18 Catmull, Ed (2014) Creativity, Inc. Bantam Press, p. 93.

19 Catmull, Ed (2014) Creativity, Inc. Bantam Press, p. 131.

20 Catmull, Ed (2014) Creativity, Inc. Bantam Press, p. 88.

21 Sawyer, Keith (2007) Group Genius: The Creative Power of Collaboration. Basic Books, p. 16.

22 Sawyer, Keith (2013) Zig Zag: The Surprising Path to Greater Creativity. Jossey-Bass. Kindle Edition, location 3,136.

23 https://hbr.org/2014/05/leading-with-humor.

24 https://www.humorthatworks.com/benefits/30-benefits-of-humor-at-work/.

25 https://www.humorthatworks.com/benefits/30-benefits-of-humor-at-work/.

26 https://www.psychologytoday.com/us/blog/the-tao-innovation/201406/the-power-humor-in-ideation-and-creativity.

27 https://www.fastcompany.com/3009489/why-humor-makes-you-more-creative.

28 Rock, David, Siegel, Daniel J., Poelmans, A.Y. and Payne, Jessica (2015) 'The Healthy Mind Platter', NeuroLeadership Journal, Vol. 4.

29 https://www.forbes.com/sites/jacquelynsmith/2013/05/03/10-reasons-why-humor-is-a-key-to-success-at-work/#28ded47e5c90.

30 Li Huang of INSEAD Business School, Adam D. Galinsky of Columbia University: https://www.scientificamerican.com/article/sarcasm-spurs-creative-thinking/.

31 https://www.forbes.com/sites/jacquelynsmith/2013/05/03/10-reasons-why-humor-is-a-key-to-success-at-work/#28ded47e5c90.

32 https://hbr.org/2014/05/leading-with-humor.

33 https://www.streetdirectory.com/travel_guide/155647/motivation/a_sense_of_humor_increases_creativity.html

34 Burt, Gabor George and Anderson, Jamie (2019) 'Use Humor to Energize the Global Workplace', Society for Human Resource Management (SHRM): https://www.shrm.org/ResourcesandTools/Legal-and-compliance/employment-law/Pages/global-using-humor-to-energize-the-global-workplace.aspx

35 https://www.fastcompany.com/3024535/yes-and-improv-techniques-to-make-you-a-better-boss.

36 Zak, Paul J. (2014) 'Why Your Brain Loves Good Storytelling', Harvard Business Review.

37 With thanks to my London Business School colleague Professor Niro Sivanathan (who's a great storyteller!).

11장_ 실험하고, 또 실험하라

1   https://medium.com/the-0mission/forget-about-the-10-000-hour-rule-7b7a39343523.

2   Harford, Tim (2011) *Adapt: Why Success Always Starts With Failure*. Little Brown, p. 7.

3   Thanks to my London Business School colleague and strategy execution expert Andrew MacLennan for this anecdote.

4   https://www.theatlantic.com/international/archive/2011/11/chinas-steve-jobs-debate-and-deng-xiaoping/248080/.

5   https://www.prospectmagazine.co.uk/magazine/the-hunt-for-dark-matter-the-missing-ingredient-without-which-our-universe-would-not-exist-physics-astronomy.

6   I'm indebted to Tammy Erickson for this wonderful analogy.

7   Thanks to Eric Ries for this excellent analogy.

8   https://www.ted.com/talks/simon_sinek_how_great_leaders_inspire_action/.

9   https://hbr.org/2009/02/how-to-design-smart-business-experiments.

10 https://science.howstuffworks.com/innovation/edible-innovations/fast-food.html

11 https://www.youtube.com/watch?v=u00S-hCnmFY.

12 Davenport, Thomas H. (2009) 'How to Design Smart Business Experiments', *Harvard Business Review:* https://hbr.org/2009/02/how-to-design-smart-business-experiments.

13 https://hbr.org/2009/02/how-to-design-smart-business-experiments.

14 https://www.washingtonpost.com/business/technology/google-crunches-data-on-munching-in-office/2013/09/01/3902b444-0e83-11e3-85b6-d27422650fd5_story.html?noredirect=on&utm_term=.38c2b7f59bd1.

15 I first came across this different spin on the M.V.P. (Minimum Viable Product) and the four 'Ss' from my London Business School colleague, Andrew MacLennan.

16 https://simplicable.com/new/business-experiments.

17 This involves trying one version of the email, font or brand colour and then comparing it to another to see which one works best.

18 Ironic, as this is the same format that creates the code for computers and AI. Writing this book has never been anything less than thought-provoking!

19 (2013) 'HBR's 10 Must Reads on Innovation', *Harvard Business Review,* p. 99.

맺는말

1   Tegmark, Max (2017) *Life 3.0: Being Human in the Age of Artificial Intelligence*. Penguin Books Ltd. Kindle Edition, location 731–732.

2   Kasparov, Garry (2017) *Deep Thinking: Where Machine Intelligence Ends and Human Creativity Begins*. John Murray. Kindle Edition, p. 249.

3   Kasparov, Garry (2017) *Deep Thinking: Where Machine Intelligence Ends and Human Creativity Begins*. John Murray. Kindle Edition, p. 249.

4   https://www.imperial.ac.uk/media/imperial-college/administration-and-support-services/enterprise-office/public/Table-of-Disruptive-Technologies.pdf

5   London Business School panel event, 2019.

6   https://www.forbes.com/sites/falonfatemi/2018/08/17/how-ai-will-augment-human-creativity/#7523edbd711b.

7   https://www.forbes.com/sites/falonfatemi/2018/08/17/how-ai-will-augment-human-creativity/#20152a1b711b.

8   https://www.forbes.com/sites/falonfatemi/2018/08/17/how-ai-will-augment-human-creativity/#1a7c634d711b.

9   Mentioned to me by the MIT academic, technologist and entrepreneur Michael Davies.

10 Daugherty, Paul R. and Wilson, H. James (2018) *Human + Machine: Reimagining Work in the Age of AI*. Harvard Business Review Press, p. 7.

11 Cognizant (2018) '21 Jobs of The Future', Center for the Future of Work, p. 3.

12 http://www.bbc.com/future/story/20151201-the-cyborg-chess-players-that-cant-be-beaten.

13 Du Sautoy, Marcus (2019) *The Creativity Code: How AI is Learning to Write, Paint and Think*. Fourth Estate. Kindle Edition, location 155–157.

14 Boden's 'Transformational' creativity aligns with psychologist Irving A. Taylor's 'Innovative/Emergent' levels we looked at in Chapter 3. His whole scale was: Expressive, Productive, Inventive, Innovative and Emergent.

찾아보기

ㄹ

ㅅ

ㅌ

ㅍ

ㅎ

옮긴이 김시내

홍익대학교 신소재공학과를 졸업하고 LG디스플레이에서 연구원 생활을 하다 번역가의 세계로 발을 들여놓았다. 바른번역 글밥 아카데미를 수료한 후 현재 바른번역 소속 번역가로 활동히 활동 중이다. 옮긴 책으로는 《전류전쟁》, 《말하는 나무들》, 《뉴로제너레이션》 등이 있으며, 청소년 과학 잡지 〈OYLA〉 번역에도 참여하고 있다.

휴먼 엣지

1판 1쇄 발행 2021년 7월 26일

지은이 그렉 옴

옮긴이 김시내

펴낸이 김명중 | **콘텐츠기획센터장** 류재호 | **북&렉처프로젝트팀장** 유규오
책임매니저 최재진 | **북팀** 박혜숙, 여운성, 장효순, 최재진 | **마케팅** 김효정, 최은영

책임편집 장문정 | **디자인** 정윤경 | **인쇄** 우진코니티

펴낸곳 한국교육방송공사(EBS)
출판신고 2001년 1월 8일 제2017-000193호
주소 경기도 고양시 일산동구 한류월드로 281
대표전화 1588-1580 **홈페이지** www.ebs.co.kr
이메일 ebsbooks@ebs.co.kr

ISBN 978-89-547-5914-4 (03320)